普通高等教育会计系列规划教材

基础会计

JICHU KUAIJI

主　编：张　笑　盛　洁
副主编：龙凤好　赵　燕　林宪平　黎　敏　梁　乔

首都经济贸易大学出版社
Capital University of Economics and Business Press
·北京·

图书在版编目(CIP)数据

基础会计 / 张笑，盛洁主编. -- 北京 ：首都经济贸易大学出版社，2024.9
ISBN 978-7-5638-3700-7

Ⅰ.①基… Ⅱ.①张… ②盛… Ⅲ.①会计学 Ⅳ.①F230

中国国家版本馆 CIP 数据核字(2024)第 111927 号

基础会计
主　编　张　笑　盛　洁
副主编　龙凤好　赵　燕　林宪平　黎　敏　梁　乔

责任编辑　薛晓红
封面设计　风得信·阿东 FondesyDesign
出版发行　首都经济贸易大学出版社
地　　址　北京市朝阳区红庙（邮编 100026）
电　　话　(010)65976483　65065761　65071505(传真)
网　　址　http://www.sjmcb.cueb.edu.cn
经　　销　全国新华书店
照　　排　北京砚祥志远激光照排技术有限公司
印　　刷　唐山玺诚印务有限公司
成品尺寸　185 毫米×260 毫米　1/16
字　　数　450 千字
印　　张　18
版　　次　2024 年 9 月第 1 版
印　　次　2025 年 1 月第 2 次印刷
书　　号　ISBN 978-7-5638-3700-7
定　　价　45.00 元

前 言

“基础会计”是会计学、财务管理等财会类专业的一门专业基础入门课程，也是其他经济管理类专业的必修课程。本课程融理论与实践为一体，以培养会计职业能力为主线，致力于培养学生掌握从事会计实务工作应具备的专业基础理论知识、基本核算操作技能、专业基本素养，为后续专业课程的学习和职业素养形成奠定基础。

本教材以我国经济发展的人才需求为导向，紧扣专业人才培养方案和课程目标，在吸收相关基础会计教材精华的基础上，结合课程思政建设要求、我国企业会计准则的修订变化、国际会计惯例、企业会计实务编写而成。本教材的主要特色在于：

第一，注重理论与实际的紧密结合。本书根据初学者的认知规律，对教材结构进行了精心设计，既强调会计理论的阐述，又注重会计实操能力的训练。全书内容共 10 章，前面五章内容包括总论、会计要素与会计等式、会计科目与账户、借贷记账法原理、企业主要经济业务的账务处理，编写上将会计理论与企业会计实例有机融合，“深入浅出”地阐述会计基本概念、基本理论和基本技术方法，直观易懂。后面五章内容包括会计凭证、会计账簿、账务处理程序、财产清查、财务会计报告，编写上注重会计技能的实践，在介绍相关知识时穿插有一套模拟工业企业仿真的“账、证、表”资料并且有相应的实训任务，指导学习者按照实际工作流程和步骤依次完成企业实际会计工作中建账、日常会计凭证填制、会计账簿登记、对账与结账以及会计报表编制等各环节的工作任务，学习者通过完成工作任务的具体实践，掌握主要会计岗位的基本知识、基本方法和操作技能，建立会计工作的整体框架，培养学生的全盘账务处理能力。

第二，注重知识更新。其一，为适应经济社会发展和税收现代化建设需要，根据税务总局推行的增值税电子普通发票和增值税电子专用发票，本教材使用的是仿真增值税电子普通发票和增值税电子专用发票，做到了与会计实践工作保持一致。其二，按照最新修订的企业会计准则、税收政策新变化编写教材。具体包括：按照 2024 年新修订的《中华人民共和国会计法》更新了会计核算和监督的内容；全书例题按照全部最新增值税税率或征收率阐述；采用最新的会计科目表、资产负债表、利润表，对新变化的“职工薪酬”“税金及附加”“收入”等核算内容的变化进行了阐述。

第三，融入课程思政。根据课程思政建设的要求，将每章的学习目标分为知识目标、能力目标和素养目标三类，并将诚信、守则、实事求是等课程思政素材有机融入各章知识点中，力求做到价值塑造与专业知识技能的学习深度融合。

第四,练习资源丰富。每章正文之后都结合关键和重要的知识点精心设计了章节实训题,全书最后面附有与各章内容相匹配的课程练习题,利于学习者巩固课程知识和实操技能。

本书适用于会计学、财务管理、审计学、其他经济管理类专业的的教学,同时也适用于会计人员的培训和自学。

本教材为广东理工学院的教学成果,教材得以出版获得了广东理工学院教务处、广东理工学院会计学院、首都经济贸易大学出版社的大力支持,感谢陶新元教授在百忙之余审阅了本教材。由于学识与水平有限,尽管编者在编写过程中付出了很大的努力,书中难免存在疏漏与不足,恳请广大师生、读者、同仁和专家批评指正,以便再版时加以修订完善。

编者

2024 年 8 月

目 录

第一章　总论

【学习目标】

▶ 知识目标 ◀

1. 了解会计的产生与发展。
2. 掌握会计的定义、对象、特征、职能、会计基本假设与会计基础。
3. 熟悉会计核算方法与会计信息质量要求。

▶ 能力目标 ◀

1. 培养构建理论框架的能力，会计理论的发展是建立在会计目标、会计基本假设、会计核算基础、会计信息质量等框架基础上的。
2. 培养辩证思维能力，懂得辨别权责发生制与收入实现制之间的区别。

▶ 素养目标 ◀

1. 理解"经济越发展，会计越重要"的理念，树立正确的会计专业理念。
2. 以史为镜，可知会计之兴替，传承会计之文明，理解会计之现状，创造会计之辉煌。
3. 倡导社会主义核心价值观，树立会计诚信理念和坚持准则的法治观念。

第一节　会计概述

会计是怎么样产生和发展的？会计是什么？会计有什么特征？本节围绕这些问题展开论述。

一、会计的产生和发展

会计是适应人类生产实践和经济管理的需要而产生的，并随着生产的不断发展而发展。其中，会计的发展可划分为古代会计、近代会计和现代会计三个阶段。

（一）古代会计

在人类历史发展的初期阶段，会计工作只是生产职能的一种附带性的管理工作。随着生产的发展，生产规模不断扩大和社会化，生产过程与生产关系逐渐复杂化，人们为了掌握生产过程和安排好生产，就必须对生产过程中人力、物力和财力的耗费以及取得的成果做出必要的记录，以便更有效地组织生产和管理经济活动。这种记录和计算生产过程中的耗费与所取得成果的会计工作,也就应运而生。马克思在对印度古代历史进行研究时,发现原始社会末期,在远古的印度公社里,已经有了一个农业记账员,在那里会计已经独立为一个公社官员的专职。由此可见,会计是人类社会发展到一定历史阶段的产物,它起源于生产实践,是为管理生产活动而产生的。

会计在我国有着悠久的历史。考察我国会计的历史,最早可以追溯到伏羲时代。当时,随着剩余物品的出现、私有财产制度的产生、数学的萌芽及社会生产的发展,出现了“结绳记事”和“刻契记数”。据史籍记载,早在西周时代就设有专门核算官方财赋收支的官职——司会,并对财物收支采取了“月计岁会”(零星算之为计,总合算之为会)的办法。在西汉还出现了名为“计簿”或“簿书”的账册,用以登记会计事项。以后各朝各代都设有官史,管理钱粮、赋税和财物的收支。宋代官厅中办理钱粮报销或移交,要编造“四柱清册”,通过“旧管(期初结存)+新收(本期收入)= 开除(本期支出)+实在(期末结存)”的平衡公式进行结账,结算本期财产物资增减变化及其结果。这是我国会计学科发展过程中的一个重大成就。明末清初,随着手工业和商业的发展,出现了以四柱为基础的“龙门账”,它把全部账目划分为“进”(各项收入)、“缴”(各项支出)、“存”(各项资产)、“该”(各项负债)四大类,运用“进-缴=存-该”的平衡公式进行核算,设总账进行“分类记录”,并编制“进缴表”(即利润表)和“存该表”(即资产负债表),实行双轨计算盈亏。在两表上计算得出的盈亏数应当相等,称为“合龙门”,以此核对全部账目的对错。在资本主义萌芽阶段,又产生了“四脚账”(也称“天地合账”),在这种方法下,对每一笔账项既登记“来账”,又登记“去账”,以反映同一账项的来龙去脉。“四柱清册”、“龙门账”和“四脚账”反映了我国不同历史时期传统中式簿记的特色。

(二)近代会计

人类会计方法的演进,经历了由单式簿记向复式簿记转化的过程,它是社会经济发展的客观要求。起源于意大利的复式记账原理是近代会计形成的标志。1494 年,意大利数学家卢卡·帕乔利(Luca Pacioli)出版了世界第一部关于复式簿记的专著《算术、几何、比与比例概要》,对借贷复式记账做了系统的介绍。它的出版发行,有力地推动了西式复式簿记的传播与发展,为西方会计科学的建立与发展奠定了坚实的理论基础。我国在清朝后期,从国外引进了借贷复式记账法。

(三)现代会计

20 世纪以来,特别是第二次世界大战结束后,现代科学技术与经济管理科学的发展突飞猛进,资本主义的生产社会化程度得到了空前发展。受社会政治、经济和技术环境的影响,传统的财务会计不断充实和完善,使财务会计核算更加标准化、通用化和规范化。与此同时,会计学科在 20 世纪 30 年代成本会计的基础上,紧密配合现代管理理论和实践的需要,逐步形成了为企业内部经营管理提供信息的管理会计体系,从而使会计工作从传统的事后记账、算账、报账,转为事前的预测与决策、事中的监督与控制、事后的核算与分析。管理会计的产生与发展是会计发展史上的一次伟大变革,从此现代会计形成了财务会计和管理会计两大分支。近三十年来,尤其是中国实行改革开放以来,随着现代化生产的高速发展、经济管理水平的不断提高,电子计算机技术广泛应用于会计核算,使会计信息的搜集、分类、处理、反馈网络等操作程序摆脱了传统的手工操作,大大提高了工作效率。尤其是对于一些大型企事业单位和涉外企业，实现了会计电算化的根本变革，是科学发展观在现代企业管理方面的一项重要体现。

【思政小贴士】中国现代会计之父——潘序伦

信以立志，信以守身，
信以处世，信以待人，
毋忘立信，当必有成。

综上所述，会计的产生发展进程就是社会政治环境，经济环境对其影响的结果。会计是在生产实践中产生，并随着社会生产的发展和经济管理的需要而不断发展完善的。凡有经济活动的地方，都需要运用会计来进行管理。生产需要管理，管理需要会计。经济越发展，会计越重要。

二、会计的概念

现代“会计”是以货币为主要计量单位，采用专门方法和程序，对企业和行政、事业单位的经济活动过程及其结果进行准确完整、连续系统的核算和监督，以如实反映受托责任履行情况、提供有用经济信息为主要目的的经济管理活动。未特别说明时，本书均以企业会计为主体进行介绍，本书主要以最新企业会计准则为依据介绍工业企业经济业务的会计处理。

三、会计的基本特征

（一）会计是一种经济管理活动

会计的本质是一项经济管理活动，它属于管理范畴。会计的基本职能就是对一个单位的经济活动进行核算和监督，为该单位的经济管理提供各种数据，通过各种方式参与事前经营预测、决策，对经济活动进行事中控制、监督，开展事后分析、检查。会计无论是在过去、现在还是将来，都是人类对经济进行管理的一项活动。

（二）会计以货币作为主要计量单位

计量单位是指用来度量事物数量的尺度标准，通常包括三种计量单位：

- 实物量度：以实物数量为单位，如“公斤”“件”等。
- 劳动量度：以时间为单位，如“工时”“工作日”等。
- 货币量度：以价值量为单位，如“人民币”“美元”等。

会计之所以要以货币作为主要计量单位，是因为在经济活动的交易或事项中，只有采取价值的形式才能便于确认、计量和报告。而货币本身具有价值，可以代表财富储存，可以作为支付手段，还可以作为商品交换媒介。

需要说明的是，会计在以货币为主要计量单位的同时，有时还需要辅以其他计量单位，来进一步补充说明货币单位的具体内容，如原材料要用货币量度表示其价值，还需要用实物量度反映其数量。所以，会计以货币为主要计量单位但不是会计的唯一计量单位。

（三）会计具有核算和监督的基本职能

会计的基本职能表现在两个方面：会计核算和会计监督，即对发生的经济业务以会计语言进行描述，并在此基础上对经济业务的真实性、合法性和理性进行审查。

（四）会计采用一系列专门的方法

会计的方法是用来反映和监督会计对象，执行和完成会计任务的手段。

会计的方法包括会计核算方法、会计分析方法和会计检查方法。会计核算方法是会计的基本环节，在会计方法体系中处于基础和核心的地位，是其他各种方法的基础。会计分析方法是会计核算的继续和发展，而会计检查方法是对会计核算的必要的补充。它们是相互配合、密切联系的。

第二节　会计职能、对象与目标

一、会计的职能

会计的职能是指会计在经济管理过程中所具有的功能。会计职能包括会计核算和会计监督两个基本职能。随着经济社会的发展，会计在原有基本职能的基础上又产生了预测经济前景、参与经济决策、评价经营业绩等拓展职能。

（一）基本职能

1. 会计核算职能

会计的核算职能，是指会计以货币为主要计量单位，对特定主体的经济活动进行确认、计量、记录和报告。会计核算贯穿于经济活动的全过程，是会计最基本的职能。

会计首先是对原始凭证进行审核，在真实完整的基础上进一步在账簿中进行登记，最后再对账簿记录进行分析汇总，编制会计报表，通过会计报表向单位内部和外部的有关方面提供本单位的财务信息，这就是会计的核算职能。

中华人民共和国会计法（2024 修订版）第十条明确规定各单位应对下列经济业务事项办理会计手续，进行会计核算：

（1）资产的增减与使用；

（2）负债的增减；

（3）净资产（所有者权益）的增减；

（4）收入、支出、费用、成本的增减；

（5）财务成果的计算和处理；

（6）需要办理会计手续、进行会计核算的其他事项。

2. 会计监督职能

会计监督可分为单位内部监督、国家监督和社会监督，三者共同构成了“三位一体”的会计监督体系。

（1）单位内部监督：是指会计机构、会计人员对其特定主体经济活动和相关会计核算的真实性、完整性、合法性和合理性进行审查，使之达到预期经济活动和会计核算目标的功能。中华人民共和国会计法（2024 修订）第二十五条规定：各单位应当建立健全本单位内部会计监督制度,并纳入本单位内部控制管理制度。

(2)国家监督:是指财政、审计、税务、人民银行、证券监管、保险监管等部门依照有关法律、行政法规,规定对各有关单位会计资料的真实性、完整性、合法性等实施的监督检查。

(3)社会监督:是指以注册会计师为主体的社会中介机构等实施的监督活动。

3. 会计核算和监督职能的关系

会计的核算职能和监督职能是相辅相成、辩证统一的关系。会计核算是会计监督的基础,没有会计核算提供的各种系统性会计资料,监督就失去了依据。会计监督是会计核算质量的保障,没有会计监督,就难以保证会计核算所提供信息的真实性和可靠性。

(二)拓展职能

随着经济的发展,对管理的要求也越来越高,这也推动了会计职能的进一步发展,现代会计在原有的核算与监督基本职能的基础上,又进一步在参与管理方面产生了很多新的职能,主要包括预测经济前景、参与经济决策、评价经营业绩。

1. 预测经济前景

预测经济前景是指根据财务会计报告等会计信息,定量或者定性地判断和推测经济活动的发展规律,用以指导或调解经济活动,为企业提高经济效益。

2. 参与经济决策

参与经济决策是指根据财务会计报告等会计信息,采用定量分析或者定性分析的方法,对备选方案进行可行性分析,为企业的生产经营管理与决策提供信息。

3. 评价经营业绩

评价经营业绩是指采用适当的方法,比较、判断经营业绩的大小和经济效益的高低。

二、会计的对象

(一)会计对象

会计对象是指会计核算和监督的内容。凡是特定单位能够以货币表现的经济活动都是会计核算和监督的内容,也就是会计的对象,即以货币表现的经济活动,亦称为社会再生产过程中的资金运动。

值得注意的是,企业的经济活动包括能够用货币计量的经济活动和不能用货币计量的经济活动。前者称为经济业务,如用银行存款购买材料、销售产品等;后者称为非经济业务,如制订采购计划、签订购销合同、召开生产会议。因此,只有能用货币计量的经济活动,即经济业务,才构成会计核算的内容。

小知识

经济业务又称会计事项,是指在经济活动中使会计要素发生增减变动的交易或者事项。例如:企业购买土地的支出;租用土地开支;建造厂房、办公楼开支,买进生产设施、办公用桌椅等低值易耗品开支;购进材料、辅助材料、包装用品等支出以及支付员工工资、水电费、电话费、广告费、企业销售商品产生的收入等。

由于各单位的性质不同,经济活动的内容、资金运动的方式也存在差异,因此,其会计对象的具体内容也不尽相同。如工业企业为了从事生产经营活动,必须拥有一定数量的资金,用于建造厂房、购买机器设备、购买材料、支付薪酬和其他费用。其生产经营活动最终要借助价值形态,以货币形式表现出来。这些以货币形式表现的生产经营活动构成了工业企业的资金运动。资金运动程序可分为资金投入、资金循环与周转(即资金的运用)、资金退出三个基本环节。

下面以工业企业(产品制造业)为例,说明其会计对象的具体内容。

(二)工业企业的资金运动

1. 资金投入

企业只有拥有一定数量的资金,才能进行生产经营活动。例如要购进原材料、辅助材料、低值易耗品、包装物等;同时要支付员工的工资等费用。

资金投入主要包括投资人投入的资本和债权人投入的资金。例如从银行获得贷款就是债权人投入的资金。

2. 资金的循环与周转运动

工业企业的日常经营活动主要包括供应、生产、销售三个过程。

(1)供应过程:在日常经营活动中,企业首先需要以现金或银行存款等购买原材料,形成生产储备。这时资金形态由"货币资金"(现金或银行存款)转化为"储备资金"(原材料)。

(2)生产过程:在生产过程中,将原材料投入生产中去加工,使之转化为在产品,再继续加工成可供出售的产成品。同时,在生产加工过程中,不仅消耗了原材料,磨损了机器设备,还必须支付生产人员的工资等,这些为生产产品而发生的耗费都应计入商品成本。这时,资金形态由"储备资金"(原材料)转化为"生产资金"(在产品),然后再转化为"成品资金"(产成品)。

(3)销售过程:在销售过程中,企业销售商品、收回货款,资金形态又由"成品资金"转化为"货币资金"。

企业为了继续进行生产经营活动,必须将销售收回的货币资金中的一部分继续投入生产。

综上所述,工业企业的生产经营活动从货币资金开始,经历了供、产、销三个过程。其资金形态由货币资金依次转化为储备资金、生产资金、成品资金,最后又回到货币资金形态上的过程,就称作资金循环,周而复始的资金循环就是资金周转。

3. 资金的退出

在企业进行生产经营活动过程中,必然会有一部分资金退出,如支付税款、支付股利、偿还贷款的本金和利息等。

工业企业的资金运动(循环周转)过程如图 1-1 所示。

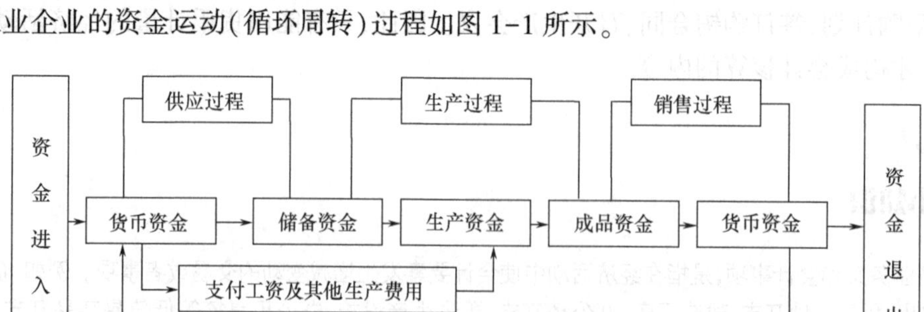

图 1-1 工业企业的资金运动

三、会计的目标

会计目标也称会计目的，是要求会计工作完成的任务或达到的标准，即向财务会计报告使用者提供与企业财务状况、经营成果和现金流量等有关的会计信息，反映企业管理层受托责任履行的情况，有助于财务会计报告使用者做出经济决策，达到不断提高企事业单位乃至经济社会整体的经济利益和效率的目的和要求。会计目标包括以下两层内容：

（一）反映企业管理层受托责任履行情况

在现代企业制度下，所有权与经营权相分离，企业管理当局受委托人之委托管理企业与其资产，有责任妥善保管并合理、有效地运用这些资产。因此，需向投资者反映企业管理层受托责任的履行情况，以其评价企业经营管理责任和资源使用的有效性。

（二）向财务会计报告使用者提供决策有关的会计信息

财务会计的最终成果是提供财务会计报告，满足财务会计报告使用者的信息需要，帮助使用者做出正确的经济决策。财务会计报告使用者包括投资者、债权人、企业管理者、政府及其有关部门和社会公众等。

第三节　会计基本假设与会计核算基础

一、会计基本假设

在会计核算过程中，由于单位进行经济活动的环境具有复杂性和不确定性，就需要对会计核算的范围、时间、空间等做一些必要的假定，即会计核算的基本前提。由于这些限定是以合理推断或人为规定做出，因而也称会计假设。会计核算基本前提有四项：会计主体、持续经营、会计分期和货币计量。

（一）会计主体

会计主体是指企业会计确认、计量和报告的空间范围，即会计核算和监督的特定单位或组织。

一般来说，会计主体应该是有能力拥有经济资源、承担经济义务、实行独立核算的单位或组织，可以是一个企业、一个医院、一个社会团体，甚至是一个能独立核算的生产车间。而会计只会对其主体发生的经济业务进行核算和监督，不能超越范围核算和监督其他主体的经济业务。

小知识

在会计基础假设中，一般来说，法律主体必然是会计主体，但会计主体不一定是法律主体。例如，具备法人资格的有限责任公司、股份有限公司，既是法律主体，也是会计主体。而不具备法人资格的分公司，不是法律主体，但是需要进行会计核算，是会计主体。

（二）持续经营

持续经营是指在可以预见的未来，企业将会按当前的规模和状态继续经营下去，不会停业，也不会大规模削减业务。即在可预见的未来，该会计主体不会破产清算，所持有的资产将正常营运，所负有的债务将正常偿还。

持续经营前提的意义在于：资产可以按原定用途使用；固定资产的价值将按使用年限摊销转作费用；负债可以到期予以清偿；跨期收支将按权责发生制确认其归属期，以便正确计算各会计期间的经营成果，提供科学的财务信息。

（三）会计分期

会计分期，也称会计期间，是指将一个企业持续经营的经济活动划分为一个个连续的、长短相同的期间，以便分期结算账目和编制财务会计报告。

会计制度规定，应当划分会计期间，分期结算账目和编制财务报告。会计期间分为年度、半年度、季度和月度，且均按公历起讫日期确定，会计年度自公历 1 月 1 日起至 12 月 31 日止。半年度、季度和月度称为会计中期。

正是有了会计分期这一假设才产生了本期与非本期的区分，才有了收付实现制与权责发生制两种不同的会计基础。

（四）货币计量

货币计量是指会计主体在会计确认、计量和报告时，以货币作为计量尺度，反映会计主体的经济活动。

在会计核算过程中之所以选择货币作为计量单位，是由货币本身的属性决定的。其他计量单位都不便于将不同会计主体之间的经济信息在量上进行比较。以货币作为统一的计量单位，还可以更全面、更系统、更综合地反映会计主体不同时期的经营成果。

我国会计核算以人民币为记账本位币。业务收支以人民币以外的货币为主的单位，也可以选定其中一种货币作为记账本位币，但编制的财务会计报告应当折算为人民币反映。在境外设立的中国企业向国内报送的财务报表，也应当折算为人民币反映。

二、会计核算基础

会计核算基础是指会计确认、计量、记录和报告的基础，具体包括权责发生制和收付实现制。

（一）权责发生制

权责发生制，也称应计制或应收应付制，是指收入、费用的确认应当以收入和费用的实际发生而非实际收支作为确认的标准，合理确认当期损益的一种会计基础。在我国，企业会计应当以权责发生制为基础进行确认、计量和报告。

在权责发生制下，凡属本期已经实现的收入，无论款项是否收到，都应作为本期的收入；凡属本期已经发生或应当负担的费用，无论款项是否付出，都应作为本期的费用。凡不属于本期的收入，即使款项已在本期收到，也不应作为本期的收入；凡不属于本期费用，即使款项已在本期付出，也不应作为本期的费用。

【例 1-1】宏达有限责任公司于 2024 年 6 月 10 日销售 A 产品一批，2024 年 7 月 25 日收到货款 6 000 元，存入银行。

分析:在权责发生制下,该笔经济业务属于6月的收入。

【例1-2】宏达有限责任公司于2024年6月30日用银行存款预付下半年的仓库租金6 000元。

分析:在权责发生制下,该笔经济业务不属于6月的费用。

(二)收付实现制

收付实现制,也称现金制,是以收到或支付现金作为确认收入和费用的标准,是与权责发生制相对应的一种会计基础。

在收付实现制下,凡属本期收到的收入或支出的费用,无论其是否应归属本期,都作为本期的收入和费用。凡本期未收到的收入和未支出的费用,即使应归属本期,也不作为本期的收入和费用。

事业单位会计核算一般采用收付实现制;事业单位部分经济业务或者事项,以及部分行业事业单位的会计核算采用权责发生制核算的,由财政部在相关会计制度中具体规定。

【例1-3】资料沿用例1-1。

分析:在收付实现制下,该笔经济业务属于7月的收入。

【例1-4】资料沿用例1-2。

分析:在收付实现制下,该笔经济业务属于6月的费用。

第四节 会计信息使用者与质量要求

一、会计信息使用者

会计信息使用者主要包括投资者、债权人、企业管理者、政府及其相关部门和社会公众等。企业投资者通常关心企业的盈利能力和发展能力,他们需要借助会计信息等相关信息来决定是否调整投资、更换管理层和加强企业的内部控制等。企业贷款人、供应商等债权人通常关心企业的偿债能力和财务风险,他们需要借助会计信息等相关信息来判断企业能否按约支付所欠货款、偿还贷款本金和支付利息等。企业管理者是会计信息的重要使用者,他们需要借助会计信息等相关信息来管理企业,对企业进行控制、做出财务决策。社会公众主要关注的是企业的可持续发展能力如何、有没有生产伪劣产品、是否对环境造成污染等。

二、会计信息质量要求

会计信息质量要求是对企业财务会计报告中所提供高质量会计信息的基本规范,是使财务会计报告中所提供的会计信息对投资者等会计信息使用者决策有用应具备的基本特征。我国《企业会计准则——基本准则》规定了八项会计信息质量要求,主要包括可靠性、相关性、可理解性、可比性、实质重于形式、重要性、谨慎性和及时性。

(一)可靠性

可靠性要求企业应当以实际发生的交易或者事项为依据进行确认、计量、记录和报告,如实反映符合确认和计量要求的各项会计要素及其他相关信息,保证会计信息真实可靠、内容完整。

(二)相关性

相关性,又称有用性。要求企业提供的会计信息应当与财务会计报告使用者的经济决策需要相关,有助于财务会计报告使用者对企业过去和现在的情况作出评价,对未来的情况做出预测。

要注意的是,相关性是以可靠性为前提的,即会计信息在可靠性的前提下,应尽可能相关。

(三)可理解性

可理解性,又称明晰性,要求企业提供的会计信息应当清晰明了,便于财务会计报告使用者理解和使用。

(四)可比性

可比性要求企业提供的会计信息应当相互可比,保证同一企业不同时期可比、不同企业相同会计期间可比。

同一企业不同期间会计信息的可比,也称纵向可比。要求同一企业对不同期间发生的相同或相似的交易或者事项,应当采用一致的会计政策,不得随意变更,以使各会计期间的同类信息具有可比性。确实需要变更的,应当在附注中说明。如企业在会计政策变更时可以提供更可靠、更相关的会计信息,可以变更会计政策,但需在附注中予以说明,便于会计信息使用者了解变更的原因。

会计政策规定了处理同一交易或事项可以选择的不同方法,一般不得随意变更。例如,产品生产企业在每个月末都应计算固定资产的折旧额,即固定资产在使用过程中所产生的价值损耗,这些折旧额应计入企业当月成本或费用。我国现行企业会计准则规定,对于固定资产折旧可采用年限平均法和工作量法等计算。年限平均法根据固定资产的使用寿命计算其各个会计月份的折旧额,而不考虑其在各个会计月份的实际使用情况。在这种方法下,各个会计月份计算出来的折旧额一般是相等的。工作量法则需要考虑固定资产的实际使用情况,即在某个会计月份多使用固定资产时应多计算折旧额,反之则应少计算折旧额。在这种方法下,各会计期间所计算出来的折旧额一般是不相等的。对《企业会计准则》规定的不同的折旧方法,企业可根据其固定资产的种类或用途等具体情况选择使用。但是,企业一旦选用了其中的某一种方法,就应在互接续的各个会计期间连续使用,一般不得随意变更。只有这样,同一企业前后各期的折旧额信息才具有可比性。

不同企业相同会计期间会计信息的可比,也称横向可比。要求不同企业对于同一期间发生的相同或相似的交易或者事项,应当采用统一规定的会计政策,确保会计信息口径一致、相互可比。

各个产品生产企业发生的交易或事项存在诸多相同或相似之处。可比性要求当这些交易或事项发生时,不同企业采用的会计政策也应基本相同。如企业在财务报告中所提供的财务状况信息,包括企业的资产总量及其构成情况、负债和所有者权益的总额及其构成情况等基本内容。不同企业都应按照统一的确认、计量和报告要求进行处理,各企业都应采用统一的报告格式,共同遵循企业会计准则统一规定的确认和计量要求。只有这样,各个企业所提供的会计信息才能做到口径一致,具有可比性。

（五）实质重于形式

实质重于形式要求企业应当按照交易或者事项的经济实质进行会计确认、计量和报告，不应仅以交易或者事项的法律形式为依据。

企业发生的交易或事项在多数情况下其经济实质和法律形式是一致的，但在有些情况下也会出现不一致。随着市场经济的不断发展，经济现象日趋复杂，某些交易或事项的经济实质存在着与其法律形式明显不一致的情形。例如，在租赁业务中，企业租入的资产（短期租赁和低价值资产租赁除外），就法律形式而言，租赁资产的所有权在租赁期内属于出租方所有，承租人在没有购买该资产之前不拥有资产的所有权。然而，就经济实质而言，按照租赁合同规定在租赁期内承租人可以控制和使用该资产，并控制该资产在未来所创造的经济利益。正是鉴于这样的经济实质，现行会计实务中承租方可将租入的固定资产确认为一项资产（使用权资产）。

（六）重要性

重要性要求企业提供的会计信息应当反映与企业财务状况、经营成果和现金流量有关的所有重要交易或者事项。

重要性的应用需要依赖职业判断，企业应当根据其所处环境和实际情况，从项目的性质和金额大小两方面加以判断。

（七）谨慎性

谨慎性要求企业对交易或者事项进行会计确认、计量和报告时保持应有的谨慎，不应高估资产或者收益、低估负债或者费用。

（八）及时性

及时性要求企业对于已经发生的交易或者事项，应当及时进行确认、计量和报告，不得提前或者延后。

在会计确认、计量和报告过程中贯彻及时性，一是要求及时收集会计信息；二是要求及时处理会计信息；三是要求及时传递会计信息，便于其及时使用和决策。

思考题

会计信息的相关性和可靠性是相对立的，你认为这句话对吗？

第五节　会计核算方法

为了规范企业会计核算行为，需要对会计核算的方法和会计核算的信息质量做出相关的要求和规定，以保证会计信息的质量。

一、会计核算方法

会计核算方法是指对会计对象进行连续、系统、全面、综合的确认、计量和报告所采用的各种方法。主要包括设置会计科目和账户、复式记账、填制和审核会计凭证、登记会计账簿、成本计算、财产清查、编制财务会计报告 7 种方法。

(一)设置会计科目和账户

设置会计科目和账户是对会计对象的具体内容进行归类核算和监督的一种专门方法。它可以对会计对象复杂多样的具体内容进行科学的分类和记录,以便取得各种核算指标,并随时加以分析、检查和监督。

(二)复式记账

复式记账法是指对于每一笔经济业务,都必须用相等的金额在两个或两个以上相互联系的账户中进行登记的一种记账方法。

在经济活动中,任何一项经济业务都会引起资金的双重变化。例如:以银行存款购买机器设备,这项经济业务一方面会引起银行存款减少,另一方面会引起企业的固定资产增加。为了全面反映每一项经济业务所引起的这种双重变化,就必须在两个或两个以上的账户中同时加以记录。采用复式记账可以全面、系统地反映经济业务的来龙去脉,全面反映和监督企业的经济活动过程。

(三)填制和审核会计凭证

记账必须有根有据,这种根据就是凭证。例如:职工报销差旅费,就必须填制报销单,附上车、船票等单据,证明经济业务已经完成。报销单和所附的车、船票就是会计凭证。报销单还必须经过相关人员审核批准,并与所附的车、船票等单据核对无误。报销手续完毕后,这张报销单就作为记账的依据。所以说,填制和审核会计凭证是会计核算工作的起点,只有经过审核并认为正确无误的会计凭证,才能作为登记账簿的依据。同时,正确填制和审核会计凭证,是进行核算和实施监督的基础。

(四)登记会计账簿

登记会计账簿简称记账,是以审核无误的会计凭证为依据,将会计凭证记录的经济业务,分类、连续、完整地记入有关账簿中所开立的账户。账簿记录所提供的各种核算数据,是编制财务报表的直接依据。

(五)成本计算

成本计算是对生产经营过程中发生的各种生产费用,按照一定的成本计算对象进行归集和分配,进而计算商品的总成本和单位成本的一种专门方法。

通过成本计算,可以反映和监督生产经营过程当中发生的各项费用是否节约或超支,以便及时采取措施,挖掘潜力,降低成本。成本计算提供的信息是企业成本管理所需要的主要数据。

(六)财产清查

财产清查是指通过对货币资金、实物资产和往来款项等财产物资进行盘点或核对,确定其实存数,查明账存数与实存数是否相符的一种专门方法。

在实际工作中,必须定期或不定期地对各种财产、物资、货币资金的保管和使用情况,以及往来款项结算情况进行清查,监督各类财产物资的安全完整和合理使用,以保证会计核算指标的正确性和真实性。

（七）编制财务会计报告

编制财务会计报告，是指定期总结和反映经济活动、提供财务状况和经营成果等信息的一种专门的方法。

会计核算的 7 种方法是相互联系、密切配合的，构成了一个完整的方法体系。以上各种方法间的关系，如图 1-2 所示。

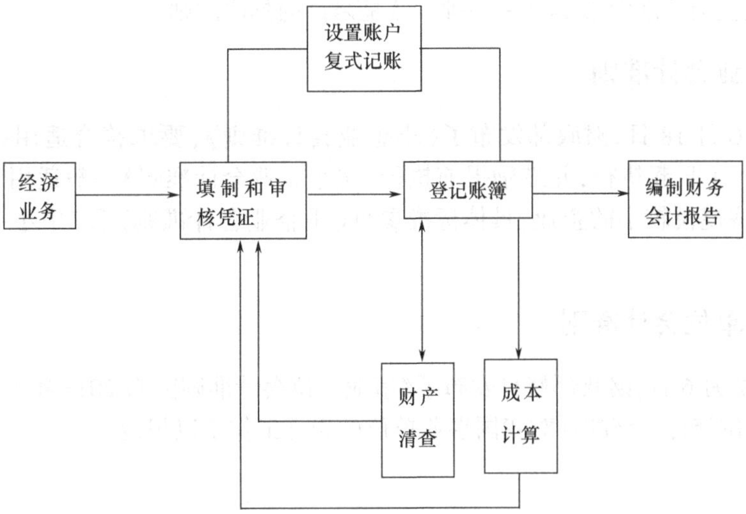

图 1-2　会计核算方法体系

第六节　会计准则体系

会计准则是反映经济活动、确认产权关系、规范收益分配的会计技术标准，是生成和提供会计信息的重要依据，也是政府调控经济活动、规范经济秩序和开展国际经济交往等的重要手段。会计准则具有严密和完整的体系。我国已颁布的会计准则有《企业会计准则》《小企业会计准则》《事业单位会计准则》等。

一、企业会计准则

企业会计准则是规范企业会计确认、计量和报告行为，保证会计信息质量的会计准则。我国的企业会计准则体系主要由三部分内容构成：一是基本准则，是制定具体准则和应用指南的依据，也是指导会计实务的规则；二是具体准则，主要规范企业发生的具体交易或事项的会计处理；三是会计准则应用指南，是根据基本准则和具体准则制定的指导会计实务的操作性指南。

基本准则于 1992 年 11 月发布并于 1993 年 7 月 1 日开始实施，2006 年 2 月 15 日由财政部修订并发布，于 2007 年 1 月 1 日起施行，2014 年 7 月 23 日根据《财政部关于修改〈企业会计准则——基本准则〉的决定》修改。基本准则首先在上市公司施行，并鼓励其他企业执行。基本准则在整个准则体系中起统驭作用，主要规范会计目标、会计假设、会计信息质量要求以及会计要素的确认、计量和报告原则，为具体准则的制定提供依据，也为尚无具体准则规范的会计实务问题提供处理原则。

具体准则是根据基本会计准则的要求制定的，是对经济业务的会计处理及报表披露等方面做出的具体规定。截至2021年12月，具体准则有42项，包括2006年2月15日发布的38项和2014年以后发布的4项。2014年1月以来、财政部陆续发布了4项新的具体准则，并对之前的14项具体准则做了修订，比如《企业会计准则39号——公允价值计量》是新颁布的准则，《企业会计准则第14号——收入》是修订的具体准则。

二、小企业会计准则

2011年10月18日，财政部发布了《小企业会计准则》，要求符合适用条件的小企业自2013年1月1日起执行，并鼓励提前执行。《小企业会计准则》一般适用于在我国境内依法设立、经济规模较小的企业，具体标准参见《小企业会计准则》和《中小企业划型标准规定》。

三、事业单位会计准则

2012年12月6日，财政部修订发布了《事业单位会计准则》，自2013年1月1日起在各级各类事业单位施行。该准则对我国事业单位的会计工作予以规范。

思考题

华丽服装有限公司是一家中型制造类企业，该公司对已经发生的经济业务应适用哪项会计准则作为确认、计量和报告的依据?

章节实务题

利达有限公司2024年6月份发生以下经济业务：

(1)销售商品一批，售价72 000元，款项已存入银行；

(2)预收购货单位货款24 000元，款项存入银行，商品将在下月交付；

(3)以银行存款预付下季度仓库租金10 800元；

(4)销售商品一批，售价84 000元，货物已发出，发票已开具，但是货款尚未收到；

(5)以银行存款支付本月水电费3 000元；

(6)收到上月销售应收的货款20 000元；

(7)本月负担上季度已预付财产保险费1 000元。

根据以上业务，分别按照权责发生制和收付实现制计算6月份的收入和费用，并将其填在表1-1内。(单位:元)

表 1-1

经济业务号	权责发生制		收付实现制	
	收入	费用	收入	费用
(1)				
(2)				
(3)				
(4)				
(5)				
(6)				
(7)				
合计				
利润				

第二章　会计要素与会计等式

【学习目标】

▶ 知识目标 ◀

1. 掌握资产、负债、所有者权益、收入、费用和利润六大要素的概念与特征。
2. 理解会计等式保持平衡的原理。
3. 理解任何经济业务的发生都不会影响会计等式的恒等性。

▶ 能力目标 ◀

1. 能够分析企业已经发生的经济业务对会计等式的影响。
2. 遵循能量守恒定律，通过掌握会计恒等式理解世间万物的普遍联系和相互平衡的关系。

▶ 素养目标 ◀

1. 倡导社会主义核心价值观，培养学生树立会计诚信理念和坚持准则的法治观念。
2. 培养学生严谨、细致的工作素养。

第一节　会计要素

为了系统、完整地核算和监督单位经济活动的发生情况及结果，为会计信息使用者提供有用的会计信息，在明确会计对象是能用货币表现的经济活动后，还必须对纷繁复杂的资金运动加以进一步的细分和科学分类，这样便有了会计要素的产生。

一、会计要素的概念

会计要素是对会计对象按其经济特征归类的项目，是对会计对象的基本分类。它是会计对象的具体化，是设置账户的基本依据，是构成会计报表的基本因素。

根据我国《企业会计准则——基本准则》的规定，会计要素按性质划分为资产、负债、所有者权益、收入、费用和利润六大要素。其中，资产、负债和所有者权益是组成资产负债表的会计要素，称为资产负债表要素，同时，这三大要素也是反映企业在某一特定日期的财务状况的会计要素，属于静态要素；收入、费用和利润是组成利润表的会计要素，称为利润表要素，这三大要素也是反映企业在一定时期内的经营成果的会计要素，属于动态要素。

二、会计要素的内容

(一)资产

资产是指企业过去的交易或者事项形成的、由企业拥有或控制的、预期会给企业带来经济利益的资源。拥有或控制一定数量的资产,是企业进行生产经营的前提条件。没有资产,企业就无法正常经营。而企业的资产在存在形式上是多种多样的,例如存放在企业保险柜中的库存现金、存入企业开户银行的银行存款,存放在企业仓库中的原材料,产成品、厂房、机器设备等。这些都是企业的资产。根据资产的定义,资产具有以下特征:

1. 资产的特征

(1)资产是由企业过去的交易或者事项形成的。企业的资产必须是已经形成的资产,是过去已经发生的交易或事项的结果,而不能是预期的资产。也就是说,预期在未来发生的交易或事项可能产生的结果,不形成资产。例如企业预计在 1 年后将要购买一台生产产品的机器设备,因其相关的交易或事项尚未发生,该设备就不能作为企业的资产。

(2)资产是企业拥有或者控制的资源。资产作为一项资源,应当由企业拥有或者控制,具体是指企业享有某项资源的所有权,或者虽然不享有某项资源的所有权,但该资源能被企业所控制。

企业享有资产的所有权,通常表明企业能够排他性地从资产中获取经济利益。一般而言,在判断资产是否存在时,所有权是考虑的首要因素。有些情况下,资产虽然不为企业所拥有,即企业并不享有其所有权,但企业控制了这些资产,同样表明企业能够从这些资产中获取经济利益,符合会计上对资产的定义。在租赁业务中,企业租入的资产(短期租赁和低价值资产租赁除外),就法律形式而言,其所有权在租赁期内属于出租方所有,承租人在没有购买该资产之前不拥有资产的所有权。然而,就经济实质而言,按照租赁合同规定,在租赁期内承租人可以控制和使用该资产,并控制该资产在未来所创造的经济利益。正是鉴于这样的经济实质,现行会计实务中承租方可将租入的固定资产确认为一项资产(使用权资产)。

(3)资产预期会给企业带来经济利益。资产预期会给企业带来经济利益,是指资产直接或者间接导致经济利益流入企业的潜力。例如,一条在技术上早已经被淘汰的生产线,尽管实物形态仍然存在,但实际上却不能再用于生产商品,不能为企业带来经济效益。这样这条生产线就不能确认为该企业的资产。

而资产预期能为企业带来经济利益是资产的重要特征。例如,企业生产出一批商品,企业可以通过对外出售后收回货款,货款即为企业所获得的经济利益,则这批商品确认为企业的资产。如果这批商品已遭到损毁,没有任何价值了,则这批商品预期不能给企业带来经济利益,那么就不能将其确认为企业的资产。

小知识

《会计企业准则》规定,将一项资源确认为资产,首先需要符合资产的定义,同时还应满足以下两个条件：

(1)与该资源有关的经济利益很可能流入企业；

(2)该资源的成本或者价值能够可靠地计量。

2. 资产的分类

资产按流动性(变现能力)进行分类,可以分为流动资产和非流动资产。

(1)流动资产是指可以在一年或者超过一年的一个营业周期内变现、出售或耗用,或者主要为交易目的而持有的资产,主要包括库存现金、银行存款、交易性金融资产、应收及预付款项、存货等。

①库存现金是指由企业出纳人员保管并存放在企业内部保险柜里的现钞(即钞票),包括人民币和各种外币。库存现金是流动性最强的资产。

②银行存款是指企业存放在银行或者其他金融机构的各种款项。

③交易性金融资产是指企业持有的以公允价值计量且其变动计入当期损益的金融资产,包括为交易目的所持有的债券投资、股票投资、基金投资、权证投资等以及直接指定以公允价值计量且其变动计入当期损益的金融资产。

④应收及预付款项是指企业在日常生产经营活动中发生的各种债权,包括其他应收款、应收账款、预付账款等。

⑤存货是指企业在日常活动中持有的以备出售的产成品或商品、处在生产过程中的在产品、在生产过程或提供劳务过程中消耗的材料和物料等,包括各类原材料、在产品、半成品、产成品、周转材料等。

(2)非流动资产是指流动资产以外的资产,主要包括长期股权投资、固定资产、无形资产等。

①长期股权投资是指准备持有时间超过1年(不含1年)的各种股权性质的长期投资。

②固定资产是生产商品、提供劳务、出租或为管理目的而持有的使用寿命超过1个会计年度的资产,包括房屋、建筑物、机器、机械、运输工具等。

③无形资产是指企业拥有或者控制的没有实物形态的可辨认非货币性资产,包括专利权、非专有技术、商标权、著作权、土地使用权等。

资产的构成如图2-1所示。

(二)负债

负债是指企业过去的交易或者事项形成的,预期会导致经济利益流出企业的现时义务。

企业在进行生产经营活动时,通常都会向企业外部举借债务,如向银行取得借款、向债权人发行债券筹集资金等,这些都会形成企业

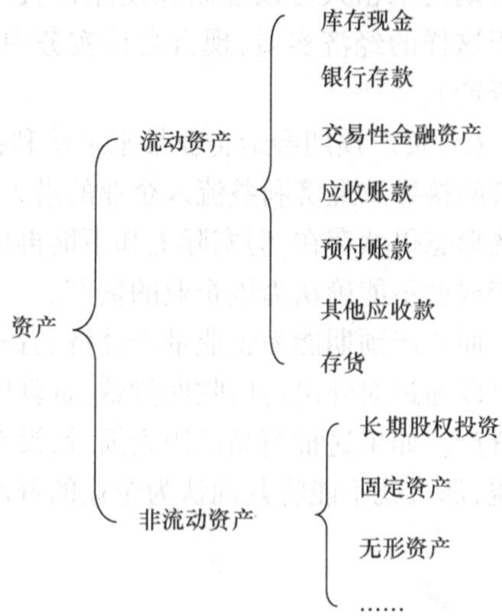

图2-1 资产的构成

的负债。通俗来说,负债就是"欠账"。"欠账"的表现形式是多样的,例如企业向银行取得借款,尚未归还,表现为"欠钱";企业因销售预先收对方一笔钱,但尚未交付商品,表现为"欠货"。

1. 负债的特征

(1)负债是由企业过去的交易或者事项形成的。只有过去的交易或者事项才形成负债,企业在未来发生的承诺、义务不形成负债。例如企业与银行协议1年后向银行借款100万元,则不属于过去的交易或事项,不能确认为负债。

(2)负债是企业承担的现时义务。现时义务是指企业在现行条件下已承担的义务。未来发生的交易或者事项形成的义务,不属于现时义务,不应当确认为负债。例如,企业购买原材料形成应付账款,企业向银行借入款项形成借款,均属于企业承担的现时义务。

(3)负债预期会导致经济利益流出企业。预期会导致经济利益流出企业也是负债的一个本质特征,只有企业在履行义务时会导致经济利益流出企业的,才符合负债的定义,如果不会导致企业经济利益流出,就不符合负债的定义。在履行现时义务清偿负债时,导致经济利益流出企业的形式多种多样,例如,用现金偿还或以实物资产形式偿还;以提供劳务形式偿还等。

小知识

《会计企业准则》规定,将一项现时义务确认为负债,需要符合负债的定义,还应当同时满足以下两个条件:

(1)与该义务有关的经济利益很可能流出企业;

(2)未来流出的经济利益的金额能够可靠地计量。

2. 负债的分类

按偿还期限的长短,一般将负债分为流动负债和非流动负债。

(1)流动负债。流动负债是指在1年或者超过1年的一个正常营业周期内偿还的债务,主要包括短期借款、应付账款、应付票据、预收账款、应付职工薪酬、应交税费、应付股利、其他应付款等。

①短期借款,指企业向银行或其他金融机构等借入的期限在1年(含1年)以下的各种借款。

②应付账款,指企业因购买材料、商品和接受劳务等经营活动应支付的款项。

③应付票据,指企业购买材料、商品和接受劳务供应等开出并承兑的商业汇票,包括银行承兑汇票和商业承兑汇票。

④预收账款,指按照购销双方协议约定,由购买方预先付给销售方的款项。

⑤应付职工薪酬,指企业根据有关规定应付给职工的各种薪酬,包括职工工资、奖金、津贴、补贴、各种保险费、福利费等。

⑥应交税费,指企业按照税法等规定计算应交纳的各种税费,包括增值税、消费税、所得税、资源税、土地增值税、城市维护建设税、房产税、土地使用税、车船使用税、教育费附加、矿

产资源补偿费及企业代扣代缴的个人所得税等。

⑦应付股利，指应付给投资者的股利。

⑧其他应付款，指企业除应付票据、应付账款、预收账款、应付职工薪酬、应交税费、应付股利等经营活动以外的其他各项应付暂收的款项，如应付租入包装物租金、存入保证金等。

（2）非流动负债。非流动负债是流动负债以外的负债，包括长期借款、应付债券、长期应付款等。

①长期借款，指企业向银行或其他金融机构等借入的期限在 1 年以上的各种借款。

②应付债券，指企业为筹集资金而对外发行的期限在 1 年以上的长期借款性质的书面证明。

③长期应付款，指企业除长期借款和应付长期债券以外的其他长期负债，包括应付融资租入固定资产的租赁费等。

负债的构成如图 2-2 所示。

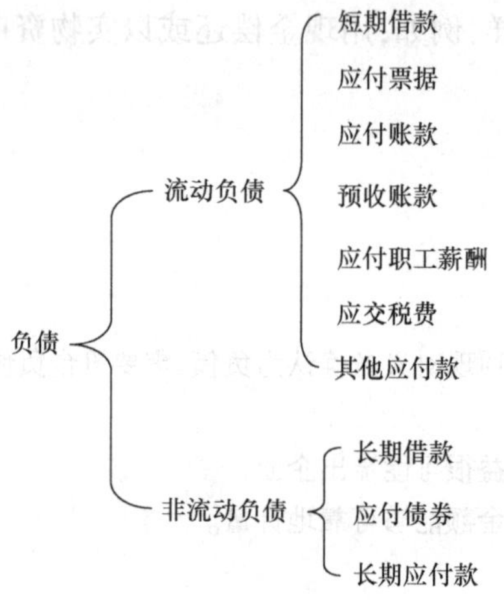

图 2-2　负债的构成

（三）所有者权益

所有者权益是指企业资产扣除负债后由所有者享有的剩余权益。公司的所有者权益又称为股东权益。

所有者权益在数量上等于企业资产总额扣除债权人权益后的净额，即为企业的净资产，反映所有者（股东）在企业资产中享有的经济利益。

1. 所有者权益的特征

（1）除非发生减资、清算或分派现金股利，企业不需要偿还所有者权益；

（2）企业清算时，只有在清偿所有的负债后，所有者权益才返还给所有者；

（3）所有者凭借所有者权益能够参与企业利润的分配。

2. 所有者权益的内容

（1）实收资本，指企业投资者按照企业章程或合同、协议的约定，实际投入企业的资本。它是企业的“本钱”，主要来源于投资者对企业的投入。

（2）资本公积，指归所有者共有的，非收益转化而形成的资本。主要包括企业收到投资者出资额超过其在注册资本或股本中所占份额的部分，以及直接计入所有者权益的利得和损失。

（3）其他综合收益，是指企业根据企业会计准则规定未在当期损益中确认的各项利得与损失。

小知识

利得是指由企业非日常活动所形成的、会导致所有者权益增加的、与所有者投入资本无关的经济利益的流入。损失是指由企业非日常活动所发生的、会导致所有者权益减少的、与向所有者分配利润无关的经济利益的流出。利得和损失包括直接计入所有者权益的利得和损失、直接计入当期损益的利得和损失。

（4）盈余公积，是指企业按照规定从净利润中提取的各种积累资金，包括法定盈余公积、任意盈余公积等。

（5）未分配利润，指企业留待以后年度分配的利润或待分配利润。

其中，盈余公积与未分配利润又可以合称为留存收益。

所有者权益的构成如图 2-3 所示。

所有者权益
- 实收资本
- 资本公积
- 其他综合收益
- 留存收益
  - 盈余公积
  - 未分配利润

图 2-3　所有者权益的构成

【相关链接】

负债与所有者权益的联系与区别

负债与所有者权益同属权益，两者都是企业资金的提供者，对企业资产都有要求权，但它们是有区别的：

（1）性质不同。负债是对债权人负担的经济责任，企业与债权人之间的关系是债权债务关系；而所有者权益则是企业对投资者负担的经济责任，企业与投资者之间的关系是产权归属关系。

（2）偿还期限不同。负债必须在确定的时期内或特定日期偿还；所有者权益可长期、持续使用于企业。企业在破产清算时，要先偿还负债，剩余资产归还投资者。

（3）享有权利不同。债权人与企业之间只有债权债务关系，无权参与企业管理；而企业投资者则有法定的管理企业或委托他人管理企业的权利。

(4)风险不同。负债必须按事先约定偿还本息,债权人承担风险较小;而所有者权益直接受到企业经营盈亏的影响,无论何种企业组织形式,企业发生亏损总是会减少所有者权益。因而,投入资本是一种典型的风险资本,所有者权益是一种剩余权益。

(四)收入

收入是指企业在日常活动中形成的、会导致所有者权益增加的、与所有者投入资本无关的经济利益的总流入。

1. 收入的特征

(1)收入是企业在日常活动中形成的。日常活动是指企业为完成其经营目标所从事的经常性活动以及与之相关的活动。例如,企业销售商品、提供劳务收入均属于企业的日常活动。

小知识

明确界定日常活动是为了将收入与利得相区分,日常活动是确认收入的重要判断标准,凡是日常活动所形成的经济利益的流入应当确认为收入,例如,制造企业销售商品获得的销售收入应计入收入。反之,非日常活动所形成的经济利益的流入不能确认为收入,而应计入利得。比如,处置固定资产属于非日常活动,所形成的净收益就不应确认为收入,而应确认为利得。再如,无形资产出租所取得的租金收入属于日常活动所形成的,应确认为收入。但是处置无形资产属于非日常活动,所形成的净收益不应当确认为收入,而应确认为利得。

(2)收入会导致所有者权益的增加。与收入相关的经济利益的流入应当会导致所有者权益的增加,不会导致所有者权益增加的经济利益的流入不符合收入的定义,不应确认为收入。

例如,企业向银行借入款项 30 000 元,该借款尽管也导致了企业经济利益的流入,但该流入并不导致所有者权益的增加,而使企业承担了一项负债,故不应将其确认为收入。

(3)收入是与所有者投入资本无关的经济利益的总流入。收入应当会导致经济利益的流入,从而导致资产的增加。例如,企业销售商品,应当收到现金或者在未来有权收到现金,才表明该交易符合收入的定义。但是,经济利益的流入有时是所有者投入资本的增加所致,所有者投入资本的增加不应当确认为收入,应当将其直接确认为所有者权益。

小知识

当企业与客户之间的合同同时满足下列条件时,企业应当在客户取得相关商品控制权时确认收入:

(1)合同各方已批准该合同并承诺将履行各自义务。

(2)该合同明确了合同各方与所转让商品或提供劳务相关的权利和义务。

(3)该合同有明确的与所转让商品或提供劳务相关的支付条款。

(4)该合同具有商业实质,即履行该合同将改变企业未来现金流量的风险、时间分布或金额。

(5)企业因向客户转让商品或提供劳务而有权取得的对价很可能收回。

2. 收入的分类

按企业主要经营业务等经常性经营活动实现的收入,通常将收入分为主营业务收入和其他业务收入。

(1)主营业务收入:指企业日常活动中主要经营活动获得的收入,一般可以通过营业执照上注明的主营业务范围来确定,包括销售商品、提供劳务、让渡资产使用权等而取得的收入。

(2)其他业务收入:指通过主营业务外其他经营活动获得的收入,包括出租固定资产、出租无形资产、出租包装物的租金收入、销售原材料收入等。

特别提示

本部分收入的确认是参照《企业会计准则第 14 号——收入》编写的,收入准则中使用的是狭义收入的概念,不包括营业外收入。

(五)费用

费用是指企业在日常活动中发生的、会导致所有者权益减少的、与向所有者分配利润无关的经济利益的总流出。

1. 费用的特征

(1)费用是企业在日常活动中发生的。费用必须是企业在其日常活动中所形成的,而不是在偶发的经济业务中产生的。因日常活动所产生的费用通常包括销售成本(营业成本)、管理费用等。

小知识

将费用界定为日常活动所形成的,目的是将其与损失相区分,企业非日常活动所形成的经济利益的流出不能确认为费用,而应当计入损失。例如,企业的罚款支出是偶发的经济业务,因而不属于费用,而是损失。

(2)费用会导致所有者权益的减少。与费用相关的经济利益的流出会导致所有者权益的减少,不会导致所有者权益减少的经济利益的流出不符合费用的定义,不应确认为费用。

例如,企业以银行存款 30 000 元偿还银行借款。这笔经济业务的发生导致经济利益流出,引起了企业负债的减少,而不是所有者权益的减少,因此这 30 000 元的经济利益流出不属于费用。

(3)费用是与向所有者分配利润无关的经济利益的总流出。企业向所有者分配利润会导致经济利益的流出,而该经济利益的流出属于投资者投资回报的分配,是所有者权益的直接抵减项目,不应确认为费用,应当将其排除在费用的定义之外。

小知识

《会计企业准则》规定，费用的确认除了应当符合定义外，至少应当符合以下条件：

(1)与费用相关的经济利益应当很可能流出企业；

(2)经济利益流出企业的结果会导致资产的减少或者负债的增加；

(3)经济利益的流出额能够可靠计量。

2. 费用的分类

费用按照其能否直接计入产品成本可以分为应计入产品成本的费用和不计入产品成本的费用。

(1)计入产品成本的费用包括直接材料费、直接人工费、制造费用。

(2)不计入产品成本的费用主要是指计入当期损益的期间费用，主要包括管理费用、财务费用和销售费用。

①管理费用指企业行政管理部门为组织和管理生产经营活动而发生的各项费用。

②财务费用是指企业为筹集生产经营所需资金而发生的费用。

③销售费用是指企业在销售商品过程中发生的各项费用，以及为销售本企业商品而专设的销售机构的费用。

(六)利润

利润是指企业在一定会计期间的经营成果。利润包括收入减去费用后的净额、直接计入当期损益的利得和损失等。利润有营业利润、利润总额、净利润。

1. 营业利润

营业利润是企业利润的主要来源。它是指企业在销售商品、提供劳务等日常活动中所产生的利润。

2. 利润总额

利润总额是指企业在一定时期内实现的利润总和，又称税前利润。

3. 净利润

净利润是指在利润总额中按规定交纳了所得税后公司的利润留成，一般也称为税后利润或净收入。

小知识

利润确认条件：

利润反映的是收入减去费用、利得减去损失后的净额。因此，利润的确认主要依赖于收入和费用、利得和损失的确认。

案例分析

2024 年 3 月 19 日，上实发展（SH600748，股价 3.17 元，市值 58.47 亿元）公告称，公司收到中国证监会上海监管局出具的《行政处罚和市场禁入事先告知书》（以下简称《告知书》）。根据《告知书》，上实发展涉嫌信息披露违法违规一案已调查完毕，该公司及董事长、总裁等多位高管将被合计处罚 2 545 万元，其子公司上实龙创原董事长曹文龙被采取市场禁入措施。上实发展是上海实业集团旗下的上市公司，主营业务为房地产开发与经营，经营模式是以中高端住宅开发为主，兼顾商业地产的开发及运营。

《告知书》显示，2016—2021 年期间，上实龙创原董事长曹文龙组织、授意、默许相关人员通过虚构合同、虚增业务实施进度、实施空转自循环贸易以及参与军民融合贸易等方式，虚增上实龙创 2016—2021 年度的收入、利润金额，导致上实发展的财务报表存在虚假记载，合计虚增收入 47.22 亿元、虚增利润总额 6.14 亿元。上实龙创的财务造假行为导致上实发展 2017 年年度报告少计商誉减值 2.2 亿元，占上实发展当期披露利润总额的 18.31%；导致上实发展 2021 年年度报告少计提坏账准备 8.09 亿元，占上实发展当期披露利润总额的 52.36%。中国证监会上海监管局认为，上实发展涉嫌违反了中国证券法的相关规定，董事、监事、高级管理人员之外的其他人员，确有证据证明其行为与信息披露违法行为具有直接因果关系。对上实发展涉嫌未及时披露预计经营业绩发生亏损、订立重要合同，中国证监会上海监管局拟决定对上实发展时任董事长曾明、总裁徐晓冰和唐钧，及副总裁、财务总监、上实龙创时任董长等给予警告，并合计处以 2 545 万元罚款。曹文龙的违法情节较为严重，中国证监会上海监管局决定对其采取 10 年证券市场禁入措施，其在禁入期间内，除不得继续在原机构从事证券业务或者担任原上市公司、非上市公众公司董事、监事、高级管理人员职务外，也不得在其他任何机构中从事证券业务或者担任其他上市公司、非上市公众公司董事、监事、高级管理人员职务。

摘自：每日经济新闻/2024 年 3 月 20 日第 007 版

思考题：

1. 上实发展连续 6 年共虚增收入 47 亿元，虚增利润总额 6.14 亿元，违背了哪项会计信息质量要求？

2. 从案例中获得了哪些启示？

三、会计要素的计量

会计要素的计量是为了将符合确认条件的会计要素登记入账并列报于财务报表而确定其金额的过程。企业应当按照规定的会计计量属性进行计量，确定相关金额。

会计计量属性是指会计要素的数量特征或外在表现形式，反映了会计要素金额的确定基础，主要包括历史成本、重置成本、可变现净值、现值和公允价值等。

（一）历史成本

历史成本，又称实际成本，是指为取得或制造某项财产物资实际支付的现金或其他等价物。我国企业对会计要素的计量一般采用历史成本。

(1)在历史成本计量下,资产按照其购置时支付的现金或者现金等价物的金额,或者按照购置时所付出的对价的公允价值计量。

例如,宏达有限责任公司于2024年6月3日购入原材料一批,价款20 000元以银行存款支付,不考虑其他因素,会计对该批原材料记账时,按历史成本计价,金额为20 000元。

(2)在历史成本计量下,负债按照其因承担现时义务而实际收到的款项或者资产的金额,或者承担现时义务的合同金额,或者按照日常活动中为偿还负债预期需要支付的现金或者现金等价物的金额计量。

例如,宏达有限责任公司(简称宏达公司)于2024年6月1日从银行借入年利率为6%、期限为6个月的借款40 000元。不考虑其他因素,会计对该短期借款记账时,按历史成本计价,金额应为40 000元。

(二)重置成本

重置成本,又称现行成本,是指按照当前市场条件,重新取得同样一项资产所需要支付的现金或者现金等价物金额。

(1)在重置成本计量下,资产按照现在购买相同或者相似资产所需支付的现金或者现金等价物的金额计量。

例如,在2024年6月末进行财产清查中,宏达有限责任公司发现一台全新的未入账的设备(即资产盘盈),其同类设备的市场价格为50 000元。该设备按重置成本计价,金额为50 000元。

(2)在重置成本计量下,负债按照现在偿付该项债务所需支付的现金或者现金等价物的金额计量。

(三)可变现净值

可变现净值是指在正常的生产经营过程中,以预计售价减去进一步加工成本和销售所必需的预计税金、费用后的净值。在可变现净值计量下,资产按照其正常对外销售所能收到现金或者现金等价物的金额扣减该资产至完工时估计将要发生的加工成本、估计的销售费用以及相关税费后的金额计量。可变现净值通常用于存货发生减值后的后续计量,即存货期末按成本与可变现净值孰低计量。

(四)现值

现值是指对未来现金流量以恰当的折现率进行折现后的价值,是考虑货币时间价值的一种计量属性。

在现值计量属性下,资产按照预计从其持续使用和最终处置中所产生的未来净现金流入量的折现金额计量。负债按照预计期限内需要偿还的未来净现金流出量的折现金额计量。现值通常用于非流动资产和非流动负债的计量。

(五)公允价值

公允价值是指市场参与者在计量日发生的有序交易中,出售一项资产所能收到或者转移一项负债所需支付的价格。公允价值一般应用于金融资产等资产的计量。例如:以公允价值计量且其变动计入当期损益的金融资产;以公允价值计量的投资性房地产。

例如,2024年6月10日,宏达有限责任公司从二级市场购入海洋公司股票 50 000股作为交易性金融资产,2023 年 12 月 31 日,该股票的收盘价为每股 4 元。该项资产在 2023 年 12 月 31 日按公允价值计价,金额为 200 000 元。

在上述计量属性中,历史成本是最重要也是最基本的计量属性,在会计计量中占主导地位。企业在对会计要素进行计量时,一般应当采用历史成本。这是因为历史成本具有客观性和可验证性,根据历史成本提供的会计信息不会被人为操纵。但历史成本在保证会计信息可靠性的同时,却在一定程度上损害了会计信息的相关性。正因为如此,历史成本虽然是会计计量的基本属性,但不是唯一的计量属性,在符合一定条件的情况下,企业可以采用重置成本、可变现净值、现值和公允价值等其他计量属性。与历史成本相比,这四种计量属性主观性较强,因此在使用时应保证其取得金额的可靠性。如果其金额无法取得或者无法可靠地计量,则不允许采用。

第二节　会计等式

会计要素之间存在一定的平衡关系,这种平衡关系既表现在反映企业财务状况的会计要素之间,也表现在反映企业经营成果的会计要素之间,而且在所有的会计要素之间也存在着一种金额的平衡。会计要素之间平衡关系的表现形式就是会计等式。

会计等式,又称会计恒等式、会计平衡公式,是根据会计要素之间的相互依存关系建立的数学表达方式。

一、会计等式的表现形式

会计等式的表现形式包括静态会计等式、动态会计等式和扩展会计等式。

(一)静态会计等式

任何企业要从事生产经营活动,必须有一定数量的资源,例如厂房、设备、材料。这些资源就是企业拥有或控制的资产。对于每一项资产,如果我们一分为二地看,就不难发现:一方面,任何资产只不过是经济资源的一种实际存在或表现形式,或为机器设备,或为现金、银行存款等;另一方面,从价值上看是企业拥有的一定数量的资金,而这些一定数量的资金必有其来源。即企业拥有的这些资产,其资金都是按照一定的管道进入企业的,或由投资者投入,或通过银行借入等,即必定有其提供者。如图 2-4 所示。

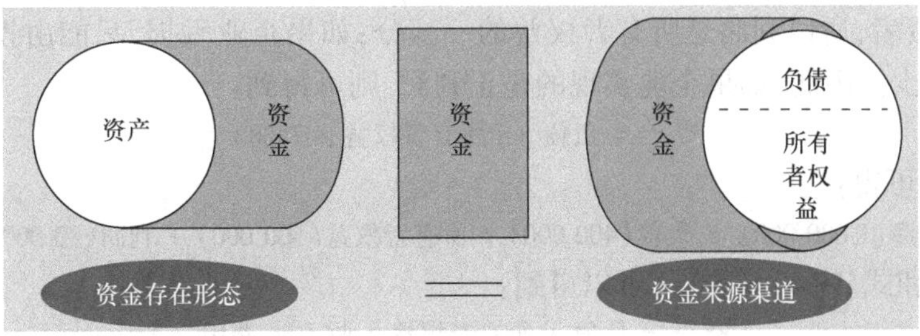

图 2-4

显然,人们一般不会无偿地将经济资源(即资产)让渡出去,也就是说,企业中任何资产都有其相应的权益要求，谁提供了资产谁就对资产拥有索偿权，这种索偿权在会计上称为权益。这样就形成了最初的会计等式：

资产 = 权益　　（式 2-1）

这一等式表明，资产与权益是同一事物的两个不同方面，两者相互依存，不可分割，没有无资产的权益，也没有无权益的资产。因此，资产和权益两者在数量上必然相等，在任一时点都必然保持恒等的关系。

权益又可以进一步分为两种：一是以投资者的身份向企业投入资产而形成的权益，我们称之为所有者权益；另一种是以债权人的身份向企业提供资产而形成的权益，我们称之为债权人权益或负债。

这样，上述等式又可表达成：

资产 = 负债 + 所有者权益　　（式 2-2）

这就是基本会计等式，也称为静态等式。该等式是反映企业在某一特定日期财务状况的会计等式，是复式记账法的理论基础，也是编制资产负债表的依据。

【例 2-1】宏达公司开办时的资产是 1 000 000 元，其中 600 000 元是投资者投入的，形成所有者权益，另外 400 000 元是向银行借款来的，形成负债，则：

资产(1 000 000) = 负债(400 000) + 所有者权益(600 000)

（二）动态会计等式

任何企业要想谋求生存与发展，都必然要不间断地开展生产经营活动获取收入，实现盈利。企业在取得收入的同时，必然要发生相应的费用。通过收入与费用的比较，才能确定一定时期的盈利水平，确定实现的利润总额。在不考虑利得和损失的情况下，收入、费用、利润三个要素之间的数量关系形成以下等式：

收入 - 费用 = 利润（或亏损）　　（式 2-3）

这一等式称为动态会计等式，是用以反映企业一定时期收入、费用和利润之间恒等关系的会计等式，反映了利润的实现过程，是编制利润表的依据。

【例 2-2】宏达公司在开业的第一个月实现收入 200 000 元，发生了费用 120 000 元，月末计算实现利润 80 000 元。则：

收入(200 000) - 费用(120 000) = 利润（80 000）

（三）扩展会计等式

由于企业是投资者投资的，按照“谁投资谁得利”的原则，企业实现的利润（如未分配利润）归属于投资者，所以利润是所有者权益的一部分；如果企业亏损，只能由投资者承担，则所有者权益减少。因此，如果企业实现的是正利润，则可得到：

资产 = 负债 +（所有者权益 + 利润）　　（式 2-4）

按例 2-2 可得：

资产(1 080 000) = 负债(400 000) + 所有者权益(600 000) + 利润(80 000)

式(2-3)和式(2-4)联合，又可以得到：

资产 = 负债 + 所有者权益 + 收入 - 费用　　（式 2-5）

按例 2-2 可得：

资产(1 080 000) = 负债(400 000) + 所有者权益(600 000) + 收入(200 000) - 费用(120 000)

企业在会计企业结账时，将收入减去费用后，计算出利润，利润归投资者所拥有，将利润转入所有者权益中，则等式(2-5)又恢复为等式(2-2)：

资产(1 080 000) = 负债(400 000) + 所有者权益(600 000 + 80 000)

二、经济业务对会计等式的影响

(一)经济业务的类型

经济业务又称会计事项，是指在经济活动中使会计要素发生增减变动的交易或者事项。企业在生产经营过程中发生的经济业务是纷繁复杂、多种多样的，但从其对资产和权益的影响方式来分，不外乎以下四种基本类型：

其一，资产和权益同时等额增加。

其二，资产和权益同时等额减少。

其三，资产内部有增有减，增减金额相等。

其四，权益内部有增有减，增减金额相等。

上述四种基本类型又可具体分为九种类型：①一项资产增加、一项负债等额增加；②一项资产增加、一项所有者权益等额增加；③一项资产减少、一项负债等额减少；④一项资产减少、一项所有者权益等额减少；⑤一项资产增加、另一项资产等额减少；⑥一项负债增加、另一项负债等额减少；⑦一项负债增加、一项所有者权益等额减少；⑧一项所有者权益增加、一项负债等额减少；⑨一项所有者权益增加、另一项所有者权益等额减少。

(二)经济业务对会计等式的影响

以下举例说明经济业务的发生对会计等式产生的影响。

【例 2-3】假设宏达公司 20××年 12 月 1 日的资产、负债及所有者权益的简要情况如表 2-1 所示。

表 2-1　　资产、负债、所有者权益情况　　单位：元

资产	金额	负债及所有者权益	金额
库存现金	8 000	短期借款	40 000
银行存款	90 000	应付账款	58 000
原材料	50 000	长期借款	60 000
固定资产	160 000	实收资本	100 000
		盈余公积	50 000
总计	308 000	总计	308 000

(1)12 月 3 日，该公司向供应单位购入原材料 10 000 元，货款未付。

分析：这笔经济业务的发生，使原材料(资产)增加 10 000 元，同时使应付账款(负债)增加 10 000 元。即一项资产(原材料)和一项负债(应付账款)同时等额增加，结果双方总额仍然相等，保持平衡。12 月 3 日，企业的资产和负债及所有者权益情况如表 2-2 所示。

表 2-2　　资产、负债、所有者权益情况　　单位:元

资产	金额	负债及所有者权益	金额
库存现金	8 000	短期借款	40 000
银行存款	90 000	应付账款	68 000
原材料	60 000	长期借款	60 000
固定资产	160 000	实收资本	100 000
		盈余公积	50 000
总计	318 000	总计	318 000

(2)12 月 5 日,该公司收到投资者投入的生产设备一台,价值 40 000 元。不考虑相关税费。

分析:这笔经济业务的发生,使固定资产(资产)增加 40 000 元,同时使实收资本(所有者权益)增加 40 000 元。即一项资产(固定资产)和一项所有者权益(实收资本)同时等额增加,结果双方总额仍然相等,保持平衡。12 月 5 日,企业的资产和负债及所有者权益情况如表 2-3 所示。

表 2-3　　资产、负债、所有者权益情况　　单位:元

资产	金额	负债及所有者权益	金额
库存现金	8 000	短期借款	40 000
银行存款	90 000	应付账款	68 000
原材料	60 000	长期借款	60 000
固定资产	200 000	实收资本	140 000
		盈余公积	50 000
总计	358 000	总计	358 000

(3)12 月 10 日,该公司以银行存款归还短期借款 40 000 元。

分析:这笔经济业务的发生,使银行存款(资产)减少 40 000 元,同时使短期借款(负债)减少 40 000 元。即一项资产(银行存款)和一项负债(短期借款)同时等额减少,结果双方总额仍然相等,保持平衡。12 月 10 日,企业的资产和负债及所有者权益情况如表 2-4 所示。

表 2-4　　资产、负债、所有者权益情况　　单位:元

资产	金额	负债及所有者权益	金额
库存现金	8 000	短期借款	0
银行存款	50 000	应付账款	68 000
原材料	60 000	长期借款	60 000
固定资产	200 000	实收资本	140 000
		盈余公积	50 000
总计	318 000	总计	318 000

(4)12 月 15 日,股东大会决定减少注册资本 30 000 元,以银行存款向投资者退回其相应投入资本。

分析:这笔经济业务的发生,使银行存款(资产)减少 30 000 元,同时使实收资本(所有者权益)减少 30 000 元。即一项资产(银行存款)和一项所有者权益(实收资本)同时等额减少,结果双方总额仍然相等,保持平衡。12 月 15 日,企业的资产和负债及所有者权益情况如表 2-5 所示。

表 2-5　　资产、负债、所有者权益情况　　单位:元

资产	金额	负债及所有者权益	金额
库存现金	8 000	短期借款	0
银行存款	20 000	应付账款	68 000
原材料	60 000	长期借款	60 000
固定资产	200 000	实收资本	110 000
		盈余公积	50 000
总计	288 000	总计	288 000

(5)12 月 15 日,该公司将现金 5 000 元存入银行。

分析:这笔经济业务的发生,使银行存款(资产)增加 5 000 元,同时使库存现金(资产)减少 5 000 元。即一项资产(银行存款)增加,另一项资产(库存现金)同时等额减少,结果双方总额仍然相等,保持平衡。12 月 15 日,企业的资产和负债及所有者权益情况如表 2-6 所示。

表 2-6　　资产、负债、所有者权益情况　　单位:元

资产	金额	负债及所有者权益	金额
库存现金	3 000	短期借款	0
银行存款	25 000	应付账款	68 000
原材料	60 000	长期借款	60 000
固定资产	200 000	实收资本	110 000
		盈余公积	50 000
总计	288 000	总计	288 000

(6)12 月 18 日,该公司从银行借入短期借款偿还前欠甲企业货款 48 000 元。

分析:这笔经济业务的发生,使短期借款(负债)增加 48 000 元,同时使应付账款(负债)减少 48 000 元。即一项负债(短期借款)增加,另一项负债(应付账款)同时等额减少,结果双方总额仍然相等,保持平衡。12 月 18 日,企业的资产和负债及所有者权益情况如表 2-7 所示。

表 2-7　　资产、负债、所有者权益情况　　单位:元

资产	金额	负债及所有者权益	金额
库存现金	3 000	短期借款	48 000
银行存款	25 000	应付账款	20 000
原材料	60 000	长期借款	60 000
固定资产	200 000	实收资本	110 000
		盈余公积	50 000
总计	288 000	总计	288 000

(7)12 月 30 日,经批准,该企业用盈余公积 10 000 元向股东分配现金股利。

分析:这笔经济业务的发生,使应付股利(负债)增加 10 000 元,同时使盈余公积(所有者权益)减少 10 000 元。即一项负债(应付股利)增加,一项所有者权益(盈余公积)同时等额减少,结果双方总额仍然相等,保持平衡。12 月 30 日,企业的资产和负债及所有者权益情况如表 2-8 所示。

表 2-8　　资产、负债、所有者权益情况　　单位:元

资产	金额	负债及所有者权益	金额
库存现金	3 000	短期借款	48 000
银行存款	25 000	应付账款	20 000
原材料	60 000	应付股利	10 000
固定资产	200 000	长期借款	60 000
		实收资本	110 000
		盈余公积	40 000
总计	288 000	总计	288 000

(8)12 月 30 日,经批准,该企业将长期借款 30 000 元转作实收资本。

分析:这笔经济业务的发生,使实收资本(所有者权益)增加 30 000 元,同时使长期借款(负债)减少 30 000 元。即一项所有者权益(实收资本)增加,一项负债(长期借款)同时等额减少,结果双方总额仍然相等,保持平衡。12 月 30 日,企业的资产和负债及所有者权益情况如表 2-9 所示。

表 2-9　　资产、负债、所有者权益情况　　单位:元

资产	金额	负债及所有者权益	金额
库存现金	3 000	短期借款	48 000
银行存款	25 000	应付账款	20 000
原材料	60 000	应付股利	10 000

续表

资产	金额	负债及所有者权益	金额
固定资产	200 000	长期借款	30 000
		实收资本	140 000
		盈余公积	40 000
总计	288 000	总计	288 000

(9)12 月 31 日,经批准,该企业用盈余公积 10 000 元转作实收资本。

分析:这笔经济业务的发生,使实收资本(所有者权益)增加 10 000 元,同时使盈余公积(所有者权益)减少 10 000 元。即一项所有者权益(实收资本)增加,另一项所有者权益(盈余公积)同时等额减少,结果双方总额仍然相等,保持平衡。12 月 31 日,企业的资产和负债及所有者权益情况如表 2-10 所示。

表 2-10　　资产、负债、所有者权益情况　　单位:元

资产	金额	负债及所有者权益	金额
库存现金	3 000	短期借款	48 000
银行存款	25 000	应付账款	20 000
原材料	60 000	应付股利	10 000
固定资产	200 000	长期借款	30 000
		实收资本	150 000
		盈余公积	30 000
总计	288 000	总计	288 000

从以上的举例可以看出,经济业务的发生会引起基本会计等式左右两边发生等额增加或减少,或引起基本会计等式的左边或右边内部要素的等额增减,前者会使基本等式的总额发生增加或减少,后者会使基本会计等式一边的组成内容发生变动而两边总额不变。经济业务的发生不会破坏基本等式"资产=负债+所有者权益"的平衡关系。同时,基本会计等式是复式记账、账户试算平衡和编制资产负债表的基础。

章节实务题

实训任务一:会计要素

判断表 2-11 中各经济内容属于哪种会计要素类别,在相应的项目下打"√"。

表 2-11　　辨别会计要素分类

序号	经济内容	资产	负债	所有者权益	收入	费用	利润
1	出纳处存放库存现金						
2	仓库中的产成品						

续表

序号	经济内容	资产	负债	所有者权益	收入	费用	利润
3	从银行获得的短期借款						
4	存放在银行的存款						
5	企业拥有的机器设备						
6	应收购货单位的货款						
7	预先收取购货方的订货款						
8	存放在仓库中的原材料						
9	销售商品的收入						
10	销售商品发生的广告费						
11	销售材料的收入						
12	收到投资者的投入资本						
13	办公室发生的办公费用						
14	应付职工的薪酬						
15	企业拥有的房屋和建筑物						
16	生产产品发生的直接材料费用						
17	筹集资金发生的利息费用						
18	企业本年提取的盈余公积						
19	企业本年的净利润						

实训任务二:会计等式

肇庆利达有限公司 2023 年 5 月份发生以下经济业务:

(1)向银行借入半年期借款 50 000 元偿还前欠货款。

(2)以银行存款偿还应付甲公司的货款 30 000 元。

(3)从乙公司购买原材料 40 000 元入库,但货款尚未支付。

(4)从银行提取现金 10 000 元。

(5)收到某投资者投资款 70 000 元,存入银行。

(6)经批准,该公司减少注册资本 40 000 元,以银行存款退还投资者。

(7)经批准,将一笔长期负债 50 000 元转为对该公司的投资。

(8)经批准,将 20 000 元资本公积金转增资本。

(9)经批准,决定向投资者分配现金股利 10 000 元。

要求:

1. 根据以上经济业务,分析各项经济业务的类型,分类填入表 2-12。

表 2-12

业务类型	业务序号	业务类型	业务序号
资产与负债同时增加		资产与所有者权益同时增加	
资产与负债同时减少		资产与所有者权益同时减少	
资产内部有增有减		所有者权益内部有增有减	
负债内部有增有减		负债增加,所有者权益减少	
负债减少,所有者权益增加			

2. 根据以上经济业务,分析其对会计等式的影响,如表 2-13 所示。

表 2-13

业务序号	资产	权益		结果
		负债	所有者权益	
月初余额	180 000	100 000	80 000	月初平衡
(1)				
(2)				
(3)				
(4)				
(5)				
(6)				
(7)				
(8)				
(9)				
月末余额				

第三章 会计科目与会计账户

【学习目标】

▶ 知识目标 ◀

1. 理解会计科目的概念、分类及意义。
2. 熟悉会计账户的基本结构和内容。
3. 熟悉常用的会计科目。
4. 掌握账户的结构。
5. 掌握账户与会计科目的关系。

▶ 能力目标 ◀

1. 掌握在实务中"T"型账的基本结构。
2. 掌握实务中账户四种金额的数量关系。

▶ 素养目标 ◀

1. 设置和运用会计科目与账户要秉持诚信原则,培养学生诚信守则的职业操守。
2. 依法设置和使用会计科目,树立学生的法治观念,依法履行会计职责。

第一节 会计科目

一、会计科目

会计要素是会计对象的具体化,通过会计要素的设置,可以使经济业务按资产、负债、所有者权益、收入、费用和利润分类地进行归纳与整理。但是,这六大会计要素仍然过于笼统、概括,不能详细地提供管理所需资料。如资产要素反映了企业的经济资源,但这些经济资源又具有各种具体形式,如有的资源存在于现金形式,而另一些资源则表现为原材料和设备等,不同形式的资源对管理的意义是不同的,会计核算必须为管理提供具体的资源形式和金额。为了满足管理需要,还必须在会计要素的基础上做进一步的分类,即设置相应的会计科目。

(一)会计科目的概念

会计科目,简称科目,是对会计要素的具体内容进行分类核算的项目。

每个会计科目都有特定的含义和反映特定的经济内容。例如，为反映企业存放在银行或者其他金融机构的各种款项，设置了"银行存款"。设置会计科目是会计核算的一种专门方法，是进行各项会计记录和提供各项会计信息的基础，在会计核算中具有重要意义。

（二）会计科目的设置

1. 会计科目的设置原则

每个企业由于经济业务活动的具体内容、规模大小与业务繁简程度等情况不尽相同，在具体设置会计科目时，应考虑其自身特点和具体情况，但设置会计科目时都应遵循以下原则：

（1）合法性原则。合法性原则是指所设置的会计科目应当符合国家统一的会计制度的规定。我国现行的统一会计制度中均对企业设置的会计科目做出了规定，以保证不同企业对外提供的会计信息的可比性。企业应当参照会计制度统一规定的会计科目，根据自身的生产经营特点设置会计科目，但是不能违反相关的规定。

（2）相关性原则。相关性原则是指所设置的会计科目应当为有关各方提供所需要的会计信息服务，满足对外报告与对内管理的要求。

（3）实用性原则。实用性原则是指所设置的会计科目应符合单位自身特点，满足单位实际需要。这就要求在设置会计科目时既要满足国家宏观经济管理的要求和有关各方了解企业财务状况和经营成果的需要，又要结合本企业经营活动的特点，满足企业内部经营管理的需要。

2. 常用会计科目

根据最新修订的《企业会计准则及应用指南》修订了企业的会计科目，企业常用的会计科目如表 3-1 所示。

表 3-1　　工业企业常用会计科目参照表

编号	名称	编号	名称
	一、资产类		二、负债类
1001	库存现金	2001	短期借款
1002	银行存款	2201	应付票据
1012	其他货币资金	2202	应付账款
1101	交易性金融资产	2203	预收账款
1121	应收票据	2211	应付职工薪酬
1122	应收账款	2221	应交税费
1123	预付账款	2231	应付利息
1131	应收股利	2232	应付股利
1132	应收利息	2241	其他应付款
1221	其他应收款	2501	长期借款
1231	坏账准备	2502	应付债券
1401	材料采购	2701	长期应付款

续表

编号	名称	编号	名称
1402	在途物资	2711	专项预付款
1403	原材料	2801	预计负债
1404	材料成本差异	2901	递延所得税负债
1405	库存商品		三、共同类(略)
1406	发出商品		四、所有者权益类
1407	商品进销差价	4001	实收资本(或股本)
1408	委托加工物资	4002	资本公积
1471	存货跌价准备	4003	其他综合收益
1501	债权投资	4101	盈余公积
1502	债权投资减值准备	4103	本年利润
1503	其他债权投资	4104	利润分配
1504	其他权益工具投资		五、成本类
1511	长期股权投资	5001	生产成本
1512	长期股权投资减值准备	5101	制造费用
1521	投资性房地产	5201	劳务成本
1531	长期应收款	5301	研发支出
1601	固定资产		六、损益类
1602	累计折旧	6001	主营业务收入
1603	固定资产减值准备	6051	其他业务收入
1604	在建工程	6101	公允价值变动损益
1605	工程物资	6111	投资收益
1606	固定资产清理	6115	资产处置损益
1701	无形资产	6301	营业外收入
1702	累计摊销	6401	主营业务成本
1703	无形资产减值准备	6402	其他业务成本
1711	商誉	6403	税金及附加
1801	长期待摊费用	6601	销售费用
1811	递延所得税资产	6602	管理费用
1901	待处理财产损溢	6603	财务费用
		6701	资产减值损失
		6702	信用减值损失
		6711	营业外支出
		6801	所得税费用
		6901	以前年度损益调整

(三)会计科目的分类

1. 按反映的经济内容分类

从表 3-1 中可以看到,会计科目按其反映的经济内容不同,可分为资产类科目、负债类科目、共同类科目、所有者权益类科目、成本类科目和损益类科目。

(1)资产类科目,是对资产要素的具体内容进行分类核算的项目,按资产的流动性分为反映流动资产的科目和反映非流动资产的科目。

我国现行的《企业会计制度》规定的资产类科目包括库存现金、银行存款、其他货币资金、应收票据、应收股利、应收利息、应收账款、预付账款、其他应收款、材料采购、原材料、库存商品、长期股权投资、固定资产、累计折旧、在建工程、无形资产、待处理财产损益等。

(2)负债类科目,是对负债要素的具体内容进行分类核算的项目,按负债的偿还期限分为反映流动负债的科目和反映非流动负债的科目。

我国现行的《企业会计制度》规定的负债类科目包括短期借款、应付票据、应付账款、预收账款、应付职工薪酬、应付股利、应交税费、其他应付款等。

(3)共同类科目,是既有资产性质又有负债性质的科目,主要包括"清算资金往来""外汇买卖""衍生工具""套期工具""被套期项目"等科目。(本教材略)

(4)所有者权益类科目,是对所有者权益要素的具体内容进行分类核算的项目,按所有者权益的形成和性质可分为反映资本的科目和反映留存收益的科目。

我国现行的《企业会计制度》规定的所有者权益类科目包括实收资本(或股本)、资本公积、盈余公积、本年利润和利润分配等。

(5)成本类科目,是对可归属于产品生产成本、劳务成本等的具体内容进行分类核算的项目,按成本的内容和性质的不同可分为反映制造成本的科目、反映劳务成本的科目等。

我国现行的《企业会计制度》规定的成本类科目包括生产成本、制造费用、劳务成本等。

(6)损益类科目,是对收入、费用等的具体内容进行分类核算的项目。

我国现行的《企业会计制度》规定的损益类科目包括主营业务收入、其他业务收入、投资收益、营业外收入、主营业务成本、其他业务成本、销售费用、管理费用、财务费用、营业外支出、所得税费用等。

2. 按提供信息的详细程度及其统驭关系分类

会计科目按其提供信息的详细程度及其统驭关系,可以分为总分类科目和明细分类科目。

(1)总分类科目,又称总账科目或一级科目,是对会计要素的具体内容进行总括分类,提供总括信息的会计科目。表 3-1 所列会计科目属于一级科目,即总账科目。

(2)明细分类科目,又称明细科目,是对总分类科目做进一步分类,提供更为详细和具体会计信息的科目。例如"应收账款"科目按债务人名称或姓名设置明细科目(如应收账款——×××),反映应收账款的具体对象。

如果某一总分类科目所属的明细分类科目较多,可在总分类科目下设置二级明细科目,在二级明细科目下设置三级明细科目。例如,工业企业可在"原材料"总账科目下设置"原料及主要材料""辅助材料""燃料""包装物""外购半成品""修理用备件"等二级科目(也称子目),在"原料及主要材料"二级科目下,再依据材料规格、品种或型号等设置细目。

下面以"原材料""库存商品""应付账款"为例,说明会计科目之间总括与详细、统驭与从属的关系，见表 3-2。

表 3-2　　总分类科目和明细分类科目的关系表

总分类科目（一级科目）	明细分类科目	
	二级科目（子目）	三级科目（细目）
原材料	原料及主要材料	纯棉面料
		雪纺面料
	辅助材料	纽扣
		衬布
库存商品	衣服	T 恤
		西装
应付账款	甲公司	
	乙公司	

从上表我们可以看到，总分类科目和明细分类科目的关系是，总分类科目对其所属的明细分类科目具有统驭和控制作用，而明细分类科目则是对其所属的总分类科目的补充和说明。

小知识

并不是所有的一级科目下都需要分设二级和三级科目，根据信息使用者所需不同信息的详细程度，有的只需要设一级科目，有的需要设一级科目和二级科目，有的需要设一级、二级和三级科目。

第二节　会计账户

会计科目的确定，只是对会计的内容进行了科学的分类，确定了每个项目的名称。然而，各单位发生的经济业务是十分频繁、复杂的。为了系统、连续地把各种经济业务发生的情况和由此而发生的各项资金变化情况分门别类地进行核算与监督，就必须开设会计账户，以便提供日常管理上的核算资料。

一、会计账户的概念

会计账户是根据会计科目设置的，具有一定格式和结构，用于分类反映会计要素增减变动情况及其结果的载体。

会计账户以会计科目作为它的名称，同时，会计账户又具备一定的格式（即结构）。设置会计账户是会计核算的重要方法之一。通过设置会计账户，可以将原始的经济业务数据进行过滤和甄别，对无序的数据进行集中处理，将相同业务的数据集中到同一个账户中，使之系统化、有序化，完整清晰地反映各类经济业务增减变动的过程和结果，为进一步整理出符合有关各方决策需要的信息奠定基础。

二、会计账户的分类

（一）根据核算的经济内容分类

根据核算的经济内容，会计账户分为资产类账户、负债类账户、共同类账户、所有者权益类账户、成本类账户和损益类账户六类。

（1）资产类账户，是用来反映企业资产的增减变动及其结存情况的账户。按照资产的流动性和经营管理核算的需要，资产类账户又可以分为反映流动资产的账户和反映非流动资产的账户。反映流动资产的账户，如“库存现金”“银行存款”“应收账款”“原材料”“库存商品”等；反映非流动资产的账户，如“长期股权投资”“固定资产”“无形资产”等。

其中，有些资产类账户、负债类账户和所有者权益类账户存在备抵账户。备抵账户，又称抵减账户，是指用来抵减被调整账户余额，以确定被调整账户实有数额而设置的独立账户。例如：“累计折旧”账户是用来核算固定资产的损耗价值的，它是“固定资产”账户的备抵账户。

（2）负债类账户，是用来反映企业负债的增减变动及其结存情况的账户。按照负债的流动性或偿还期限的长短，负债类账户又可以分为反映流动负债的账户和反映非流动负债的账户。反映流动负债的账户，如“短期借款”“应付账款”“应付职工薪酬”“应交税费”“应付股利”等；反映非流动负债的账户，如“长期借款”“长期应付款”等。

（3）所有者权益类账户，是用来反映企业所有者权益的增减变动及其结存情况的账户。按照所有者权益的来源不同，所有者权益类账户又可以分为反映投入资本的账户和反映留存收益的账户。反映投入资本的账户，如“实收资本”“资本公积”等；反映留存收益的账户，如“盈余公积”“本年利润”“利润分配”等。

（4）成本类账户，是用来反映企业在生产经营过程中发生的各项耗费并计算产品或劳务成本的账户，如“生产成本”“制造费用”“劳务成本”等。

（5）损益类账户，是用来反映企业收入和费用的账户。按照损益与企业的生产经营活动是否有关，损益类账户又可以分为反映营业损益的账户和反映非经常性损益的账户。反映营业损益的账户，如“主营业务收入”“主营业务成本”“税金及附加”“其他业务收入”“其他业务成本”等；反映非经常性损益的账户，如“营业外收入”“营业外支出”等。

（6）共同类账户（略）。本教材不使用共同类账户，相关内容可在《中级会计实务》中学习到。

（二）根据提供信息的详细程度及其统驭关系分类

根据提供信息的详细程度及其统驭关系，会计账户分为总分类账户和明细分类账户。

（1）总分类账户，又称总账账户或一级账户，是根据总分类科目设置的账户。

在总分类账户中，只使用货币计量单位，它可以提供总括的核算资料和指标，是对其所属的明细分类账户资料的综合，总分类账户以下统称为明细分类账户。

（2）明细分类账户，又称明细账户，它是根据明细分类科目设置的账户。

明细分类账户的核算，除了用货币计量以外，必要时还需要使用实物计量、劳动量单位等来计量。明细账是提供明细核算资料的指标，它是对总分类账户的具体化和补充说明。

需要说明的是,总分类账户和所属明细分类账户核算的内容相同,只是反映内容的详细程度有所不同,两者相互补充,相互制约,相互核对。总分类账户统驭和控制所属明细分类账户,明细分类账户从属于总分类账户。

三、会计账户的基本结构

任何一项经济业务发生引起的会计要素的变动,从数量上说,不外乎是增加和减少两种情况。因此,用来记录经济业务的会计账户也相应地划分为两个部分,以便分别登记会计要素的增加额和减少额,即会计账户通常分为左右两方,一方登记增加,另一方登记减少。至于哪一方记增加,哪一方记减少,则取决于会计账户的性质和经济业务的类型。而一个会计账户的基本结构,一般应包括以下内容:

- 账户名称,即会计科目;
- 日期,即所依据记账凭证中注明的日期;
- 凭证字号,即所依据记账凭证的编号;
- 摘要,即经济业务的简要说明;
- 金额,即增加额、减少额和余额。

在借贷记账法下,实际工作中的会计账户的基本结构如表 3-3 所示。(其中:左边为“借方”,右边为“贷方”,余额在最后)

表 3-3　　账户名称:(会计科目)

年		凭证号数	摘要	借方										贷方										借或贷	余额									
月	日			千	百	十	万	千	百	十	元	角	分	千	百	十	万	千	百	十	元	角	分		千	百	十	万	千	百	十	元	角	分

会计账户结构在整体上类似于汉字“丁”和大写的英文字母“T”，因此，会计账户的基本结构在实务中被形象地称为“丁”字账户或者“T”型账户。如图 3-1 所示。

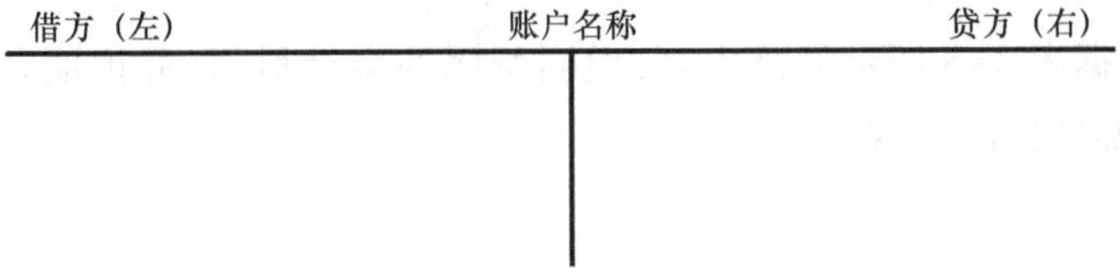

图 3-1 “T”型账户的基本结构图

在会计账户的左右两边（借方和贷方），分别记录增加额和减少额，增减相抵后的差额作为账户的余额。余额按其列示的时间分为期初余额和期末余额。所以，会计账户中所记录的金额包括：期初余额、本期增加额（也称本期增加发生额）、本期减少额（也称本期减少发生额）和期末余额。这四种金额的数量关系用公式表示如下：

期末余额 = 期初余额 + 本期增加发生额 − 本期减少发生额

小测试

如果你的银行卡原有 500 元，本月存入 1 000 元，充饭卡支出 300 元。那么对于你这张银行卡来说，期初余额、本期增加额、本期减少额和期末余额分别是多少？

四、会计账户与会计科目的关系（如表 3-4 所示）

表 3-4　　会计账户与会计科目的关系

	会计账户	会计科目
相同	会计科目与账户都是对会计对象具体内容的科学分类，两者口径一致，性质相同	
联系	会计账户是根据会计科目开设的，是会计科目的具体运用	会计科目是会计账户的名称，也是设置会计账户的依据
区别	会计账户具有一定的格式和结构，能具体反映会计要素增减变化情况	会计科目仅仅是会计账户的名称，不存在结构

需要注意的是，在实际工作中，对会计科目和账户不加以严格区分，而是相互通用。

章节实务题

实训任务：根据表 3–5 所示经济内容，说明所属的会计科目，并说明各经济内容所属的会计科目又属于哪种会计要素。

表 3–5

序号	经济内容	会计科目名称	所属会计要素
1	企业保险柜存放的库存现金		
2	仓库中的产成品		
3	从银行获得的短期借款		
4	存放在银行的存款		
5	企业拥有的机器设备		
6	应收购货单位的货款		
7	预先收取购货方的订货款		
8	存放在仓库中的原材料		
9	销售商品的收入		
10	销售商品发生的广告费		
11	销售材料的收入		
12	收到投资者的投入资本		
13	办公室发生的办公费用		
14	应付职工的薪酬		
15	企业拥有的房屋和建筑物		
16	生产产品发生的直接材料费用		
17	筹集资金发生的利息费用		
18	企业本年提取的盈余公积		
19	企业本年的净利润		

第四章　复式记账法

【学习目标】

▶ 知识目标 ◀

1. 了解会计记账方法的种类、单式记账法和复式记账法的概念和优缺点，以及复式记账法的种类。
2. 熟悉借贷记账法的原理。
3. 掌握借贷记账法下的账户结构、会计分录的编制、借贷记账法下的试算平衡。

▶ 能力目标 ◀

1. 能够识别会计账户的账户结构关系，提高职业判断能力。
2. 能够编制简单的会计分录，提高账务处理能力。

▶ 素养目标 ◀

1. 培养学生规范做账的职业道德素养。
2. 形成实事求是的工作态度，清楚每一笔业务资金的来龙去脉，将复式记账原理运用于日常的生活和工作。
3. 有借必有贷，领悟有付出才能有收获。

第一节　会计记账方法

一、会计记账方法

在设置了会计科目与账户以后，就有了记录经济业务事项的信息载体。在账户中进行登记，则涉及记账方法的选用。所谓记账方法，是指对企业发生的经济业务根据一定的记账原理、记账符号和规则在账户中进行登记的方法。在会计的发展进程中，记账方法经历了一个从单式记账到复式记账的发展过程。

按照记录经济业务的方式不同，记账方法可以分为单式记账法和复式记账法。

（一）单式记账法

单式记账法是指对发生的每一项经济业务，只在一个账户中加以登记的记账方法。在单式记账法下,通常只登记现金、银行存款的收付金额和债权债务的结算金额,一般不登记实物的收付金额。因此,一般只设置"库存现金""银行存款""应收账款""应付账款"等账户。

例如,某工业企业以银行存款 20 000 元购买一台机器设备,经济业务发生后,只在"银行存款"账户中记录银行存款减少 20 000 元,而不在"固定资产"账户中记录固定资产增加了 20 000 元。由于没有一套完整的账户体系,账户之间不能形成相互对应的关系,所以,单式记账法不能全面、系统地反映经济业务的来龙去脉,也不便于检查账户记录的正确性和完整性,是一种比较简单、不完整的记录方法,因此对于现在的大部分企业,已经不再适合采用这种记账方法。

(二)复式记账法

复式记账法是指对于每一笔经济业务,都必须用相等的金额在两个或两个以上相互联系的账户中进行登记,全面系统地反映会计要素增减变化的一种记账方法。续上例,一方面在"银行存款"账户中记录银行存款减少 20 000 元,另一方面在"固定资产"账户中记录固定资产增加了 20 000 元,这样登记的结果能够清晰地反映出整个经济业务事项的来龙去脉。

与单式记账法相比,复式记账法的优点主要有:①能够全面反映经济业务内容和资金运动的来龙去脉;②能够进行试算平衡,便于查账和对账。

二、复式记账法的种类

复式记账法可分为借贷记账法、增减记账法和收付记账法等。借贷记账法是目前国际上通用的记账方法,我国 2006 年颁布的《企业会计准则——基本准则》明确规定企业应当采用借贷记账法记账。

第二节 借贷记账法

借贷记账法是以"借"和"贷"作为记账符号的一种复式记账法。

一、借贷记账法的记账符号

借贷记账法的记账符号是"借"和"贷"。在借贷记账法下,账户的左方称为借方,右方称为贷方。"借"和"贷"本身没有确切的含义,纯粹是一种记账符号,代表了相应的金额记录方向,但究竟是由"借"还是由"贷"来表示增加或是减少,需要结合具体性质的账户才能确定。"T"字形账户的基本结构见图 4-1。

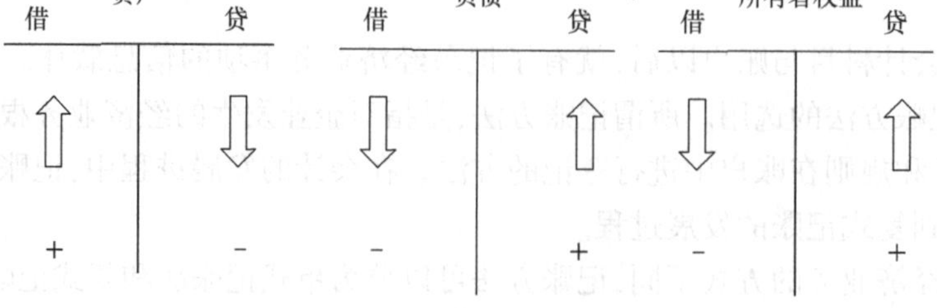

图 4-1 会计恒等式下账户的基本结构

通常而言,经济业务发生后,对于引起的资产增加、权益减少,记入账户的“借方”;引起的资产减少、权益增加,记入账户的“贷方”。借和贷的这种记录方式是建立在会计等式基础上的,资产和权益在等式的相反方向,因此,记录的方向刚好相反(见图 4-1)。

二、借贷记账法下的账户结构

在借贷记账法下,不同性质的账户具有不同的结构。

根据经济业务的发生记入借方或贷方,反映该项经济业务所引起的该科目增减变化的金额称为“发生额”,凡是记入账户借方的金额称为“借方发生额”,凡是记入账户贷方的金额称为“贷方发生额”。

在一个会计期间内(月、季、年),借方记录的金额合计数称为“本期借方发生额”,贷方记录的金额合计数称为“本期贷方发生额”。

某一时点上账户借方累计发生额和贷方累计发生额的差额称为余额,若借方累计发生额大于贷方累计发生额,余额在借方,称“借方余额”;若贷方累计发生额大于借方累计发生额,则余额在贷方,称为“贷方余额”。一般来讲,账户的余额在其登记增加的那一方。上一会计期间的期末余额,即为下一会计期间的期初余额。

下面分别按照六个会计要素五大类账户阐述其账户的结构。

(一)资产类账户结构

在借贷记账法下,资产类账户借方登记增加额,贷方登记减少额,其余额一般为借方余额,反映资产的实有数。

资产类账户的计算公式是:

$$期末借方余额 = 期初借方余额 + 本期借方发生额 - 本期贷方发生额$$

其账户结构如图 4-2 所示。

借方　　　　资产类账户	贷方
期初余额 本期增加发生额 ……	本期减少发生额 ……
本期借方发生额合计	本期贷方发生额合计
期末余额	

图 4-2　资产类账户结构图

现以某企业 2024 年 1 月“库存现金”账户为例,说明资产账户的登记方法,如表 4-1 所示。

表 4-1　　　　**账户名称:库存现金**

2024年		凭证号数	摘要	借方										贷方										借或贷	余额									
1月	日			千	百	十	万	千	百	十	元	角	分	千	百	十	万	千	百	十	元	角	分		千	百	十	万	千	百	十	元	角	分
1	1	略	月初余额																					借					1	7	0	0	0	0
1	5	略	从银行提现						7	0	0	0	0											借					2	4	0	0	0	0
1	8	略	交回多余现金						8	0	0	0	0											借					3	2	0	0	0	0
1	20	略	支付备用金																2	0	0	0	0	借					3	0	0	0	0	0
1	25	略	购买办公用品																5	0	0	0	0	借					2	5	0	0	0	0
1	31		本月发生额和月末余额					1	5	0	0	0	0						7	0	0	0	0	借					2	5	0	0	0	0

想一想

上述库存现金账户的期末余额是怎样计算出来的？请把表 4-1 转换成库存现金的“T”字形账户？

（二）负债类账户结构

在借贷记账法下，负债类账户的结构与资产类账户的结构相反，即贷方登记增加额，借方登记减少额，其余额一般为贷方余额，反映负债应付数。

负债类账户的计算公式是：

期末贷方余额 = 期初贷方余额 + 本期贷方发生额 - 本期借方发生额

其账户结构如图 4-3 所示。

借方	负债类账户　　贷方
	期初余额
本期减少发生额	本期增加发生额
……	……
本期借方发生额合计	本期贷方发生额合计
	期末余额

图 4-3　负债类账户结构图

现以某企业 2024 年 1 月“应付账款”账户为例，说明负债账户的登记方法，如表 4-2 所示。

表 4-2　　　　**账户名称：应付账款**

2024年		凭证号数	摘要	借方										贷方										借或贷	余额									
1月	日			千	百	十	万	千	百	十	元	角	分	千	百	十	万	千	百	十	元	角	分		千	百	十	万	千	百	十	元	角	分
1	1	略	月初余额																					贷					8	8	0	0	0	0
1	6	略	购料欠款															1	2	0	0	0	0	贷				1	0	0	0	0	0	0
1	18	略	购料欠款															6	0	0	0	0	0	贷				1	6	0	0	0	0	0
1	28	略	归还欠款				1	3	0	0	0	0	0											贷					3	0	0	0	0	0
1	31		本月发生额和月末余额				1	3	0	0	0	0	0					7	2	0	0	0	0	贷					3	0	0	0	0	0

想一想

上述应付账款账户的期末余额是怎样计算出来的？请把表 4-2 转换成应付账款的“T”字形账户。

（三）所有者权益类账户结构

在借贷记账法下，所有者权益类账户的结构与资产类账户的结构相反，与负债类账户的结构相同，即贷方登记增加额，借方登记减少额，其余额一般为贷方余额，反映所有者权益实有数。

所有者权益账户的计算公式是：

期末贷方余额 = 期初贷方余额 + 本期贷方发生额 - 本期借方发生额

其账户结构如图 4-4 所示。

借方　　所有者权益类账户	贷方
	期初余额
本期减少发生额	本期增加发生额
……	……
本期借方发生额合计	本期贷方发生额合计
	期末余额

图 4-4　所有者权益类账户结构图

现以某企业 2024 年 1 月“实收资本”账户为例，说明所有者权益账户的登记方法，如表 4-3 所示。

表 4-3　　　　账户名称：实收资本

2024年		凭证号数	摘要	借方										贷方										借或贷	余额									
1月	日			千	百	十	万	千	百	十	元	角	分	千	百	十	万	千	百	十	元	角	分		千	百	十	万	千	百	十	元	角	分
1	1	略	月初余额																					贷				3	8	7	0	0	0	0
1	5	略	投入银行存款														1	0	0	0	0	0	0	贷				4	8	7	0	0	0	0
1	15	略	投入设备														2	0	0	0	0	0	0	贷				6	8	7	0	0	0	0
1	25	略	转出资本					4	0	0	0	0	0											贷				6	4	7	0	0	0	0
1	31		本月发生额和月末余额					4	0	0	0	0	0				3	0	0	0	0	0	0	贷				6	4	7	0	0	0	0

(四)损益类账户中收入类账户结构

损益类账户包括收入和费用两小类账户，在借贷记账法下，这两小类账户的结构正好相反。损益类账户是为了计算损益而开设的，因而会计期末，应将收入、费用全部转出，转到“本年利润”账户，以计算利润。所以收入、费用转出后，损益类账户期末无余额。

由于收入的增加会导致所有者权益的增加，所以收入类账户的结构与所有者权益类账户的结构相似，即贷方登记增加额，借方登记减少额或转出额，该类账户通常没有期末余额。

其账户结构如图 4-5 所示。

借方　　损益类中收入类账户	贷方
本期减少发生额或转出额	本期增加发生额
……	……
本期借方发生额合计	本期贷方发生额合计

图 4-5　损益类中收入类账户结构图

现以某企业 2024 年 1 月“主营业务收入”账户为例，说明收入类账户的登记方法，如表 4-4 所示。

表 4-4　　　　账户名称:主营业务收入

2024年		凭证号数	摘要	借方										贷方										借或贷	余额									
1月	日			千	百	十	万	千	百	十	元	角	分	千	百	十	万	千	百	十	元	角	分		千	百	十	万	千	百	十	元	角	分
1	8	略	销售A产品														1	3	4	0	0	0	0	贷				1	3	4	0	0	0	0
1	16	略	销售B产品														3	0	0	0	0	0	0	贷				4	3	4	0	0	0	0
1	31	略	月末结转				4	3	4	0	0	0	0											平								⊖		
1	31		本月发生额和月末余额				4	3	4	0	0	0	0				4	3	4	0	0	0	0	平								⊖		

(五)损益类账户中费用类账户结构

费用类账户与资产类账户的结构相似,借方登记增加额,贷方登记减少额,期末没有余额,其账户结构如图 4-6 所示。

借方　　　损益类中费用类账户	贷方
本期增加发生额	本期减少发生额或转出额
……	……
本期借方发生额合计	本期贷方发生额合计

图 4-6　损益类中费用类账户结构图

现以某企业 2024 年 1 月“管理费用”账户为例,说明损益类中费用类账户的登记方法,如表 4-5 所示。

表 4-5　　　　账户名称:管理费用

2024年		凭证号数	摘要	借方										贷方										借或贷	余额									
1月	日			千	百	十	万	千	百	十	元	角	分	千	百	十	万	千	百	十	元	角	分		千	百	十	万	千	百	十	元	角	分
1	2	略	支付办公费					3	0	0	0	0	0											贷					3	0	0	0	0	0
	6	略	报销差旅费					1	5	0	0	0	0											贷					4	5	0	0	0	0
	31	略	月末分配管理人员工资					8	0	0	0	0	0											贷				1	2	5	0	0	0	0
	31	略	月末计提折旧					5	0	0	0	0	0											贷				1	7	5	0	0	0	0
	31	略	月末结转														1	7	5	0	0	0	0	平								⊖		
			本月发生额和月末余额				1	7	5	0	0	0	0				1	7	5	0	0	0	0	平								⊖		

(六)成本类账户结构

在本书介绍的成本类账户主要包括制造费用和生产成本两个账户。在借贷记账法下,成本类账户的结构与费用类账户的结构相同,即借方登记增加额,贷方登记减少额,除生产成本外,期末一般无余额(如制造费用账户)。若有余额则在借方,如生产成本账户月末有余额表示的是月末在产品成本,其账户结构与资产类结构相同。成本类账户结构如图 4-7 所示。

借方　　　成本类账户	贷方
本期增加发生额	本期减少发生额或转出额
……	……
本期借方发生额	本期贷方发生额

图 4-7　成本类账户结构图

通过对部分账户的具体登记,进一步说明了账户的结构,现将各类账户的基本结构归纳如表 4-6 所示。

表 4-6

账户借方登记	账户贷方登记
资产增加	资产减少
负债减少	负债增加
所有者权益减少	所有者权益增加
费用、成本增加	费用、成本减少
收入减少	收入增加
资产、生产成本期末余额	负债、所有者权益期末余额

三、借贷记账法下的记账规则

记账规则是指采用某种记账方法登记具体经济业务时应当遵循的规律。借贷记账法的记账规则是“有借必有贷,借贷必相等”。即借贷记账法要求,对每笔经济业务,记入一个账户的借方,同时也要记入另一个或几个账户的贷方;或者记入一个账户的贷方,同时也要记入另一个或几个账户的借方,而且记入借方的金额合计数必须等于记入贷方的金额合计数。

下面以宏达公司 2024 年 6 月发生的经济业务为例进行说明。

【例 4-1】6 月 5 日,宏达公司将现金 5 000 元存入银行。

分析:该笔经济业务涉及两个账户:库存现金(资产类)与银行存款(资产类),资产中的银行存款账户增加记借方,资产中的库存现金减少记贷方。这笔业务应借记“银行存款”5 000 元,贷记“库存现金” 5 000 元。具体登记如图 4-8 所示。

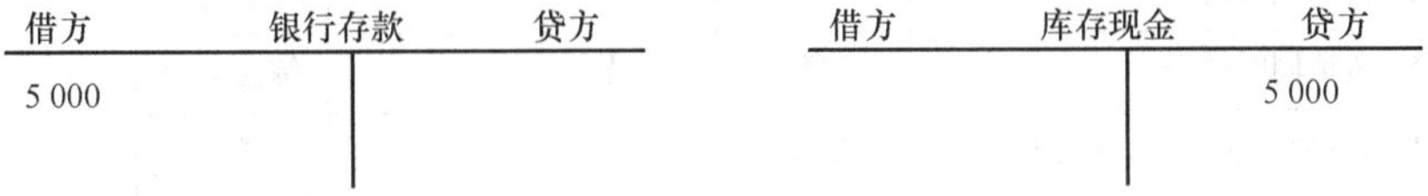

图 4-8

【例 4-2】6 月 10 日,宏达公司以银行存款归还短期借款 30 000 元。

分析:该笔经济业务涉及两个账户:银行存款(资产类)与短期借款(负债类),资产中的银行存款账户减少记贷方,负债中的短期借款减少记借方。这笔业务应借记“短期借款”30 000 元,贷记“银行存款” 30 000 元。具体登记如图 4-9 所示。

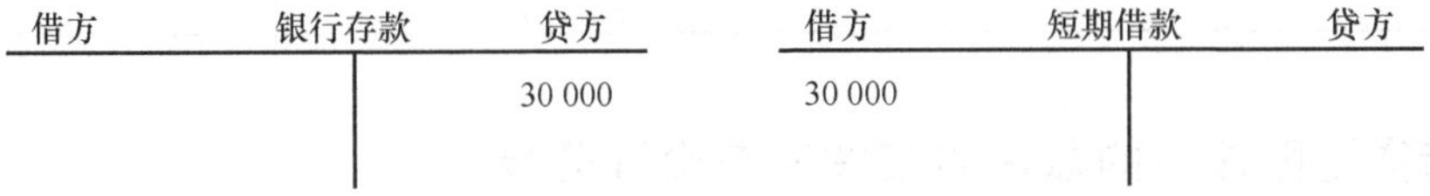

图 4-9

【例 4-3】6 月 15 日,宏达公司向供应单位 A 公司购进一批材料,价格 10 000 元,用银行存款支付 8 500 元,余款未付,材料已验收入库。

分析:该笔经济业务涉及三个账户:原材料(资产类)、银行存款(资产类)与应付账款(负债类),其中资产类的原材料增加记借方,资产类的银行存款减少记贷方,负债中的应付账款增加记贷方。这笔业务应借记"原材料" 10 000 元,贷记"银行存款"8 500 元,贷记"应付账款" 1 500 元。具体登记如图 4-10 所示。

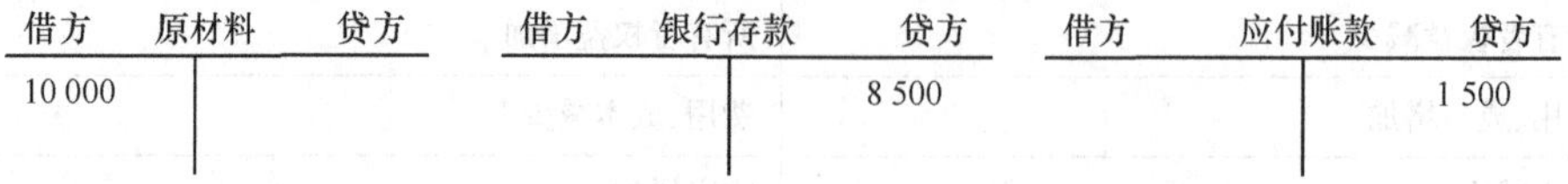

图 4-10

以上三项经济业务,证明了"有借必有贷,借贷必相等"的记账规律。在会计等式的恒等性中已述及,企业发生的各项经济业务会引起资产、负债或所有者权益等会计要素发生增减变化,但不会破坏会计等式的平衡关系。因此,企业发生的经济业务所引起的会计要素变化可以归纳为九种类别,在借贷记账法下的账户结构中进行记录时,必然遵循"有借必有贷、借贷必相等"的记账规律,涉及的记账规则如表 4-7 所示。

表 4-7　　　　各经济业务的记账规则

经济业务类型	各类账户应记方向			记入金额	记账规则
	资产类	负债类	所有者权益类		
(1)资产、所有者权益同时增加	借		贷	等量增加	
(2)资产、所有者权益同时减少	贷		借	等量减少	
(3)资产、负债同时增加	借	贷		等量增加	
(4)资产、负债同时减少	贷	借		等量减少	
(5)资产内一项增加、另一项减少	借、贷			一增一减	
(6)所有者权益内一项增加、另一项减少			借、贷	一增一减	有借必有贷,借贷必相等
(7)负债内一项增加、另一项减少		借、贷		一增一减	
(8)一项所有者权益增加、一项负债减少		借	贷	一增一减	
(9)一项负债增加、一项所有者权益减少		贷	借	一增一减	

四、借贷记账法下的账户对应关系与会计分录

(一)账户的对应关系

账户的对应关系是指采用借贷记账法对每笔交易或事项进行记录时,相关账户之间形

成的应借、应贷的相互关系。存在对应关系的账户称为对应账户。

想一想

例 4-1、例 4-2、例 4-3 经济业务的对应账户各是什么?

(二)会计分录

1. 会计分录的含义

会计分录,简称分录,是对每项经济业务列示出应借、应贷的账户名称(科目)及其金额的一种记录。会计分录由应借应贷方向、相互对应的科目及其金额三个要素构成。在我国,会计分录记载于记账凭证中。

2. 会计分录的格式

会计分录书写的格式为:先借后贷,借贷分行,借贷上下错开两个字,金额用阿拉伯数字,金额后面不写元,相同方向的金额对齐。借、贷双方金额错开,便于试算平衡。示例如下:

借:原材料　　1 000

　贷:银行存款　　1 000

3. 会计分录的编制步骤

(1)判断具体经济业务涉及账户的名称及性质;

(2)判断所涉及的账户的增减变动情况;

(3)根据所涉及的账户性质及其增减变动情况,确定记入该账户的借方还是贷方;

(4)确定借方和贷方金额是否相等。

4. 会计分录的分类

按照所涉及账户的多少,会计分录分为简单会计分录和复合会计分录。

简单会计分录指只涉及一个账户借方和另一个账户贷方的会计分录,即一借一贷的会计分录。这种分录的科目对应关系一目了然。

【例 4-4】承例 4-1、例 4-2,两笔经济业务对应的会计分录分别为:

借:银行存款　　5 000

　贷:库存现金　　5 000

借:短期借款　　30 000

　贷:银行存款　　30 000

上述两笔分录都属于简单分录。

复合会计分录指由两个以上(不含两个)对应账户组成的会计分录,即一借多贷、一贷多借或多借多贷的会计分录。

【例 4-5】承例 4-3,该经济业务对应的会计分录为:

借:原材料　　10 000

　贷:银行存款　　8 500

　　应付账款　　1 500

这便是一个复合会计分录,它是由一个借方科目与两个贷方科目相对应组成的。复合会计分录实际上由几个简单会计分录合并组成,因而有必要时可将其分解为若干个简单会计分录。如上面的复合会计分录可分解为两个简单会计分录:

①借:原材料	8 500	
贷:银行存款		8 500
②借:原材料	1 500	
贷:应付账款		1 500

为了清楚地指明账户的对应关系,一般情况下应编制一借一贷、一借多贷、一贷多借的会计分录。在特殊情况下,一项复杂的经济业务为了完整地反映其来龙去脉,也可编制多借多贷的会计分录。

五、借贷记账法下的试算平衡

(一)试算平衡的含义

试算平衡,是指根据借贷记账法的记账规则和资产与权益的恒等关系,通过对所有账户的发生额和余额的汇总计算和比较,来检查账户记录是否正确的一种方法。

(二)试算平衡的分类

1. 发生额试算平衡

在借贷记账法下,对每笔经济业务,都遵从"有借必有贷,借贷必相等"的记账规律,因此,在一定时期内(如一个月),所有账户的借方本期发生额合计数与贷方本期发生额合计数必然相等,用公式表示为:

全部账户借方发生额合计 = 全部账户贷方发生额合计

2. 余额试算平衡

根据借贷记账法下的账户结构,只有资产类账户才有借方余额,所以全部总分类账户借方余额的合计数就表示全部资产总额,而只有负债类账户和所有者权益账户存在着贷方余额,因此全部总分类账户的贷方余额合计数就表示企业的负债和所有者权益总计,根据"资产=负债+所有者权益"的会计等式,资产总额等于负债加所有者权益,所以所有账户的借方余额合计与所有账户的贷方余额合计也必然相等。用公式表示为:

全部账户期初借方余额合计 = 全部账户期初贷方余额合计

全部账户期末借方余额合计 = 全部账户期末贷方余额合计

(三)试算平衡表的编制

在运用借贷记账法对经济业务进行记录的过程中,难免会发生各种记账错误,从而破坏上述的各种平衡关系。为了及时发现账户记录中的错误,保证会计核算资料的正确性,需要定期对账户的发生额及余额做是否保持以上平衡关系的验算,即进行试算平衡。在实际工作中,试算平衡通常是通过编制试算平衡表来进行的。而试算平衡表主要用于企业总账账户之间的核对,其核对方法通过编制"总账账户试算平衡表"来检查。

"总账账户试算平衡表"是借贷记账法最重要的试算平衡工具,它是将企业的全部总账账户分别设置"期初借方余额""期初贷方余额""本期借方发生额""本期贷方发生额""期末借方余额""期末贷方余额"六个专栏,通过汇总计算后,以确定账簿记录的正确性。其格式见表 4-8。

表 4-8　　试算平衡表

会计科目	期初余额		本期发生额		期末余额	
	借方	贷方	借方	贷方	借方	贷方
库存现金						
银行存款						
……						
合计	A1	A2	B1	B2	C1	C2

经过计算后,如果总分类账户本期发生额及余额表中的“期初借方余额”(A1)与“期初贷方余额”(A2)相等、“本期借方发生额”(B1)与“本期贷方发生额”(B2)相等、“期末借方余额”(C1)和“期末贷方余额”(C2)相等,说明过账基本正确,反之,说明存在着账簿登记错误。

通过总分类账户试算平衡表来试算,如果上述三对汇总数据相等,说明记账基本正确,但不是绝对正确,因为有些错误并不能通过试算平衡表检查出来,这些错误主要包括:

(1)漏记或重记某项业务;

(2)一笔经济业务的借贷双方,在编制会计分录时,金额上发生同样的错误。

(3)一笔业务在编制会计分录时,应借应贷的账户颠倒,或用错了账户。

(4)一笔业务过账时记账方向相反登录,或账户登录错误,或将借贷方金额同时多记或少记;

(5)两笔或多笔经济业务金额登录错误,但借方金额合计正好等于贷方金额合计,或恰好相互抵消。

对于这些记账错误,通过编制总分类账户本期发生额及余额表无法甄别,需要通过其他方法来进一步检查。

【例 4-6】已知宏达公司 2024 年 8 月 1 日账户期初余额如表 4-9 所示。

表 4-9　　宏达公司总账账户期初余额表

2024 年 8 月 1 日　　单位:元

资产	期初余额	负债及所有者权益	期初余额
库存现金	1 800	应付账款	90 000
银行存款	250 000	短期借款	151 000
应收账款	186 000	实收资本	410 800
原材料	64 000	盈余公积	270 000
固定资产	420 000		
合计	921 800	合计	921 800

2024 年 8 月,该公司发生如下经济业务:

(1)8 月 8 日,公司取得兴华公司追加的投资款 60 000 元,存入银行户。

(2)8 月 10 日,公司向供应单位购进材料一批,价格 20 000 元,货款暂欠,材料已验收入库。

(3)8月16日,公司用银行存款支付采购材料所欠货款20 000元。

(4)8月20日,公司从银行提取现金6 000元,以备零星开支。

(5)8月21日,公司用银行存款90 000元购买一台生产设备。

(6)8月25日,公司以前购买材料所欠的应付账款30 000元到期,但公司暂无款支付,向银行借入短期借款30 000元,用于归还应付的货款。

(7)8月28日,公司收到以前销售产品的应收账款180 000元,存入银行账户。

(8)8月31日,经批准企业用盈余公积100 000元,转增资本。

(9)8月31日,公司购买材料所欠的货款40 000元,债权人同意放弃债权,转作投资投入公司。

要求:1. 根据上述九笔经济业务,编制相应的会计分录。

(1)借:银行存款 60 000
　　贷:实收资本 60 000

(2)借:原材料 20 000
　　贷:应付账款 20 000

(3)借:应付账款 200 000
　　贷:银行存款 20 000

(4)借:库存现金 6 000
　　贷:银行存款 6 000

(5)借:固定资产 90 000
　　贷:银行存款 90 000

(6)借:应付账款 30 000
　　贷:短期借款 30 000

(7)借:银行存款 180 000
　　贷:应收账款 180 000

(8)借:盈余公积 100 000
　　贷:实收资本 100 000

(9)借:应付账款 40 000
　　贷:实收资本 40 000

2. 根据上述公司2024年8月1日账户期初余额表和会计分录过账,在有关账户中登记,并结算出每个账户的本期发生额合计数和期末余额,如图4-11所示。

借方　　库存现金	贷方
期初余额:1 800 本期增加额:(4)6 000	
本期发生额:6 000	
期末余额:7 800	

借方	银行存款　　　　贷方
期初余额:250 000	
本期增加额:(1)60 000 (7)180 000	本期减少额:(3)20 000 (4) 6 000 (5)90 000
本期发生额:240 000	本期发生额:116 000
期末余额:374 000	

借方	应收账款　　　　贷方
期初余额:186 000	
本期增加额:	本期减少额:(7)180 000
本期发生额:	本期发生额:180 000
期末余额:6 000	

借方	原材料　　　　贷方
期初余额:64 000	
本期增加额:(2)20 000	本期减少额:
本期发生额:20 000	本期发生额:
期末余额:84 000	

借方	固定资产　　　　贷方
期初余额:420 000	
本期增加额:(5)90 000	本期减少额:
本期发生额:90 000	本期发生额:
期末余额:510 000	

借方	短期借款　　　　贷方
	期初余额:51 000
本期减少额:	本期增加额:(6)30 000
本期发生额:	本期发生额:30 000
	期末余额:81 000

借方	应付账款　　　　贷方
	期初余额:90 000
本期减少额:(3)20 000 (6)30 000 (9)40 000	本期增加额:(2)20 000
本期发生额:90 000	本期发生额:20 000
	期末余额:20 000

借方	盈余公积 贷方
	期初余额:270 000
本期减少额:(8)100 000	本期增加额:
本期发生额:100 000	本期发生额:
	期末余额:170 000

借方	实收资本 贷方
	期初余额:410 800 本期增加额:(1)60 000 本期增加额:(8)100 000 本期增加额:(9)40 000
本期发生额:	本期发生额:200 000
	期末余额:610 800

图 4-11　宏达公司每个账户本期发生额合计数和期末余额

3. 根据图 4-11“T”字形账簿记录,编制总分类账户试算平衡表进行试算平衡,如表 4-10 所示。

表 4-10　宏达公司总分类账试算平衡表

2024 年 8 月 31 日　　单位:元

会计科目	期初余额		本期发生额		期末余额	
	借方	贷方	借方	贷方	借方	贷方
库存现金	1 800		6 000		7 800	
银行存款	250 000		240 000	116 000	374 000	
应收账款	186 000			180 000	6 000	
原材料	64 000		20 000		84 000	
固定资产	420 000		90 000		510 000	
应付账款		90 000	90 000	20 000		20 000
短期借款		151 000		30 000		181 000
实收资本		410 800		200 000		610 800
盈余公积		270 000	100 000			170 000
合计	921 800	921 800	546 000	546 000	981 800	981 800

【思政小贴士】会计恒等式新的内涵

会计恒等式新的内涵

复式记账是指每一项经济业务发生后,要求同时在两个或两个以上的互相联系的账户中,以相等的金额进行全面、连续、系统记录的一种方法。复式记账的主要特点就是能够明确资金的来龙去脉,其理论基础是会计恒等式,即资产=负债+所有者权益。会计恒等式的经济含义就是资金的来源(即负债、所有者权益)等于资金的去处(即资产)。

复式记账和会计恒等式可以带给我们很多哲学思考,复式记账可以让我们联想到学习也是守恒的,即我们每个人的付出等于每个人的收获,每个人应该更加努力地学习以取得更多的收获和成绩,我们做事情要有始有终,不可随意放弃。会计恒等式可以从两个方面进行财富衡量:一方面用于衡量物质财富,资产减去负债,剩余的属于我们自己的权益,代表着你将多少社会财富据为己有;另一方面用于衡量精神财富,资产是你给予他人多少帮助,付出了多少情义,负债是你获得了多少的帮助,资产减去负债,留下的是你对社会的净贡献(或负贡献)。我们倡议同学们不断增加人生的资产,减少人生的负债,留下更多的权益,为社会作出更多贡献,让我们的社会更加美好。

会计恒等式内涵

阅读和聆听会计恒等式的内涵后,获得哪些启示?

章节实务题

实训任务一:熟悉各类账户的结构

根据 A 公司账户的结构,填写表 4-11 中的空格。(单位:元)

表 4-11

账户名称	期初余额		本期发生额		期末余额	
	借方	贷方	借方	贷方	借方	贷方
库存现金	110		220	(　　)	210	
银行存款	(　　)		10 700	57 00	16 000	
应收账款	2 500		(　　)	9 000	45 000	
原材料	20 000		11 000	(　　)	11 000	
短期借款		3 500	3 000	(　　)		6 000
预收账款		10 000	9 000	(　　)		1 000
实收资本		70 000	0	80 000		(　　)

实训任务二:试算平衡表的编制

已知利达有公司 2024 年 8 月 1 日有关账户期初余额资料如表 4-12 所示。

表 4-12　　肇庆利达有公司 2024 年 8 月 1 日账户期初余额表　　单位:元

资产	期初余额	负债及所有者权益	期初余额
库存现金	3 000	短期借款	140 000

续表

资产	期初余额	负债及所有者权益	期初余额
银行存款	250 000	应付账款	90 000
应收账款	180 000	实收资本	367 000
原材料	64 000	盈余公积	220 000
固定资产	320 000		
合计	817 000	合计	817 000

2024 年 8 月,该公司发生如下经济业务:

(1)8 月 2 日,公司取得德兴公司追加的投资款 80 000 元,存入公司银行账户。

(2)8 月 10 日,公司从甲公司购进原材料一批,价格 20 000 元,货款暂欠,材料已验收入库。不考虑相关税费。

(3)8 月 12 日,公司用银行存款支付上述原材料所欠货款 20 000 元。

(4)8 月 13 日,公司从银行提取现金 10 000 元。

(5)8 月 18 日,公司用银行存款 70 000 元购买一套新设备,不考虑相关税费。

(6)8 月 20 日,公司向银行借入短期借款 50 000 元,用于归还前欠的货款。

(7)8 月 22 日,公司收到以前销售产品的应收账款 110 000 元,存入银行账户。

(8)8 月 31 日,经批准,企业用盈余公积 70 000 元转增资本。

(9)8 月 31 日,经批准,公司购买材料所欠的货款 40 000 元,转作投资投入公司。

要求:

1. 根据上述经济业务,编制相应的会计分录。

2. 根据上述公司 2024 年 8 月 1 日账户期初余额表和会计分录在有关账户中登记,并结算出每个账户的本期发生额合计数和期末余额。请在表 4-13 至表 4-22 填示。

表 4-13 借方 库存现金 贷方

借方	贷方
期初余额: 本期增加额:	
本期发生额:	
期末余额:	

表 4-14 借方 银行存款 贷方

借方	贷方
期初余额: 本期增加额:	本期减少额:
本期发生额:	本期发生额:
期末余额:	

表 4-15　　借方　　　　应收账款　　　　贷方

期初余额：	
本期增加额：	本期减少额：
本期发生额：	本期发生额：
期末余额：	

表 4-16　　借方　　　　原材料　　　　贷方

期初余额：	
本期增加额：	本期减少额：
本期发生额：	本期发生额：
期末余额：	

表 4-17　　借方　　　　固定资产　　　　贷方

期初余额：	
本期增加额：	本期减少额：
本期发生额：	本期发生额：
期末余额：	

表 4-18　　借方　　　　短期借款　　　　贷方

	期初余额：
本期减少额：	本期增加额：
本期发生额：	本期发生额：
	期末余额：

表 4-19　　借方　　　　应付账款　　　　贷方

	期初余额：
本期减少额：	本期增加额：
本期发生额：	本期发生额：
	期末余额：

表 4-20　　借方　　　　实收资本　　　　贷方

	期初余额：
	本期增加额：
	本期增加额：
	本期增加额：
本期发生额：	本期发生额：
	期末余额：

表 4-21　借方　　　　　盈余公积　　　　　贷方

借方	贷方
	期初余额：
本期减少额：	本期增加额：
本期发生额：	本期发生额：
	期末余额：

3. 根据账簿记录，编制总分类账户试算平衡表进行试算平衡，请在表 4-22 填示。

表 4-22　　　　　利达有限公司总分类账试算平衡表

2024 年 8 月 31 日　　　　单位：元

会计科目	期初余额		本期发生额		期末余额	
	借方	贷方	借方	贷方	借方	贷方
库存现金						
银行存款						
应收账款						
原材料						
固定资产						
短期借款						
应付账款						
实收资本						
盈余公积						
合计						

第五章　工业企业主要经济业务的核算

【学习目标】

▶ 知识目标 ◀

1. 掌握工业企业资金筹集、采购业务的账务处理。
2. 掌握工业企业生产业务、销售业务的账务处理。
3. 掌握工业企业利润形成与分配的账务处理。

▶ 能力目标 ◀

1. 培养综合运用知识能力，熟练运用借贷记账法编写工业企业已经发生经济业务的会计分录。
2. 锻炼逻辑思维能力，在进行经济业务核算时能够缜密分析、合法合规、准确客观。

▶ 素养目标 ◀

1. 培养学生合规思维和流程思维。
2. 培养学生严谨、细致的工作素养，激发学习兴趣。

第一节　工业企业主要的经济业务

由于工业企业的生产经营活动复杂，涉及的环节多，本章将以工业企业的基本经济业务为例，阐述会计账户和借贷记账法的应用。

工业企业是指依法成立的，从事工业性商品生产经营活动，经济上实行独立核算、自负盈亏，法律上具有法人资格的经济组织。

企业要开展经营活动完成经营目标，就需要从各种渠道筹集一定的资金。投资者投入的资本金是一个重要的资金来源，另外，企业还可以通过负债方式向债权人借入资金，这些资金进入企业后，会随着企业经营过程的开展和经济业务的发生，转换其占用形态。

工业企业的经营过程包括供应过程、生产过程和销售过程。企业的经营资金依次顺序经过这三个过程，不断地循环和周转。而会计核算就是要反映、监督经营资金的循环和周转，以及其保值和增值情况。

在供应过程，企业要购置生产所需的机器设备，以及为生产采购准备各种材料，企业经营资金由货币资金转化成储备资金。其主要的经济业务是固定资产购建、材料采购成本的计算和结转,以及由此产生的相关账款的结算。

在生产过程,企业为制造产品会发生各种耗费。在供应过程,采购的原材料随着生产的领用,由材料储备资金变成生产资金;固定资产随着在生产中的损耗,以折旧的形式逐渐变成生产资金;生产工人在生产中的活劳动形成了工资及福利费等人工费;生产车间为管理和组织生产而发生各种间接耗费。最终经过生产制造过程,形成产成品,生产资金转化为成品资金。其主要的经济业务是生产制造过程中发生的各种费用的归集和分配,以及产品生产成本的计算和结转。

在销售过程,企业销售产品,收回货款。一方面,企业产品的生产成本等形成了产品的销售成本,在销售中发生的各种耗费形成销售费用。另一方面,取得了销售收入,企业的销售成本和销售费用得到了补偿,其超出部分则形成了企业的利润。企业的产品资金转化为货币资金,实现了经营资金的保值和增值。其主要的经济业务为产品销售收入及销售成本的确认,以及由此形成的销售账款的结算,并在此基础上确定利润,按规定的办法和分配顺序进行利润的分配。

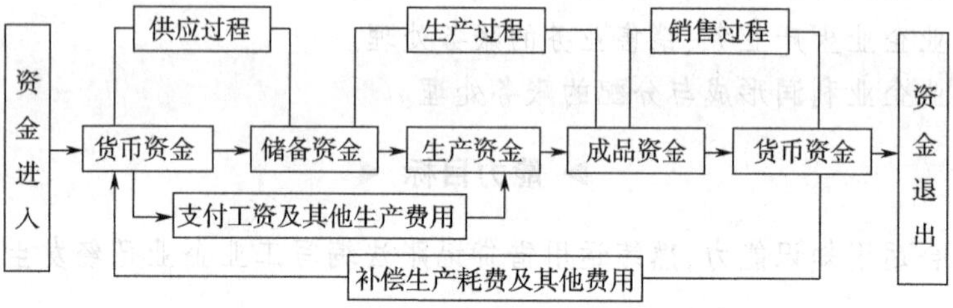

图 5-1 工业企业的资金运动

针对企业生产经营过程中发生的上述经济业务,账务处理的主要内容有:①资金筹集业务的核算;②供应过程业务的核算;③生产过程业务的核算;④销售过程业务的核算;⑤利润形成与分配业务的核算。

为了连续、系统、全面、综合地核算和监督工业企业主要经济业务所组成的生产经营活动的过程及其结果,企业必须根据各项经济业务的具体内容和管理上的要求,相应地设置不同的账户,应用借贷记账方法对所发生的经济业务进行账务处理,以提供管理上所需要的各种会计信息。

宏达有限责任公司是一个典型的制造类企业,主要经营日用产品的生产与销售,主要的产品有 A 产品、B 产品两种。其经税务机关核定为增值税一般纳税人,增值税税率为 13%;企业所得税税率为 25%;城市维护建设税税率为 7%;教育费附加为 3%。20×3 年 11 月有关账户期末余额略。本章以宏达有限责任公司(简称宏达公司)20×3 年 12 月发生的相关经济业务为例,说明工业企业依次在资金筹集、供应过程、生产过程、销售过程、利润形成和利润分配过程中发生的经济业务的账务处理。

第二节　资金筹集业务的核算

一、资金筹集的基本内容

企业生产经营所需的资金主要来源于两个渠道:一是所有者投入的资金;二是从债权人借入的资金。

(一)所有者投入的资金

所有者投入的资金,称为投入资本(权益资本),这部分资金的所有者对企业资产有要求权,从而形成所有者权益。也就是说,这部分资金的所有者既享有企业的经营收益,也承担企业的经营风险。

企业的主要投资者包括国家、法人单位、个人和外商。投资可以采用货币资金、实物资产及无形资产等形式。

所有者投入的资本主要包括实收资本(或股本)和资本公积。

实收资本(或股本)是指企业的投资者按照企业章程、合同或协议的约定实际投入企业的资本金,以及按照有关规定由资本公积、盈余公积等转增资本的资金。

资本公积是企业收到投资者投入的超出其在企业注册资本(或股本)中所占份额的投资以及直接计入所有者权益的利得和损失等。资本公积作为企业所有者权益的重要组成部分,主要用于转增资本。

(二)从债权人借入的资金

从债权人借入的资金,称为借入资金(债务资本),这部分资金的所有者对企业资产有要求权,从而形成负债。也就是说,这部分资本的所有者享有按约定收回本金和利息的权利。企业借入的资金主要是从银行或者其他金融机构取得的各种短期借款和长期借款。

短期借款是指企业为了满足其生产经营对资金的临时性需要而向银行或其他金融机构等借入的偿还期限在一年以内(含一年)的各种借款。长期借款是指企业向银行或其他金融机构等借入的偿还期限在一年以上(不含一年)的各种借款。

二、资金筹集业务的核算应设置的账户

(一)投入资本核算的账户设置

为了核算企业的投入资本,通常设置以下账户:

1.“实收资本(或股本)”账户

(1)性质:所有者权益类账户。

(2)核算内容:企业按照章程规定或合同、协议约定,接受投资者投入企业的资本(股份公司称为股本)。

(3)明细账户:可按投资者设置明细账户。

(4)账户结构:

借方	实收资本 贷方
	期初余额:
所有者投入企业资本金的减少额	所有者投入企业资本金的增加额
	期末余额:实收资本的实际结存(或股本)数额

2.“资本公积”账户

(1)性质:所有者权益类账户。

(2)核算内容:用以核算企业收到投资者出资额超出其在注册资本或股本中所占份额的部分,以及直接计入所有者权益的利得和损失等。

(3)明细账户:可按资本公积的具体来源项目设置明细账户。

(4)账户结构:

借方	资本公积 贷方
	期初余额:
资本公积的减少额	资本公积的增加额
	期末余额:企业结余的资本公积

3.“盈余公积”账户

(1)性质:所有者权益类账户。

(2)核算内容:用以核算企业从净利润中提取的盈余公积。

(3)明细账户:可分别按“法定盈余公积”“任意盈余公积”设置明细账户。

(4)账户结构:

借方	盈余公积 贷方
	期初余额:
实际使用的盈余公积(用于弥补亏损或转增资本)	提取的盈余公积
	期末余额:企业结余的盈余公积

4.“银行存款”账户

(1)性质:资产类账户。

(2)核算内容:用以核算企业存入银行或其他金融机构的各种款项。

(3)明细账户:可按开户银行、存款种类等设置明细账户。

(4)账户结构:

借方 银行存款	贷方
期初余额:	
存入银行或其他金融机构的款项	提取或支出的存款
期末余额:企业存在银行或其他金融机构的各种款项	

5.“固定资产”账户

(1)性质:资产类账户。

(2)核算内容:用以核算企业持有的固定资产原价。

(3)明细账户:可按固定资产的类别和项目设置明细账户。

(4)账户结构:

固定资产

借方	贷方
期初余额：	
增加的固定资产原值	减少的固定资产原值
期末余额：企业固定资产的原值	

小知识

外购固定资产的成本，包括购买价款、相关税费、使固定资产达到预定可使用状态前所发生的可归属于该项资产的运输费、装卸费、安装费和专业人员服务费等。

6.“无形资产”账户

（1）性质：资产类账户。

（2）核算内容：用以核算企业持有的无形资产成本，包括专利权，非专利技术、商标权、著作权、土地使用权等。

（3）明细账户：可按无形资产的项目设置明细账户。

（4）账户结构：

无形资产

借方	贷方
期初余额：	
取得的无形资产成本	处置的无形资产的成本
期末余额：企业持有的无形资产的成本	

（二）借入资金核算的账户设置

为了核算企业的借入资金，通常设置以下账户：

1.“短期借款”账户

（1）性质：负债类账户。

（2）核算内容：用以核算企业向银行或其他金融机构等借入的偿还期限在 1 年以内（含 1 年）的各种借款。

（3）明细账户：可按借款种类、债权人和币种设置明细账户。

（4）账户结构：

短期借款

借方	贷方
	期初余额：
偿还短期借款的本金数额	取得短期借款的本金数额
	期末余额：企业尚未归还的短期借款本金数额

2.“长期借款”账户

(1)性质:负债类账户。

(2)核算内容:用以核算企业向银行或其他金融机构等借入的偿还期限在1年以上(不含1年)的各种借款。

(3)明细账户:可按债权人和借款种类设置明细账户。

(4)账户结构:

借方	长期借款 贷方
	期初余额:
偿还长期借款的本金及利息调整	取得各种长期借款的本金及利息调整
	期末余额:企业尚未归还的长期借款

3.“财务费用”账户

(1)性质:损益类账户。

(2)核算内容:用以核算企业为筹集生产经营所需资金等而发生的筹资费用,包括利息支出(减利息收入)、汇兑损益以及相关的手续费等。

(3)明细账户:可按费用项目设置明细账户。

(4)账户结构:

借方	财务费用 贷方
发生的各项利息支出、相关手续费等	冲减财务费用的利息收入 期末结转到“本年利润”账户的财务费用

4.“应付利息”账户

(1)性质:负债类账户。

(2)核算内容:用以核算企业按照合同约定应支付的利息,包括吸收存款、分期付息到期还本的长期借款、企业债券等应支付的利息。

(3)明细账户:可按存款人或债权人设置明细账户。

(4)账户结构:

借方	应付利息 贷方
	期初余额:
实际支付的利息	计提应付未付的利息
	期末余额:企业应付未付的利息

三、资金筹集业务的核算实例

下面以宏达公司20×3年12月份发生的经济业务为例，说明资金筹集业务的核算。

（一）接受投资者投入资本的核算

企业接受投资者投入的资本，借记“银行存款”“固定资产”“无形资产”“长期股权投资”等科目，按其在注册资本或股本中所占份额，贷记“实收资本（或股本）”科目，按其差额，贷记“资本公积——资本溢价（或股本溢价）”科目。

【例5-1】12月1日，宏达公司收到华新公司投资100 000元，存入银行。该项经济业务发生后，会计人员应编制如下会计分录：

借：银行存款　　100 000
　　贷：实收资本——华新公司　　100 000

【例5-2】12月3日，宏达公司收到联营单位正大公司投入全新的设备一台，价值80 000元；投入专利权一项，价值100 000元。双方协商占宏达公司注册资本120 000元。假设不考虑相关税费，该项经济业务发生后，会计人员应编制如下会计分录：

借：固定资产　　80 000
　　无形资产　　100 000
　　贷：实收资本——正大公司　　120 000
　　　　资本公积——资本溢价　　60 000

【例5-3】12月10日，宏达公司按法定程序办妥增资手续，以资本公积100 000元转增资本，同时将盈余公积150 000元转增资本。

假定不考虑其他因素，该项经济业务发生后，会计人员应编制如下会计分录：

借：资本公积　　100 000
　　盈余公积　　150 000
　　贷：实收资本　　250 000

（二）借入资金的核算

1. 短期借款的核算

企业借入的各种短期借款，借记“银行存款”科目，贷记“短期借款”科目；归还借款时做相反的会计分录。资产负债表日，应按计算确定的短期借款利息费用，借记“财务费用”科目，贷记“银行存款”“应付利息”等科目。

【例5-4】20×3年12月1日宏达公司向工商银行借入一笔生产经营用短期借款，共计60 000元，期限为3个月，年利率为4%。根据与银行签署的借款协议，该项借款利息采用分月预提，借款利息于偿还本金时一并偿还。

(1)12月1日借入短期借款时，会计人员应编制如下会计分录：

借：银行存款　　60 000
　　贷：短期借款　　60 000

(2)12月31日，计算并提取当月借款利息时：

①公司月末应计提的借款利息＝60 000×4%/12×1＝200（元）

②会计人员应编制如下会计分录：

借:财务费用　　200
　　贷:应付利息　　200

思考题

问题 1:20×4 年 1 月末计提短期借款利息时的分录如何编制?
问题 2:20×4 年 2 月末到期还本付息时的分录如何编制?
提示:问题 1:
借:财务费用　　200
　　贷:应付利息　　200
问题 2:
借:短期借款　　60 000
　　应付利息　　400
　　财务费用　　200
　　贷:银行存款　　60 600

2. 长期借款的核算

企业借入长期借款,应按实际收到的金额借记“银行存款”科目,按借款本金贷记“长期借款——本金”科目,如存在差额,还应借记“长期借款——利息调整”科目。

资产负债表日,应按确定的长期借款的利息费用,借记“在建工程”“制造费用”“财务费用”“研发支出”等科目,按确定的应付未付利息,贷记“应付利息”科目,按其差额,贷记“长期借款——利息调整”等科目。

【例 5-5】20×3 年 12 月 1 日宏达公司从建设银行借入资金 1 000 000 元,借款期限为 3 年,年利率为 5.4%。借款协议规定,借款利息于偿还本金时一并偿还。借入款项已存入该公司的开户银行。假设公司不符合长期借款利息资本化的条件。

12 月 1 日借入长期借款时,会计人员应编制如下会计分录:
借:银行存款　　1 000 000
　　贷:长期借款——本金　　1 000 000

第三节　供应过程业务的核算

在供应过程中,企业用货币资金购买机器设备等劳动资料形成固定资产,购买原材料等劳动对象形成储备资金,为生产产品做好物资上的准备,货币资金分别转化为固定资产形态和储备资金形态。因此,供应过程业务的核算可以分为固定资产购置业务的核算和材料采购成本计算、采购业务的核算。

一、固定资产购置业务的核算

(一)固定资产相关概述

1. 固定资产的概念

固定资产指企业为生产商品、提供劳务或经营管理而持有的,且使用寿命超过一个会计年度的有形资产,具体包括房屋建筑物、机器设备、运输工具等。

2. 固定资产的特征

(1)企业持有固定资产的目的,是用于生产商品、提供劳务、出租(经营租赁方式出租的机器设备等)或经营管理的,而不是直接用于出售。

(2)企业使用固定资产的期限超过一个会计年度。这一特征表明企业的固定资产属于非流动资产,其给企业带来的收益期超过一年,能在一年以上的时间里为企业创造经济利益。

3. 外购固定资产的入账价值

企业外购固定资产入账成本,包括实际支付的购买价款、相关的进口关税(不包括可以抵扣的增值税进项税额),以及为使固定资产达到预定可使用状态前发生的可归属于该项资产的装卸费、运输费、安装费 、专业人员服务费等各项支出。

(二)固定资产购置业务核算的账户设置

1.“ 固定资产”账户

(1)性质:资产类账户。

(2)核算内容:用以核算企业持有的固定资产原价。

(3)明细账户:可按固定资产的类别和项目设置明细账户。

(4)账户结构:

借方　　　　固定资产	贷方
期初余额: 增加的固定资产原值	减少的固定资产原值
期末余额:企业固定资产的原值	

2.“在建工程”账户

(1)性质:资产类账户。

(2)核算内容:核算企业基建、更新改造等在建工程发生的支出。

(3)明细账户:可按在建工程的类别和项目设置明细账户。

(4)账户结构:

借方　　　　在建工程	贷方
期初余额: 企业各项在建工程的实际支出	完工工程转出的成本
期末余额:企业尚未达到预定可使用状态的在建工程的成本	

(三)固定资产购置业务核算实例

以机器设备为例说明固定资产购置业务的会计处理。本书只讲解不需要安装的机器设备的账务处理。

【例 5-6】宏达公司 12 月 1 日购入不需要安装的机器设备一台,增值税专用发票上金额为 70 000 元,增值税额为 9 100 元,全部款项用银行存款支付。

借:固定资产 70 000

应交税费——应交增值税(进项税额) 9 100

贷:银行存款 79 100

二、材料采购业务的核算

(一)材料采购相关概述

工业企业在供应过程的主要经济活动是根据生产产品的需要采购各种原材料,并根据经济合同和相关结算制度进行账款的结算。因此,供应过程的主要核算内容是外购材料采购成本的计量、与供货单位办理货款结算、材料验收入库等。

1. 材料采购成本

材料的采购成本是指企业物资从采购到入库前所发生的全部支出,包括购买价款、相关税费、运输费、装卸费、保险费以及其他可归属于存货采购成本的费用。

表 5-1　　外购材料的采购成本

项目	内 容
购买价款	购入的材料或商品的发票账单上列明的价款,但不包括按照规定可以抵扣的增值税进项税额
相关税费	购买存货发生的进口关税、消费税、资源税和不能抵扣的增值税进项税额等
其他费用	采购成本中除上述各项以外的可归属于存货采购的费用,如在存货采购过程中发生的仓储费、包装费、运输途中的合理损耗、入库前的挑选整理费用等

2. 货款结算

企业外购材料向供货单位支付款项,一般应通过银行进行转账结算,可采用的结算方式有:支票、银行汇票、商业汇票、银行本票、汇兑、托收承付、委托收款等。如果企业资金紧张,经供货单位同意,也可以赊销,但企业应在付款期内按期付款。

3. 材料验收入库

外购材料在采购过程中,尚未到达企业,验收入库之前,称为在途物资;在途物资到达企业,验收入库后,称为原材料。一般来说,当天采购的材料当天验收入库,材料采购成本可直接计入原材料成本;如果不是当天验收入库,则采购成本先计入在途物资成本,待验收入库后,再计入原材料成本。

(二)材料采购业务核算应设置的账户

为了核算材料采购业务,通常设置以下账户:

1."在途物资"账户

性质:资产类账户。

核算内容:用以核算企业采用实际成本(或进价)进行材料、商品等物资的日常核算、货款已付尚未验收入库的材料或商品的采购成本。

明细账户：可按供应单位和物资品种设置明细账户。

账户结构：

借方　　在途物资	贷方
期初余额：	
购入材料、商品等物资的实际采购成本	已验收入库材料、商品等物资应结转的实际采购成本
期末余额：企业在途材料、商品等物资的采购成本	

2.“原材料”账户

性质：资产类账户。

核算内容：用以核算企业库存的各种材料(包括原料及主要材料、辅助材料、外购半成品、外购件、修理用备件、包装材料、燃料等)的收发与结存情况。

明细账户：可按材料的类别、品种和规格等设置明细账户。

账户结构：(原材料按实际成本核算时)

借方　　原材料	贷方
期初余额： 已验收入库材料的实际成本	发出材料的实际成本
期末余额：企业库存材料的实际成本	

3.“应交税费”账户

性质：负债类账户。

核算内容：用以核算企业按照税法等规定计算应交纳的各种税费，包括增值税、消费税、营业税、所得税、资源税、土地增值税、城市维护建设税、房产税、土地使用税、车船使用税、教育费附加等。

明细账户：可按应交的税费项目设置明细账户。

账户结构：

借方　　应交税费	贷方
实际缴纳的各种税费	期初余额： 各种应交未交的税费
期末余额：企业多交或尚未抵扣的税费	期末余额：企业尚未交纳的税费

为了计算一般纳税企业应交增值税的发生、缴纳、退税及转出等情况，应在“应交税费”账户下设置“应交增值税”明细账户。

借方	应交税费——应交增值税 贷方
	期初余额：
②进项税额 ③已交的税金	①销项税额
	期末余额：尚未交纳的增值税额

【相关链接】

增值税小知识

增值税是指对在中华人民共和国境内销售货物，及提供加工修理修配劳务、销售服务、无形资产或者不动产，进口货物的企业单位和个人，就其提供或销售货物、劳务、无形资产或者不动产的增值额和进口货物金额为计税依据而课征的一种流转税。

1. 征税范围

征税范围的基本规定：

（1）销售或者进口货物；

（2）提供加工、修理修配劳务；

（3）销售服务、无形资产或不动产。

2. 增值税的纳税人

增值税纳税人是指在我国境内销售货物，提供加工、修理修配劳务，销售服务、无形资产或不动产以及进口货物的单位和个人。按照经营规模的大小和会计核算健全与否等标准，增值税纳税人可分为一般纳税人和小规模纳税人。

（1）增值税一般纳税人。一般纳税人是指年应征增值税销售额超过《增值税暂行条例实施细则》规定的小规模纳税人标准的企业和企业性单位。

（2）小规模纳税人。小规模纳税人是指年销售额在规定标准以下，并且会计核算不健全，不能按规定报送有关税务资料的增值税纳税人。

3. 增值税税率

（1）基本税率13%。增值税一般纳税人销售或者进口货物（除执行9%低税率的货物以外），提供加工修理修配劳务，销售有形动产租赁服务，税率一律为13%。

（2）低税率。具体又分以下两档：

①9%：增值税一般纳税人销售交通运输、邮政、基础电信、建筑、不动产租赁服务，销售不动产，转让土地使用权，销售或者进口特定货物，例如粮食、食用植物油、自来水、暖气等。

②6%：增值税一般纳税人提供增值电信服务、金融服务、生活服务，销售无形资产（转让土地使用权除外）等。

（3）零税率。纳税人出口货物，一般适用零税率。

（4）3%征收率。小规模纳税人增值税征收率为3%。

4. 增值税一般纳税人应纳税额的计算

一般纳税人适用一般计税法。一般纳税人凭增值税专用发票及其他合法扣税凭证注明税款进行抵扣，其应纳增值税的计算公式为：

应纳增值税税额＝当期销项税额－当期准予抵扣进项税额

＝当期不含增值税销售额×适用税率－当期准予抵扣进项税额

4.“应付账款”账户

性质：负债类账户。

核算内容：用以核算企业因购买材料、商品和接受劳务等经营活动应支付给供应单位的款项。

明细账户：可按供应单位设置明细账户。

账户结构：

借方　应付账款	贷方
	期初余额：
偿还的应付款项	企业因购入材料、商品和接受劳务等尚未支付的款项
期末余额：企业预付的款项	期末余额：企业尚未支付的应付款项

5.“预付账款”账户

性质：资产类账户。

核算内容：用以核算企业因按照合同规定预付给供应单位的款项。

明细账户：可按供应单位设置明细账户。

账户结构：

借方　预付账款	贷方
期初余额：	
①企业因购货等业务预付的款项 ②补付的款项	③企业收到货物后应支付的款项 ④退回多付的款项
期末余额：企业预付的款项	期末余额：企业尚需补付的款项

预付款项情况不多的，也可以不设置该账户，将预付的款项直接记入“应付账款”账户。

三、材料采购业务的核算实例

仍以宏达公司20×3年12月份发生的经济业务为例，说明材料采购业务的核算。实际成本法下，一般通过“原材料”和“在途物资”等科目进行核算。

（一）一般采购业务的核算

在购进材料时，一般会发生款项已付材料已验收入库，材料已验收入库但款项尚未支付，或已支付了商业票据、款项已付但材料暂时尚未验收入库，材料款先预付但材料尚未发生等几种不同情况。现举例说明企业采购材料业务的会计核算。

1. 款项已付，材料入库

【例5-7】12月1日，宏达公司从东风工厂购入甲材料一批，增值税专用发票上记载的货款为30 000元，增值税额3 900元，对方代垫运杂费500元，全部款项已用转账支票付讫，材料已验收入库。

该项经济业务发生后，会计人员应编制如下会计分录：

借：原材料——甲材料　　30 500

　　应交税费——应交增值税（进项税额）　　3 900

　　贷：银行存款　　34 400

2. 材料入库，款项未付

【例 5-8】12 月 3 日，宏达公司从南方工厂购入乙材料 500 千克，每千克 30 元，增值税税率为 13%，所有票据已收到，但全部款项尚未支付。

该项经济业务发生后，会计人员应编制如下会计分录：

借：原材料——乙材料　　15 000

　　应交税费——应交增值税（进项税额）　　1 950

　　贷：应付账款——南方工厂　　16 950

思考题

问题 1：宏达公司偿还南方工厂上项货款 16 950 时，应如何编制会计分录？

问题 2：假设宏达公司支付上项货款时，向南方工厂开出一张期限为 3 个月的银行承兑汇票，票据金额为 16 950 元，应如何编制会计分录？

3. 款项已付，材料未到

【例 5-9】12 月 5 日，宏达公司从东风工厂购入甲材料 1 000 千克，每千克 20 元，增值税专用发票上注明价款为 20 000 元，增值税为 2 600 元，另需支付运输费，取得增值税专用发票，注明运费 500 元，增值税 45 元，全部款项已用转账支票付讫，但材料尚未运到。

该项经济业务发生后，会计人员应编制如下会计分录：

借：在途物资——甲材料　　20 500

　　应交税费——应交增值税（进项税额）　　2 645

　　贷：银行存款　　23 145

【例 5-10】12 月 6 日，上项购进甲材料运到，并验收入库。

该项经济业务发生后，会计人员应编制如下会计分录：

借：原材料——甲材料　　20 500

　　贷：在途物资——甲材料　　20 500

4. 款项先付，材料未到

【例 5-11】12 月 10 日，宏达公司按合同约定，为购买乙材料以银行存款 20 000 元预付南方工厂货款，公司经常有预付材料款业务。

该项经济业务发生后，会计人员应编制如下会计分录：

借：预付账款——南方工厂　　20 000

　　贷：银行存款　　20 000

【例 5-12】宏达公司 12 月 10 日预付南方工厂货款，12 月 13 日乙材料已运到，增值税专用发票上记载的货款为 27 000 元，增值税额 3 510 元，另对方代垫包装费 300 元。

该项经济业务发生后,会计人员应编制如下会计分录:

借:原材料——乙材料　　27 300
　应交税费——应交增值税(进项税额)　　3 510
　贷:预付账款——南方工厂　　30 810

思考题

例 5-12 中经济业务发生后,宏达公司应该补付上述购买乙材料的全部款项多少?倘若用银行存款补付,应该如何编制会计分录?

提示:

借:预付账款——南方工厂　　10 810
　贷:银行存款　　10 810

(二)采购两种以上材料共同采购费用的核算

材料采购过程中发生的采购费用,有的是专门采购某种材料而发生的,有的是为了采购几种材料而发生的。凡是专门为采购某种材料而发生的采购费用,应直接记入该种材料的采购成本;对于不能直接归属于某一种材料的采购费用应按照一定的标准,在有关的几种材料之间进行分配。材料采购费用一般可以按照购入材料的买价或重量的比例进行分配。其计算公式如下:

$$采购费用分配率 = \frac{采购费用总额}{采购各种材料总重量或买价}$$

$$某种材料应负摊的采购费用 = 该种材料重量(或买价) \times 采购费用分配率$$

【例 5-13】12 月 25 日,宏达公司向日化公司购入下列材料:甲材料 800 千克,每千克 20 元,共计买价 16 000 元;乙材料 600 千克,每千克 30 元,共计买价 18 000 元,增值税合计为 4 420 元。日化公司代垫的两种材料共同负担的不含增值税的运费共计 1 400 元。增值税额 126 元。价款、运费及税费全部以银行存款支付,两种材料尚未运到。公司规定按甲、乙两种材料的重量分配运费。

分析:该项经济业务除支付买价和增值税外,还支付运费 1 400 元。由于企业采购甲、乙两种材料,所以运费应在甲、乙两种材料之间进行分配。

(1)计算:

①运费分配率 = $\frac{1\,400}{800 + 600}$ = 1(元/千克)

②甲材料应负担的运费 = 800×1 = 800(元)

乙材料应负担的运费 = 600×1 = 600(元)

③甲材料的采购成本 = 买价+运费 = 16 000+800 = 16 800(元)

乙材料的采购成本 = 买价+运费 = 18 000+600 = 18 600(元)

(2)该项经济业务发生后,会计人员应编制如下会计分录:

借:在途物资——甲材料　　16 800

——乙材料　　18 600
应交税费——应交增值税(进项税额)　　4 546
贷:银行存款　　39 946

【例 5-14】12 月 28 日,上项购进甲、乙材料到达公司并验收入库,结转上述入库材料的采购成本。

该项经济业务发生后,会计人员应编制如下会计分录:

借:原材料——甲材料　　16 800
——乙材料　　18 600
贷:在途物资——甲材料　　16 800
——乙材料　　18 600

第四节　生产过程业务的核算

一、生产过程的基本内容

生产过程是链接供应过程和销售过程的中心环节,产品的生产过程同时也是生产资料的耗费过程,在生产过程中发生的各项生产费用,是企业为获得收入而预先垫支并需要得到补偿的资金耗费。这些生产费用归集到一定种类和数量的产品上时,就形成了产品的生产成本;而对于那些不能计入产品生产成本中的期间费用,直接计入当期损益。

因此,生产过程主要的核算内容是归集和分配生产费用,计算产品的生产成本。具体如表 5-2 所示。

表 5-2　　费用的分类及内容

费用的分类			费用的内容
计入产品成本的生产费用	直接费用	直接材料	企业生产过程中,直接用于产品生产,构成产品实体的原材料、辅助材料、外购半成品及有助于产品形成的其他材料等
		直接人工	企业在制造产品的过程中,为获得直接参加产品生产人员提供的服务而给予各种形式的报酬以及其他相关支出
	间接费用	制造费用	企业各生产车间为组织和管理生产而发生的各项间接费用,如生产车间管理人员薪酬、机器设备折旧费、机物料消耗、水电费、办公费等。这些费用虽然不能直接计入产品的生产成本,但与产品生产有间接关系,期末应归集本期发生的制造费用,再选择合理的制造费用分配方法,将其分配计入产品生产成本
不计入产品成本的费用	期间费用	管理费用	企业行政管理部门为组织和管理生产经营活动而发生的各种费用,包括行政管理部门的人员工资、福利费、办公费、折旧费、业务招待费等

续表

费用的分类			费用的内容
不计入产品成本的费用	期间费用	销售费用	企业在销售商品和材料、提供劳务过程中发生的各项费用,包括销售商品过程中发生的包装费、保险费、展览费和广告费、商品维修费等,以及企业为销售本企业商品而专设销售机构发生的各项费用
		财务费用	企业为筹集生产经营所需资金等而发生的筹资费用,包括利息支出(减利息收入)、汇兑损益,以及相关的手续费等

二、生产过程业务的核算应设置的账户

为了核算企业生产过程的业务,通常设置以下账户:

(一)"生产成本"账户

性质:成本类账户。

核算内容:用以核算企业进行工业性生产,包括生产各种产品(产成品、自制半成品等)、自制材料、自制工具、自制设备和提供劳务等发生的各项生产费用。

明细账户:可按产品的品种、类别等设置明细账户,并按照规定的成本项目设置专栏。

账户结构:

借方　　　　生产成本	贷方
期初余额: 应计入产品生产成本的各项生产费用(包括直接材料费、直接人工费和制造费用)	结转完工入库产品的实际生产成本
期末余额:月末在产品的实际成本	

(二)"制造费用"账户

性质:成本类账户。

核算内容:用以核算企业生产车间(部门)为生产产品和提供劳务而发生的各项间接费用,包括生产车间(部门)管理人员职工薪酬、生产车间固定资产的折旧费,生产车间的办公费、水电费、物料消耗、劳动保护费等。

明细账户:可按不同的生产车间、部门和费用项目设置明细账户。

账户结构:

借方　　　　制造费用	贷方
生产车间发生的各项间接费用	期末按照一定标准分配转入"生产成本"账户的间接费用

（三）“管理费用”账户

性质：损益类账户。

核算内容：企业行政管理部门为组织和管理生产经营活动而发生的各种费用，包括行政管理部门的人员工资、福利费、办公费、折旧费、业务招待费等。

明细账户：可按费用项目设置明细账户。

账户结构：

借方	管理费用　　　　贷方
企业当期发生的各项管理费用	期末转入“本年利润”账户的管理费用

（四）“库存商品”账户

性质：资产类账户。

核算内容：用以核算企业库存的各种商品的实际成本，包括库存产成品、外购商品、存放在门市部准备出售的商品、发出展览的商品以及寄存在外的商品等。

明细账户：可按库存商品的类别、品种和规格等设置明细账户。

账户结构：

借方	库存商品　　　　贷方
期初余额：	
验收入库的库存商品实际成本	发出的库存商品实际成本
期末余额：企业期末库存商品的实际成本	

（五）“应付职工薪酬”账户

性质：负债类账户。

核算内容：用以核算企业根据有关规定应付给职工的各种薪酬。

明细账户：可按“工资”“职工福利费”“社会保险费”“住房公积金”“工会经费”“职工教育经费”“非货币性福利”“辞退福利”“股份支付”等设置明细账户。

账户结构：

借方	应付职工薪酬　　　　贷方
	期初余额：
实际支付的职工薪酬数额	当月计提的应付职工薪酬总额
	期末余额：企业尚未支付的职工薪酬

【相关链接】

职工薪酬

2014年修订的新《企业会计准则》对职工薪酬内容进行了修改。职工薪酬，是指企业为获得职工提供的服务或解除劳动关系而给予的各种形式的报酬或补偿。职工薪酬包括短期薪酬、离职后福利、辞退福利和其他长期职工福利。企业提供给职工配偶、子女、受赡养人、已故员工遗属及其他受益人等的福利，也属于职工薪酬。

1. 短期薪酬，是指企业在职工提供相关服务的年度报告期间结束后12个月内需要全部予以支付的职工薪酬，因解除与职工的劳动关系给予的补偿除外。短期薪酬具体包括：职工工资、奖金、津贴和补贴，职工福利费，医疗保险费、工伤保险费和生育保险费等社会保险费，住房公积金，工会经费和职工教育经费，短期带薪缺勤，短期利润分享计划，非货币性福利以及其他短期薪酬。带薪缺勤，是指企业支付工资或提供补偿的职工缺勤，包括年休假、病假、短期伤残、婚假、产假、丧假、探亲假等。利润分享计划，是指因职工提供服务而与职工达成的基于利润或其他经营成果提供薪酬的协议。

2. 离职后福利，是指企业为获得职工提供的服务而在职工退休或与企业解除劳动关系后，提供的各种形式的报酬和福利，短期薪酬和辞退福利除外。如养老保险、失业保险。

3. 辞退福利，是指企业在职工劳动合同到期之前解除与职工的劳动关系，或者为鼓励职工自愿接受裁减而给予职工的补偿。

4. 其他长期职工福利，是指除短期薪酬、离职后福利、辞退福利之外所有的职工薪酬，包括长期带薪缺勤、长期残疾人福利、长期利润分享计划等。

本准则所称职工，是指与企业订立劳动合同的所有人员，含全职、兼职和临时职工，也包括虽未与企业订立劳动合同但由企业正式任命的人员。未与企业订立劳动合同或未由其正式任命，但向企业所提供服务与职工所提供服务类似的人员，也属于职工的范畴，包括通过企业与劳务中介公司签订用工合同而向企业提供服务的人员。

（六）"累计折旧"账户

性质：资产类账户，是固定资产的备抵账户。

核算内容：用以核算企业固定资产计提的累计折旧。

明细账户：可按固定资产的类别或项目设置明细账户。

账户结构：

借方　　　　累计折旧	贷方
	期初余额：
因减少固定资产而转出的折旧额	按月提取固定资产的折旧额
	期末余额：期末固定资产的累计折旧额

（七）"其他应收款"账户

性质：资产类账户。

核算内容：用以核算企业除应收票据、应收账款、预付账款、应收股利、应收利息、长期应收款等经营活动以外的其他各种应收、暂付的款项。

明细账户：可按其他应收款的项目和对方单位（或个人）设置明细账户。

账户结构：

借方　　其他应收款	贷方
期初余额： 发生的其他各种应收、暂付款项	收回或转销的其他各种应收、暂付款项
期末余额：企业尚未收回的其他各种应收、暂付款项	

三、生产过程业务的核算实例

仍以宏达公司20×3年12月份发生的经济业务为例，说明生产过程业务的核算。

（一）材料耗用的核算

在确定材料费用时，应根据领料凭证区分车间、部门和不同用途后，按照确定的结果将发出材料的成本借记"生产成本""制造费用""管理费用"等科目，贷记"原材料"等科目。

对于直接用于某种产品生产的材料费用，应直接计入该产品生产成本明细账中的直接材料费用项目；对于由多种产品共同耗用、应由这些产品共同负担的材料费用，应选择适当的标准在这些产品之间进行分配，按分担的金额计入相应的成本计算对象（生产产品的品种、类别等）；对于为提供生产条件等间接消耗的各种材料费用，应先通过"制造费用"科目进行归集，期末再同其他间接费用一起按照一定的标准分配计入有关产品成本；对于行政管理部门领用的材料费用，应记入"管理费用"科目。

在生产过程中所需用的材料，应通过填制领料单向材料仓库领取。仓库根据领料单发出材料后，应将领料单按领用材料的用途和种类进行汇总，编制"材料耗用汇总表"，作为编制材料发出记账凭证的依据。

【例5-15】假定前述宏达公司20×3年12月31日"材料耗用汇总表"如表5-3所示。

表5-3　　材料耗用汇总表

用途	甲材料		乙材料		合计金额（元）
	数量（千克）	金额（元）	数量（千克）	金额（元）	
生产A产品	1 505	30 100	1 000	30 000	60 100
生产B产品	1 403	28 060	796	23 880	51 940
生产车间一般耗用	300	6 000			6 000

续表

用途	甲材料		乙材料		合计金额（元）
	数量（千克）	金额（元）	数量（千克）	金额（元）	
行政管理部门耗用			100	3 000	3 000
合计		64 160	1 900	56 880	121 040

该项经济业务发生后，会计人员应编制如下会计分录：

借：生产成本——A 产品　60 100
　　　　　——B 产品　51 940
　制造费用　6 000
　管理费用　3 000
　贷：原材料——甲材料　64 160
　　　　　——乙材料　56 880

（二）职工薪酬的核算

职工薪酬是指企业为获得职工提供的服务或解除劳动关系而给予各种形式的报酬或补偿，具体包括：短期薪酬、离职后福利、辞退福利和其他长期职工福利。企业提供给职工配偶、子女、受赡养人、已故员工遗属及其他受益人等的福利，也属于职工薪酬。

对于短期职工薪酬，企业应当在职工为其提供服务的会计期间，按实际发生额确认为负债，并计入当期损益或相关资产成本。企业应当根据职工提供服务的受益对象，分别下列情况处理：

（1）应由生产产品、提供劳务负担的短期职工薪酬，计入产品成本或劳务成本。其中，生产产品工人的短期职工薪酬应借记“生产成本”科目，贷记“应付职工薪酬”科目；生产车间管理人员的短期职工薪酬属于间接费用，应借记“制造费用”科目，贷记“应付职工薪酬”科目。

当企业采用计件工资制时，生产工人的短期职工薪酬属于直接费用，应直接计入有关产品的成本。当企业采用计时工资制时，对于只生产一种产品的生产工人的短期职工薪酬也属于直接费用，应直接计入产品成本；对于同时生产多种产品的生产工人的短期职工薪酬，则需采用一定的分配标准（实际生产工时或定额生产工时等）分配计入产品成本。

（2）应由在建工程、无形资产负担的短期职工薪酬，计入建造固定资产或无形资产成本。

（3）除上述两种情况之外的其他短期职工薪酬应计入当期损益。如企业行政管理部门人员和专设销售机构销售人员的短期职工薪酬均属于期间费用，应分别借记“管理费用”“销售费用”等科目，贷记“应付职工薪酬”科目。

【例 5-16】12 月 31 日，宏达公司根据本月工资分配表分配本月的职工薪酬（见表 5-4）。

表 5-4　　　　职工工资分配汇总表

项　目	工资合计(元)
生产工人工资:	
A 产品生产工人工资	74 100
B 产品生产工人工资	62 700
车间管理人员工资	13 680
行政管理人员工资	27 360
销售部门人员工资	19 950
合计	197 790

该项经济业务发生后,会计人员应编制如下会计分录:

借:生产成本——A 产品　　74 100
　　　　　——B 产品　　62 700
　制造费用　　13 680
　管理费用　　27 360
　销售费用　　19 950
　贷:应付职工薪酬——工资　　197 790

思考题

假设下一年 1 月 10 日宏达公司以银行存款发放上项职工工资 197 790 元,应该如何编制会计分录?

(三)生产经营过程耗用其他费用的核算

1. 办公费的核算

【例 5-17】12 月 3 日,宏达公司行政管理部门用现金购买办公用品 1 000 元。

该项经济业务发生后,会计人员应编制如下会计分录:

借:管理费用　　1 000
　贷:库存现金　　1 000

2. 水电费的核算

【例 5-18】12 月 31 日,宏达公司以银行存款支付本月水电费 1 380 元,其中属于生产车间使用的水电费 1 020 元,属于行政管理部门使用的水电费 360 元。

该项经济业务发生后,会计人员应编制如下会计分录:

借:制造费用　　1 020
　管理费用　　360
　贷:银行存款　　1 380

3. 差旅费的核算

【例 5-19】12 月 10 日，宏达公司以现金预借给行政主管赵钢差旅费 2 500 元。

该项经济业务发生后，会计人员应编制如下会计分录：

借：其他应收款——赵钢　　2 500

　　贷：库存现金　　2 500

【例 5-20】12 月 13 日，行政主管赵钢出差归来，报销差旅费 2 000 元，交回现金 500 元。

该项经济业务发生后，会计人员应编制如下会计分录：

借：管理费用　　2 000

　　库存现金　　500

　　贷：其他应收款——赵钢　　2 500

思考题

1. 假设赵钢出差归来，报销差旅费 2 500 元，会计人员应如何编制会计分录？
2. 假设赵钢出差归来，报销差旅费 3 000 元，会计人员应如何编制会计分录？

提示：1. 会计分录为：

借：管理费用　　2 500

　　贷：其他应收款——赵钢　　2 500

2. 会计分录为：

借：管理费用　　3 000

　　贷：其他应收款——赵钢　　2 500

　　　　库存现金　　500

4. 折旧费用的核算

【例 5-21】12 月 31 日，宏达公司按照规定提取本月份固定资产折旧共计 20 000 元。其中，生产车间使用的固定资产应计提的折旧费为 17 700 元，行政管理部门使用的固定资产应计提的折旧费为 2 300 元。

该项经济业务发生后，会计人员应编制如下会计分录：

借：制造费用　　17 700

　　管理费用　　2 300

　　贷：累计折旧　　20 000

（四）制造费用的核算

企业发生的制造费用作为生产费用的一部分，最终应由产品负担，从而构成产品成本的一个组成部分。同时，制造费用还是生产过程中的间接费用。因此，应将归集的制造费用按照一定的标准在产品之间进行分配，计算出每种产品应负担的部分。制造费用的分配标准有多种，一般可按生产工人工资、生产工人工时、机器小时等进行分配。其计算公式为：

制造费用分配率 = 制造费用总额 ÷ 分配标准之和（如生产工人工资总和）

某种产品应分配的制造费用 = 该种产品生产工人工资 × 制造费用分配率

企业发生制造费用时,借记“制造费用”科目,贷记“累计折旧”“银行存款”“应付职工薪酬”等科目;结转或分摊时,借记“生产成本”等科目,贷记“制造费用”科目。

【例 5-22】12 月 31 日,宏达公司按生产工人工资比例将本期发生的制造费用,分配转入“生产成本”账户。会计部门根据例 5-15 至例 5-21 有关 12 月份发生的制造费用记入“制造费用”总分类账户,如表 5-5 所示,以确定本期制造费用总额。

表 5-5　　制造费用总分类核算

账户名称:制造费用　　单位:元

20×3 年		凭证号数	摘要	借方	贷方	借或贷	金额
月	日						
12	31	略	车间耗用材料	6 000		借	6 000
12	31	略	车间管理人员工资	13 680		借	19 680
12	31	略	支付水电费	1 020		借	20 700
12	31	略	计提折旧费	17 700		借	38 400
12	31	略	月末分配结转制造费用		38 400	平	θ
12	31	略	本月合计	38 400	38 400	平	θ

会计部门再根据制造费用账户归集的金额编制制造费用分配表,按生产工人工资分配制造费用,如表 5-6 所示。

表 5-6　　制造费用分配表　　单位:元

产品名称	生产工人工资	分配率	分配金额
A 产品	74 100	0. 280 7	20 800
B 产品	62 700	0. 280 7	17 600
合计	136 800	0. 280 7	38 400

注:分配中分配率取 4 位小数,分配金额取整数。

表 5-5 中计算过程如下:

①制造费用分配率=38 400÷(74 100+62 700)= 0. 280 7

②A 产品应分配的制造费用=7 4100×0. 280 7=20 800(元)

B 产品应分配的制造费用=38 400-20 800=17 600(元)

根据“制造费用”分配表,会计人员应编制如下会计分录:

借:生产成本——A 产品　　20 800

　　　　　——B 产品　　17 600

　贷:制造费用　　38 400

(五)完工产品成本结转的核算

材料经过生产加工成为可供销售的产成品,而处在生产过程尚未制造完成的产品,称为在产品。每月月末,应计算本月完工产品的生产成本,并将其从“生产成本”账户转入“库存商品”账户,以反映本期验收入库的产成品成本。

计算产品生产成本是把生产过程中发生的全部生产成本,按一定的对象进行归集,然后在完工产品和在产品之间进行分摊，以计算出完工产品的总成本和单位成本。其计算公式如下：

月初在产品成本 + 本月发生生产费用 = 本月完工产品总成本 + 月末在产品成本

式中，月初在产品成本和本月生产成本可从“生产成本”明细分类账户的核算资料中取得；本月完工产品成本和月末在产品成本需要通过计算取得。简单的方法是先计算月末在产品成本，然后从全部生产成本中减去月末在产品成本，求得完工产品总成本。计算公式如下：

本月完工产品总成本 = 月初在产品成本 + 本月发生生产费用 − 月末在产品成本

在计算月末在产品成本之前，必须首先确定月末在产品数量。在没有在产品动态记录的情况下，月末在产品数量可以通过实地盘点来确定。

通过以上各项费用的归集与分配，应计入产品成本的各项费用均已记入了各产品“生产成本”账户的借方。但这些费用仅是本月发生的生产成本，对于在以前月份投产的产品，还必须考虑该产品在以前月份已发生的生产成本，即将本期发生的生产成本加上期初在产品成本，才是该产品至本月所发生的全部生产成本，然后再采用适当的方法，将其在本期完工产品和期末在产品间进行分配，从而计算并结转本期完工产品的实际生产成本。

【例 5-23】12 月 31 日，宏达公司计算结转完工产品生产成本。其中 A 产品 3 875 件，单位成本为 40 元，总成本为 155 000 元；B 产品 3 480 件，单位成本为 38 元，总成本为 132 240 元。假设月初 A、B 产品没有期初在产品，月末 A、B 产品全部完工并验收库，结转完工入库产品的生产成本。

该项经济业务发生后，会计人员应编制如下会计分录：

借：库存商品——A 产品　　155 000
　　　　　　——B 产品　　132 240
　贷：生产成本——A 产品　　155 000
　　　　　　　——B 产品　　132 240

第五节　销售过程业务的核算

一、销售过程的基本内容

销售过程是生产经营活动的最后一个阶段。在销售过程中，企业通过出售产品或材料取得营业收入，并向购买方收取增值税销项税额。并且，企业在取得营业收入时，还应按税法的相关规定，计缴相关税费，形成营业税金。另一方面，随着产品或材料的营业收入的确认，已销售产品或材料的实际生产成本或采购成本也需计入当期损益，形成营业成本。同时，在销售过程中也会发生各项销售费用。

因此，销售过程的主要核算内容是确认营业收入、结转营业成本、计算税金及附加、核算各项销售费用等。

二、销售过程业务的核算应设置的账户

为了核算企业销售过程的业务，通常设置以下账户：

(一)“主营业务收入”账户

性质:损益类账户。

核算内容:用以核算企业确认的销售商品、提供劳务等主营业务的收入。

明细账户:可按主营业务的种类设置明细账户。

账户结构:

借方　　　　主营业务收入	贷方
②期末转入“本年利润”账户的主营业务收入 ③发生销售退回或折让时应冲减本期的主营业务收入	①销售商品或提供劳务实现的收入

(二)“主营业务成本”账户

性质:损益类账户。

核算内容:用以核算企业确认销售商品、提供劳务等主营业务收入时应结转的成本。

明细账户:可按主营业务的种类设置明细账户。

账户结构:

借方　　　　主营业务成本	贷方
①结转已销商品、提供各种劳务等的实际成本	②期末转入“本年利润”账户的主营业务成本 ③本月发生销售退回的商品成本(未直接从本月的销售成本中减去的销售退回成本)

(三)“税金及附加”账户

性质:损益类账户。

核算内容:用以核算企业经营活动发生的消费税、城市维护建设税、资源税、教育费附加、房产税、车船税等相关税费。

账户结构:

借方　　　　税金及附加	贷方
企业应按规定计算确定的与经营活动相关的税费	期末转入“本年利润”账户的与经营活动相关的税费

(四)“销售费用”账户

性质:损益类账户。

核算内容:用以核算企业销售商品和材料、提供劳务的过程中发生的各种费用。其中包括广告费和展览费、保险费、包装费、商品维修费、预计产品质量保证损失、运输费、装卸费等,以及为销售本企业商品而专设的销售机构(含销售网点、售后服务网点等)的职工薪酬、业务费有关的固定资产折旧费等经营费用。

明细账户:可按费用项目设置明细账户。

账户结构:

借方　　　销售费用	贷方
发生的各项销售费用	期末转入“本年利润”账户的销售费用

(五)“其他业务收入”账户

性质:损益类账户。

核算内容:用以核算企业确认的除主营业务活动以外的其他经营活动实现的收入,包括出租固定资产、出租无形资产、出租包装物和商品、销售材料等实现的收入。

明细账户:可按其他业务的种类设置明细账户。

账户结构:

借方　　　其他业务收入	贷方
期末转入“本年利润”账户的其他业务收入	企业实现的其他业务收入

(六)“其他业务成本”账户

性质:损益类账户。

核算内容:用以核算企业确认的除主营业务活动以外的其他经营活动所发生的支出,包括销售材料的成本、出租固定资产的折旧额、出租无形资产的摊销额、出租包装物的成本或摊销额等。

明细账户:可按其他业务的种类设置明细账户。

账户结构:

借方　　　其他业务成本	贷方
发生的其他业务成本	期末转入“本年利润”账户的其他业务成本

(七)“应收账款”账户

性质:资产类账户。

核算内容:用以核算企业因销售商品、提供劳务等经营活动应向购货单位或接受劳务单位收取的款项。

明细账户:可按债务人设置明细账户。

账户结构:

借方	应收账款 贷方
期初余额: 由于销售商品以及提供劳务等发生的应收账款	已经收回的应收账款
期末余额:企业尚未收回的应收账款	期末余额:企业预收的款项

(八)“预收账款”账户

性质:负债类账户。

核算内容:用以核算企业按照合同规定预收购货单位的款项。

明细账户:可按购货单位设置明细账户。

账户结构:

借方	预收账款 贷方
②销售实现时按实现的收入转销的预收款项 ④退回多付的款项	期初余额: ①向购货单位预收的款项 ③购货单位补付的款项
期末余额:企业已转销但尚未收取的款项	期末余额:企业预收的款项

小知识

预收账款情况不多的,也可以不设置本账户,将预收的款项直接记入“应收账款”账户。

(九)“应收票据”账户

性质:资产类账户。

核算内容:用以核算企业因销售商品、提供劳务等而收到的商业汇票,包括银行承兑汇票和商业承兑汇票。

明细账户：可按开出、承兑商业汇票的单位设置明细账户。

账户结构：

借方　　应收票据	贷方
期初余额： 因销售商品而收到的票据的票面金额	票据到期收回的票面金额
期末余额：企业持有的商业汇票的票面金额	

三、销售过程业务的核算实例

仍以宏达公司20×3年12月份发生的经济业务为例，说明销售过程业务的核算。

企业在销售商品时，一般会发生商品已发出而且货款已收到、商品已发出但货款尚未收到或已收到商业票据、商品尚未发出但货款先预收的不同情况。

(一)主营业务收入的核算

企业销售商品或提供劳务实现的收入，应按实际收到、应收或者预收的金额，借记"银行存款""应收账款""应收票据""预收账款"等科目，按确认的营业收入，贷记"主营业务收入"科目。

对于增值税销项税额，一般纳税人应贷记"应交税费——应交增值税(销项税额)"科目；小规模纳税人应贷记"应交税费——应交增值税"科目。

【例5-24】12月3日，宏达公司向佳佳百货公司出售一批产品，增值税专用发票上注明A产品600件，每件售价100元，计60 000元，增值税额7 800元；B产品销售800件，每件售价80元，计64 000元，增值税税额为8 320元，增值税税率为13%，产品已经发出，款项收到并存入银行存款户。

该项经济业务发生后，会计人员应编制如下会计分录：

借：银行存款　　140 120
　　贷：主营业务收入——A产品　　60 000
　　　　　　　　　　——B产品　　64 000
　　　　应交税费——应交增值税(销项税额)　　16 120

【例5-25】12月7日，宏达公司向天天百货公司出售一批产品，增值税专用发票上注明A产品800件，每件售价100元，计80 000元，增值税税率为13%，增值税额10 400元，产品已经发出，货款尚未收到，但已办妥托收承付手续。

该项经济业务发生后，会计人员应编制如下会计分录：

借：应收账款——天天百货公司　　90 400
　　贷：主营业务收入——A产品　　80 000
　　　　应交税费——应交增值税(销项税额)　　10 400

【例5-26】12月12日，宏达公司向广客隆超市出售一批产品，增值税专用发票上注明B产品1 200件，每件售价80元，计96 000元，增值税税率为13%，增值税额为12 480元，收到广客隆超市开出的银行承兑汇票一张,票面金额为108 480元。

该项经济业务发生后,会计人员应编制如下会计分录:

借:应收票据——广客隆超市　108 480
　贷:主营业务收入——B产品　96 000
　　应交税费——应交增值税(销项税额)　12 480

【例5-27】12月12日,宏达公司按合同规定预收永丰公司订购A产品的货款80 000元,已存入银行。

该项经济业务发生后,会计人员应编制如下会计分录:

借:银行存款　80 000
　贷:预收账款——永丰公司　80 000

【例5-28】12月15日,宏达公司按合同规定向永丰公司发出A产品1 500件,增值税专用发票上注明单价100元,货款150 000元,增值税19 500元,价款已在12月12日预收。

该项经济业务发生后,会计人员应编制如下会计分录:

借:预收账款——永丰公司　169 500
　贷:主营业务收入——A产品　150 000
　　应交税费——应交增值税(销项税额)　19 500

【例5-29】12月15日,宏达公司收到永丰公司购买的A产品余款计89 500元,已存入银行。

该项经济业务发生后,会计人员应编制如下会计分录:

借:银行存款　89 500
　贷:预收账款——永丰公司　89 500

【例5-30】12月20日,宏达公司收回天天百货公司所欠货款90 400元,并存入银行存款户。

该项经济业务发生后,会计人员应编制如下会计分录:

借:银行存款　90 400
　贷:应收账款——天天百货公司　90 400

(二)主营业务成本的核算

期(月)末,企业应根据本期(月)销售各种商品、提供各种劳务等实际成本,计算应结转的主营业务成本,借记"主营业务成本"科目,贷记"库存商品"科目。

【例5-31】12月31日,宏达公司在月末结转已销售的A、B产品的销售成本。本月共销售A产品2 900件,B产品2 000件,A产品单位成本为40元,B产品单位成本为38元。

该项经济业务发生后,会计人员应编制如下会计分录:

借:主营业务成本——A产品　116 000
　　　　　　　——B产品　76 000
　贷:库存商品——A产品　116 000
　　　　　　——B产品　76 000

(三)其他业务收入与成本的核算

主营业务和其他业务的划分并不是绝对的,一个企业的主营业务可能是另一个企业的其他业务,即便在同一个企业,不同期间的主营业务和其他业务的内容也不是固定不变的。

当企业发生其他业务收入时，借记“银行存款”“应收账款”“应收票据”等科目，按确定的收入金额，贷记“其他业务收入”科目，同时确认有关税金；在结转其他业务收入的同一会计期间，企业应根据本期应结转的其他业务成本金额，借记“其他业务成本”科目，贷记“原材料”“累计折旧”“应付职工薪酬”等科目。

企业比较常见的其他业务除销售原材料外，还有转让商标的使用权、出租固定资产、出租包装物等。

【例 5-32】12 月 12 日，宏达公司向友联公司出售一批甲材料 200 千克，单价为 35 元，增值税专用发票注明的售价为 7 000 元，增值税税额为 910 元，款项已由银行收妥。

该项经济业务发生后，会计人员应编制如下会计分录：

借：银行存款　　7 910
　贷：其他业务收入——甲材料　　7 000
　　应交税费——应交增值税（销项税额）　　910

【例 5-33】12 月 31 日，宏达公司结转上述已售原材料的销售成本计 4 000 元。

该项经济业务发生后，会计人员应编制如下会计分录：

借：其他业务成本　　4 000
　贷：原材料——甲材料　　4 000

（四）销售费用的核算

【例 5-34】12 月 15 日，宏达公司为宣传新产品发生广告费 2 000 元，以银行存款支付。

该项经济业务发生后，会计人员应编制如下会计分录：

借：销售费用　　2 000
　贷：银行存款　　2 000

（五）税金及附加的核算

【例 5-35】12 月 31 日，经查宏达公司上月应交税费——应交增值税额为 0，本月“应交税费——应交增值税”账户借方栏“进项税额”为 25 651 元，贷方栏“销项税额”为 59 410 元，抵扣后本月增值税额为 33 759 元，无其他应交税费、应交增值税明细项目及抵税项目，也没有消费税。因此按应交增值税额的 7%计提本月的城市维护建设税，按 3%计提教育费附加。

城市维护建设税和教育费附加是以企业缴纳的增值税、消费税税额为依据所征收的附加税费，分别用于城市的公用事业和公共设施的维护建设及教育支出。

借方	应交税费—	—应交增值税			贷方
进项税额：	5-6：	9 100	期初余额	0	
	5-7：	3 900	销项税额：	5-24：	16 120
	5-8：	1 950		5-25：	10 400
	5-9：	2 645		5-26：	12 480
	5-12：	3 510		5-28：	19 500
	5-13：	4 546		5-32：	910
本期减少发生额：		25 651	本期增加发生额：		59 410
			期末余额：		33 759

(1)计算应交城市维护建设税和教育费附加:

应交城市维护建设税 = 33 759 × 7% = 2 363.13(元)

应交教育费附加 = 33 759 × 3% = 1 012.77(元)

(2)该项经济业务发生后,会计人员应编制如下会计分录:

借:税金及附加	3 375.9
贷:应交税费——应交城市维护建设税	2 363.13
——应交教育费附加	1 012.77

思考题

下月初,企业用银行存款向税务部门缴纳城市维护建设税和教育费附加时,会计人员应如何编制会计分录?

第六节 利润形成及分配业务的核算

一、利润形成和分配业务概述

企业通过产品的生产和销售,只要收入大于成本费用,就会形成利润;实现的利润可以用来向投资者分配,作为其投资回报,也可以留在企业用于扩大再生产。按照会计分期的前提,尽管企业的生产经营活动是持续不断进行的,但为及时向投资者、债权人等信息使用者提供决策所需的信息,企业必须按期计算其生产经营过程中形成的利润或损失。这就要求企业定期将生产经营过程中发生的费用和与其相关的收入相配比,将收入和费用各账户的发生额结转到本年利润中,以确定每一会计期间的盈亏。

利润是指企业一定期间的经营成果,在量上表现为收入抵减费用后的余额以及直接计入当期利润的利得和损失,在质上表现为企业净资产的增加或减少。

(一)利润形成

一定会计期间的利润包括收入减去费用后的净额、直接计入当期损益的利得和损失等。利润主要由营业利润、利润总额和净利润三个层次构成。

1. 营业利润

营业利润是企业日常生产经营活动所获得的利润,是企业利润总额的主要来源,其计算公式如下:

营业利润 = 营业收入 - 营业成本 - 税金及附加 - 销售费用 - 管理费用 - 研发费用 - 财务费用 - 资产减值损失 - 信用减值损失 + 其他收益 + 投资收益(- 投资损失) + 公允价值变动收益(- 公允价值变动损失) + 资产处置收益(- 资产处置损失)

其中,

营业收入 = 主营业务收入 + 其他业务收入

营业成本 = 主营业务成本 + 其他业务成本

小知识

(1)资产减值损失:是指企业根据资产减值等准则计提各项资产减值准备所形成的损失。

(2)公允价值变动收益(损失):是指企业交易性金融资产等公允价值变动形成的应计入当期损益的利得或损失。

(3)信用减值损失:反映企业按照《企业会计准则第22号——金融工具确认和计量》的要求计提的各项金融工具信用减值准备所确认的信用损失。

(4)资产处置收益(损失):反映企业出售划分为持有待售的非流动资产(金融工具、长期股权投资和投资性房地产除外)或处置组(子公司和业务除外)时确认的处置利得或损失,以及处置未划分为持有待售的固定资产、在建工程、生产性生物资产及无形资产而产生的处置利得或损失。

2. 利润总额

利润总额,又称税前利润,是营业利润加上营业外收入减去营业外支出后的金额,其计算公式如下:

利润总额 = 营业利润 + 营业外收入 - 营业外支出

3. 净利润

净利润,又称税后利润,是利润总额扣除所得税费用后的净额,其计算公式如下:

净利润 = 利润总额 - 所得税费用

(二)利润分配

利润分配是指企业根据国家有关规定和企业章程、投资者协议等,对企业当年可供分配利润指定特定用途和分配给投资者的行为。

企业在利润分配前,应根据企业当年净利润(或亏损)与年初未分配利润(或亏损)、其他转入的金额(如盈余公积弥补的亏损)等项目,计算可供分配的利润,即:

可供分配的利润 = 当年实现的净利润(或亏损) + 年初未分配利润(或 - 弥补以前年度的亏损) + 其他转入的金额

如果可供分配的利润为负数(即累计亏损),则不能进行后续分配;如果可供分配利润为正数(即累计盈利),则可进行后续分配。

因此,企业向投资者分配利润,应按下列顺序进行:

1. 弥补以前年度亏损

根据相关制度规定,企业当年发生的亏损,可在5年内用税前利润弥补,超过5年的,则不能再用税前利润弥补,只能用税后利润弥补。

2. 提取法定盈余公积

按照《公司法》的有关规定,公司应当按照当年净利润(抵减年初累计亏损后)的10%提取法定盈余公积,提取的法定盈余公积累计额超过注册资本50%以上的,可以不再提取。

3. 提取任意盈余公积

公司提取法定盈余公积后,经股东会或者股东大会决议,还可以从净利润中提取任意盈余公积。

4. 向投资者分配利润(或股利)

企业可供分配的利润扣除提取的盈余公积后,形成可供投资者分配的利润。

二、利润形成和分配业务应设置的账户

(一)核算利润的形成应设置的账户

为了核算企业利润的形成,通常设置以下账户:

1."本年利润"账户

(1)性质:所有者权益类账户。

(2)核算内容:用以核算企业当期实现的净利润(或发生的净亏损)。特别注意:年度终了,应将本年收入和支出相抵后结算出的本年实现的净利润,转入"利润分配"账户,结转后该账户无余额。

(3)账户结构:

借方 本年利润	贷方
	期初余额:
②损益类账户中各成本费用或支出类账户期末转入数	①损益类账户中各收益类账户期末转入数
期末余额: ⑤当期实现的净亏损 ⑥将年实现的净利润转入"利润分配"账户	期末余额: ③当期实现的净利润 ④将年实现的净亏损转入"利润分配"账户

2."所得税费用"账户

(1)性质:损益类账户。

(2)核算内容:用以核算企业确认的应从当期利润总额中扣除的所得税费用。

(3)账户结构:

借方 所得税费用	贷方
企业按税法规定的应纳税所得额计算的所得税费用额	企业期末转入"本年利润"账户的所得税费用额

3."投资收益"账户

(1)性质:损益类账户。

(2)核算内容:用以核算企业确认的投资收益或投资损失。

(3)明细账户:可按投资项目设置明细账户。

(4)账户结构:

借方 投资收益	贷方
③发生的投资损失 ④期末转入"本年利润"账户的投资净收益	①实现的投资收益 ②期末转入"本年利润"账户的投资净损失

4."营业外收入"账户

(1)性质:损益类账户。

(2)核算内容:用以核算企业发生的与其经营活动无直接关系的各项营业外收入的实现与结转,主要包括非流动资产毁损报废利得、罚没利得、政府补助利得、确实无法支付而按规定程序经批准后转作营业外收入的应付款项等。

(3)明细账户:可按营业外收入项目设置明细账户。

(4)账户结构:

借方 营业外收入	贷方
期末转入"本年利润"账户的营业外收入	发生的各项营业外收入

5."营业外支出"账户

(1)性质:损益类账户。

(2)核算内容:用以核算企业发生的与其经营活动无直接关系的各项净支出,包括处置非流动资产毁损报废损失、罚款支出、捐赠支出、非常损失等。

(3)明细账户:可按营业外支出项目设置明细账户。

(4)账户结构:

借方 营业外支出	贷方
发生的各项营业外支出	期末转入"本年利润"账户的营业外支出

(二)利润分配的核算应设置的账户

为了核算企业利润的分配,通常设置以下账户:

1."利润分配"账户

(1)性质:所有者权益类账户。

(2)核算内容:用以核算企业利润的分配(或亏损的弥补)和历年分配(或弥补)后的积存余额。

(3)明细账户:可分别按"提取法定盈余公积""提取任意盈余公积""应付现金股利或利润""转作股本的股利""盈余公积补亏""未分配利润"等设置明细账户。

(4)账户结构：

借方　　　　利润分配	贷方
期初余额：	期初余额：
③从"本年利润"账户转入的净亏损数额	①从"本年利润"账户转入的净利润数额
④实际分配的利润额(包括提取的盈余公积和分配给投资者的利润)	②弥补亏损的数额
期末余额： ⑥历年累积的未弥补亏损	期末余额： ⑤历年累积的未分配利润

2."应付股利"账户

(1)性质:负债类账户。

(2)核算内容:用以核算企业分配的现金股利或利润。

(3)明细账户:可按投资者设置明细账户。

(4)账户结构：

借方　　　　应付股利	贷方
	期初余额：
实际支付给投资者的利润或现金股利	应付给投资者的利润或现金股利
	期末余额:企业应付未付的利润或现金股利

三、利润形成和分配业务的核算实例

仍以宏达公司20×3年12月份发生的经济业务为例,说明利润形成和分配业务的财务处理。

(一)利润形成的核算

【例5-36】12月31日,宏达公司收到债权投资分期付息的国债利息收入30 000元,并划入公司银行账户。

分析:该项经济业务发生后,会计人员应编制如下会计分录：

借:银行存款　　30 000

　　贷:投资收益　　30 000

【例5-37】12月31日,由于客户方达公司违反合同规定,宏达公司向其索赔,取得罚款收入20 000元,存入银行。

分析:该项经济业务发生后,会计人员应编制如下会计分录：

借:银行存款　　20 000

　　贷:营业外收入　　20 000

【例5-38】12月31日,宏达公司以银行存款8 000元捐赠某希望小学。

分析:该项经济业务发生后,会计人员应编制如下会计分录:

借:营业外支出　8 000

　贷:银行存款　8 000

【例 5-39】12 月 31 日,宏达公司结转 12 月份损益类账户至“本年利润”账户。

分析:(1)承例 5-1 至例 5-38 资料,计算得到宏达公司 12 月份各项收入、利得类科目结转前账户余额如表 5-7 所示。

表 5-7　**20×3 年损益类科目 12 月累计发生额**　单位:元

账户名称	贷方发生额
主营业务收入	450 000
其他业务收入	7 000
投资收益	30 000
营业外收入	20 000
合计	507 000

根据以上资料,会计人员应编制如下会计分录:

借:主营业务收入　450 000

　其他业务收入　7 000

　投资收益　30 000

　营业外收入　20 000

　贷:本年利润　507 000

(2)承例 5-1 至例 5-38 资料,计算得到宏达公司 12 月份除“所得税费用”科目外各费用、损失类账户结转前账户余额如表 5-8 所示。

表 5-8　**20×3 年损益类科目 12 月累计发生额**　单位:元

账户名称	借方发生额
主营业务成本	192 000
其他业务成本	4 000
税金及附加	3 375.9
管理费用	36 020
财务费用	200
销售费用	21 950
营业外支出	8 000
合计	265 545.90

根据以上资料,会计人员应编制如下会计分录:

借:本年利润　265 545.90

　贷:主营业务成本　192 000

　　其他业务成本　4 000

税金及附加 3 375.9

管理费用 36 020

财务费用 200

销售费用 21 950

营业外支出 8 000

【例 5-40】承例 5-39，20×3 年 12 月 31 日，计算宏达公司 12 月份的利润总额；假定利润总额与应纳税所得额一致，请计算本月应交所得税和结转本月的所得税费用，并求出本月的净利润。宏达公司适用的企业所得税税率为 25%。

分析：

12 月份的利润总额 = 507 000 - 265 545.90 = 241 454.10(元)

12 月份应交的企业所得税税额 = 241 454.10 × 25% = 60 363.53(元)

12 月份的公司净利润 = 240 527 - 60 131.75 = 181 090.57(元)

根据以上计算结果，会计人员应编制如下会计分录：

借：所得税费用 60 363.53

　贷：应交税费——应交所得税 60 363.53

同时将所得税费用结转到“本年利润”科目：

借：本年利润 60 363.53

　贷：所得税费用 60 363.53

（二）利润分配的核算

1. 净利润转入利润分配

年末，企业应将当年实现的净利润转入“利润分配——未分配利润”科目，即借记“本年利润”科目，贷记“利润分配——未分配利润”科目，如为净亏损，则做相反会计分录。

结转前，如果“利润分配——未分配利润”明细科目的余额在借方，则上述结转当年所实现净利润的分录，同时反映了当年实现的净利润自动弥补以前年度亏损的情况。因此，在用当年实现的净利润弥补以前年度亏损时，不需另行编制会计分录。

2. 提取盈余公积

企业提取的法定盈余公积，借记“利润分配——提取法定盈余公积”科目，贷记“盈余公积——法定盈余公积”科目；提取的任意盈余公积，借记“利润分配——提取任意盈余公积”科目，贷记“盈余公积——任意盈余公积”科目。

3. 向投资者分配利润或股利

企业根据股东大会或类似机构审议批准的利润分配方案，按应支付的现金股利或利润，借记“利润分配——应付现金股利”科目，贷记“应付股利”等科目；以股票股利转作股本的金额，借记“利润分配——转作股本股利”科目，贷记“股本”等科目。

董事会或类似机构通过的利润分配方案中拟分配的现金股利或利润，不做账务处理，但应在附注中披露。

4. 企业未分配利润的形成

年度终了，企业应将“利润分配”科目所属其他明细科目的余额转入该科目“未分配利润”明细科目，即借记“利润分配——未分配利润”科目，贷记“利润分配——提取法定盈余公积”“利润分配——提取任意盈余公积”“利润分配——应付现金股利”“利润分配——转作股本股利”等科目。

结转后,“利润分配”科目中除“未分配利润”明细科目外,所属其他明细科目无余额。“未分配利润”明细科目的贷方余额表示累积未分配的利润,该科目如果出现借方余额,则表示累积未弥补的亏损。

【例 5-41】假定宏达公司 20×3 年初“利润分配——未分配利润”账户的余额为1500 000元(贷方),20×3 年 1~11 月累计的净利润 1 649 305.43 元,即 12 月 1 日“本年利润”账户月初余额为 1 649 305.43 元。由例 5-40 知,20×3 年 12 月末公司实现的净利润为181 090.57 元,因此 20×3 年全年实现的净利润为 1 830 396 元。年末分配资料和其账务处理如下:

(1)年终将本年净利润 1 830 396 元转入“利润分配——未分配利润”账户,会计分录如下:

借:本年利润　　1 830 396

　贷:利润分配——未分配利润　　1 830 396

(2)按净利润的 10%提取法定盈余公积金:

法定盈余公积金的提取额 = 1 830 396 × 10% = 183 039.60(元)

该项经济业务发生后,会计人员应编制如下会计分录:

借:利润分配——提取法定盈余公积　　183 039.60

　贷:盈余公积——法定盈余公积　　183 039.60

(3)按净利润的 5%提取任意盈余公积金:

任意盈余公积金的提取额 = 1 830 396 × 5% = 91 519.80(元)

该项经济业务发生后,会计人员应编制如下会计分录:

借:利润分配——提取任意盈余公积　　91 519.80

　贷:盈余公积——任意盈余公积　　91 519.80

(4)向投资者分配现金股利 900 000 元:

该项经济业务发生后,会计人员应编制如下会计分录:

借:利润分配——应付现金股利　　900 000

　贷:应付股利　　900 000

(5)结转已分配利润,将“利润分配”有关明细账户的余额,转入“利润分配——未分配利润”账户:

借:利润分配——未分配利润　　1 174 559.40

　贷:利润分配——提取法定盈余公积　　183 039.6

　　　　　　——提取任意盈余公积　　91 519.8

　　　　　　——应付现金股利　　900 000

根据对上述业务的核算,宏达公司 2022 年年终结算后“利润分配——未分配利润”账户期末余额为:

1 500 000 + 1 830 396 - 1 174 559.4 = 2 155 836.6(元)

即该公司本年度还有 2 155 836.6 元利润尚未分配。

章节实务题

实训任务一:资金筹集业务的核算。

资料1:利达有限公司20×4年1月发生以下经济业务:

1. 企业收到海洋公司投资200 000元,存入银行。

2. 企业收到远东公司投入全新的设备一台,价值150 000元,双方协商占利达公司注册资本120 000元。

3. 企业收到北海公司投入本公司商标权一项,投资双方确认的价值为200 000元。

4. 经批准,以资本公积50 000元转增资本,同时将盈余公积100 000元转增资本。

5. 企业向银行借入期限6个月的借款150 000元,用于购买材料,款项已存入银行。

6. 企业向银行借入3年期借款800 000元,款项存入银行。

7. 企业购进不需安装的设备1台,增值税专用发票上记载的价款为80 000元,增值税额10 400元,另支付装卸费500元,所有款项均以银行存款支付。

【要求】根据上述资料编制会计分录。

资料2:(短期借款的核算综合题)美联公司于20×4年1月1日向银行借入一笔生产经营用短期借款,共计800 000元,期限为6个月,年利率为6%。根据与银行签署的借款协议,该项借款本金到期后一次归还;利息分月预提,按季支付。

1. 1月1日,借入短期借款。

2. 1月31日,计提本月利息。

3. 2月28日,计提本月利息。

4. 3月31日,支付第一季度利息费用。

5. 4月30日,计提本月利息。

6. 5月31日,计提本月利息。

7. 6月30日,支付第二季度利息费用同时归还本金。

【要求】根据上述资料编制会计分录。

实训任务二:供应过程业务的核算

资料:长江公司20×3年12月发生以下经济业务:

1. 12月3日,从志远工厂购入甲材料15 000千克,增值税专用发票列明货款75 000元,增值税额9 750元,款项以银行存款支付,材料已验收入库。

2. 12月4日,从东方工厂购进乙材料20 000千克,增值税专用发票列明货款60 000元,增值税额7 800元,款项尚未支付,材料已验收入库。

3. 12月10日,企业以银行存款支付上述购买东方工厂乙材料款项67 800元。

4. 12月11日,从新华工厂购进丙材料8 000千克,增值税专用发票列明货款56 000元,增值税额7 280元,企业开出期限为3个月的不计息的商业承兑汇票一张,材料已经验收入库。

5. 12月14日,从东方工厂购进乙材料10 000千克,增值税专用发票列明货款30 000

元,增值税额 3 900 元,另支付运输费,取得增值税专用发票上注明运费 1 000 元,增值税 90 元。款项用银行存款支付,材料尚未到达。

6. 12 月 16 日,从东方工厂购进的乙材料已运到,并验收入库。

7. 12 月 18 日,根据合同规定,以银行转账支票预付志远工厂采购甲材料款 10 000 元。

8. 12 月 22 日,收到上述志远工厂发来的甲材料,增值税专用发票上列明货款为 30 000 元,增值税额为 3 900 元, 甲材料已验收入库。

9. 12 月 25 日,企业开出转账支票补付志远工厂的货款 23 900 元。

10. 12 月 27 日,从东方工厂购入甲、丙两种材料,增值税专用发票上列明:甲材料 6 000 千克,价款 30 000 元,丙材料 3 000 千克,价款为 21 000 元,增值税额合计 6 630 元。东方工厂代垫的两种材料共同负担的不含增值税的运费为 900 元,增值税额 81 元 。价款、运费及税费全部以银行存款支付,两种材料尚未运到。公司规定按甲、丙两种材料的重量分配运费。

11. 12 月 30 日,上述购进甲、丙材料到达公司并验收入库,结转上述入库材料的采购成本。

【要求】根据上述资料编制会计分录。

实训任务三:生产过程业务的核算

资料:长江公司 20×3 年 12 月发生以下经济业务:

1. 12 月 12 日,从仓库领用甲材料、乙材料、丙材料,用以生产 A、B 产品和其他一般耗用。“材料领料单”如表 5-9 所示。

表 5-9 **材料领料单**

用途	甲材料		乙材料		丙材料		合计金额(元)
	数量(千克)	金额(元)	数量(千克)	金额(元)	数量(千克)	金额(元)	
生产 A 产品	1 200	6 000	2 000	6 000	800	5 600	17 600
生产 B 产品	1 000	5 000	1 500	4 500	700	4 900	14 400
生产车间一般耗用	100	500	200	600	100	700	1 800
行政管理部门耗用	40	200	100	300	50	350	850
合计	2 340	11 700	3 800	11 400	1 650	11 550	34 650

2. 12 月 13 日,从银行提取现金 50 000 元,以备发放上月工资。

3. 12 月 15 日,用现金 50 000 元发放上月工资。

4. 12 月 16 日,以现金 350 元购买厂部办公用品。

5. 12 月 17 日,以现金 200 元购买车间办公用品。

6. 12 月 20 日,以现金预付采购员吴明差旅费 800 元。

7. 12 月 24 日,吴明出差归来,报销差旅费 600 元,交回现金 200 元。

8. 12 月 31 日,以银行存款支付本月水电费 2 200 元,其中属于生产车间使用的水电费 1 500 元,属于行政管理部门使用的水电费 700 元。

9. 12 月 31 日,按规定计提本月固定资产折旧费 28 540 元,其中,生产车间使用的固定资产应计提折旧费 18 540 元,企业行政管理部门使用的固定资产应计提折旧费 10 000 元。

10. 12 月 31 日,根据考勤记录和有关资料计算分配职工工资,编制"职工工资分配汇总表"如表 5-10 所示。

表 5-10　　职工工资分配汇总表

项目	工资合计(元)
生产 A 产品工人	25 080
生产 B 产品工人	18 240
小计	43 320
车间管理人员	4 560
行政管理人员	9 120
合计	57 000

11. 按生产工人工资比例分配本期发生的制造费用。结果填入表 5-11。

表 5-11　　制造费用分配表　　单位:元

产品名称	生产工人工资	分配率	分配金额
A 产品	25 080		15 399.12
B 产品	18 240		11 200.88
合计	43 320	0.614	26 600

注:分配率取 4 位小数。

12. 12 月 31 日,结转本月完工入库 A、B 产品生产成本,A 产品 968 件,单位成本 60 元,总成本 58 079.12 元;B 产品 1 096 件,单位成本 40 元,总成本 43 840.88 元。月初 A、B 产品没有期初在产品,月末 A、B 产品全部完工并验收入库,结转完工入库产品的生产成本。

【要求】根据上述资料编制会计分录。

实训任务四:销售过程业务的核算

资料:科贸公司 20×3 年 12 月发生以下经济业务:

1. 12 月 5 日,销售给丰华公司产品一批,增值税专用发票上注明:A 产品 500 件,每件售价 200 元,计 100 000 元;B 产品 300 件,每件售价 500 元,计 150 000 元,增值税税额 32 500 元,产品已经发出,款项已收到并存入银行。

2. 12 月 8 日,以银行存款支付广告费 2 000 元。

3. 12 月 10 日,销售给星海公司产品一批,增值税专用发票上注明 A 产品 600 件,每件售价 200 元,计 120 000 元,增值税税额 15 600 元,产品已经发出,款项暂未收到。

4. 12 月 13 日,以银行存款支付汇兑手续费 500 元。

5. 12 月 16 日,销售给大华公司产品一批,增值税专用发票上注明 B 产品 400 件,每件售价 500 元,计 200 000 元,增值税税额 26 000 元,产品已经发出,收到期限为 4 个月、票面金额为 226 000 元的银行承兑汇票一张。

6. 12 月 17 日,按合同规定预收长江公司订购 A 产品的货款 50 000 元,款项存入银行。

7. 12 月 19 日,按合同规定向长江公司发出 A 产品 500 件,增值税专用发票上注明每件售价 200 元,货款 100 000 元,增值税 13 000 元,价款已在 12 月 17 日预收。

8. 12 月 20 日,收到上述长江公司购买的 A 产品余款 63 000 元,款项存入银行。

9. 12 月 21 日,收到星海公司所欠货款 135 600 元,款项存入银行。

10. 12 月 25 日,销售给盛华公司甲材料一批,增值税专用发票注明数量 2 700 千克,每千克售价 20 元,计 54 000 元,增值税税额 7 020 元,款项已存入银行。

11. 12 月 25 日,结转上述已销甲材料的成本 40 000 元。

12. 12 月 31 日,结转本月已销产品的成本,其中,A 产品每件 130 元,B 产品每件 350 元。

13. 12 月 31 日,经查本月"应交税费——应交增值税"账户借方栏"进项税额"为 38 880 元,贷方"销项税额"为 94 120 元,抵扣后本月应交增值税税额为 55 240 元,按应交增值税额的 7%计提本月的城市维护建设税,按 3%计提教育费附加。

【要求】根据上述资料编制会计分录。

实训任务五:利润形成与分配业务的核算

资料 1:接实训任务四

1. 12 月 31 日,收到其他被投资单位茂南公司分来的利润 28 000 元,存入银行。

2. 12 月 31 日,以银行存款 30 000 元捐赠希望工程。

3. 12 月 31 日,收到客户方南方公司的违约金 10 000 元,存入银行。

4. 12 月 31 日,将各项收入类、费用类账户余额转入"本年利润"。(备注:"管理费用"账户借方发生额合计为 21 620 元)

5. 12 月 31 日,计算并结转本月的所得税费用,适用的企业所得税税率为 25%。

6. 12 月 31 日,将所得税费用转入"本年利润"账户。

7. 假定 12 月 1 日"本年利润"账户月初余额为 1 151 983 元,是 1~11 月累计的净利润,将本年净利润转入"利润分配——未分配利润"账户。

8. 12 月 31 日,按全年实现净利润的 10%提取法定盈余公积金。

9. 12 月 31 日,按全年实现净利润的 5%提取任意盈余公积金。

10. 12 月 31 日,向投资者分配利润 80 000 元。

11. 将"利润分配"有关明细账户的余额,转入"利润分配——未分配利润"账户。

【要求】根据上述资料编制会计分录。

资料 2:(利润分配的核算)利达公司 2022 年年初"利润分配——未分配利润"账户的贷方余额为 300 000 元,本年实现净利润为 2 235 000 元,年末未分配利润资料如下:

1. 年末,将全年累计实现的净利润 2 235 000 元转入"利润分配——未分配利润" 账户。

2. 年末,按全年净利润的 10%提取法定盈余公积金。

3. 年末,按全年净利润的 20%提取任意盈余公积金。

4. 年末,经研究决定向投资者分配利润 1 200 000 元。

5. 年末,结转已分配利润,将"利润分配"有关明细账户数额转入"利润分配——未分配利润"账户。

6. 写出年末未分配利润的计算结果。

【要求】根据上述资料编制1~5小题会计分录,并计算出第6小题的结果。

第六章　会计凭证

【学习目标】

▶ 知识目标 ◀

1. 了解会计凭证的概念与作用。
2. 了解会计凭证的传递。
3. 熟悉原始凭证与记账凭证的种类。
4. 熟悉会计凭证的保管。
5. 掌握原始凭证与记账凭证的审核。
6. 掌握记账凭证填制的基本方法和程序，能够正确、规范地填制各类记账凭证。

▶ 能力目标 ◀

1. 提高实际动手操作能力和解决问题能力。
2. 能够独立完成原始凭证和记账凭证的填制工作。

▶ 素养目标 ◀

1. 培养学生对会计工作的热爱和责任感，树立正确的职业观和价值观。
2. 培养学生严谨细致的工作态度和职业素养，确保原始凭证和记账凭证填制的准确性和完整性。
3. 增强学生的法律意识和法治观念，严格遵守国家的财经法规和会计准则。

第一节　会计凭证概述

一、会计凭证的概念

会计凭证是指记录经济业务发生或者完成情况的书面证明，是登记账簿的依据。

会计主体发生的每一项经济业务，都要由执行或完成该项经济业务的有关人员通过凭证来接收、记录经济业务的内容、数量和金额等信息，并在凭证上签名或盖章，以对经济业务的合法性和凭证的真实性、准确性负责。会计凭证还必须经过有关人员审核无误并确认后，才可以将凭证上记录的经济业务数据记入账簿。

会计凭证的填制和审核作为会计核算工作的起点，是会计核算的基础工作，也是会计核算的基本方法之一，对于保证会计信息的客观性、真实性、完整性，如实反映和有效监督企业的经济业务具有十分重要的作用，主要体现在以下几个方面：

(1)反映经济业务，提供记账依据。通过取得或填制会计凭证，可以全面接收并记录企业日常发生的经济业务的信息，为登记账簿提供必要的依据。

(2)检查、监督经济活动。通过审核会计凭证，可以检查和监督企业所发生的经济业务是否合理、合法、合规，以保证企业财产的安全和合理使用，保证财务计划和财政制度的贯彻执行，充分发挥会计的监督作用。

(3)明确经济责任。通过认真填制和审核凭证，可以明确有关部门、有关人员在处理经济业务中的责任，加强经济责任制。

会计凭证按照填制程序和用途可分为原始凭证和记账凭证。下面分别介绍。

二、原始凭证概述

(一)原始凭证的概念

原始凭证，又称单据，是指在经济业务发生或完成时取得或填制的，用以记录或证明经济业务的发生或完成情况的原始凭据。原始凭证是进行会计核算的原始资料和重要的证明文件。会计人员对不真实、不合法的原始凭证不予受理，对记载不正确、不完整的原始凭证可以要求更正、补充。

(二)原始凭证的种类

原始凭证可以按照取得来源、格式、填制的手续和内容进行分类。

1. 按取得的来源分类

原始凭证按照取得的来源可分为自制原始凭证和外来原始凭证。

(1)自制原始凭证。自制原始凭证是指由本单位有关部门和人员，在执行或完成某项经济业务时填制的，仅供本单位内部使用的原始凭证。如本企业在对外销售商品时所开具的销货发票(见图6-1)、采购员出差前借款时填写的借款单(见图6-2)、仓库保管人员在验收材料入库时填制的“收料单”(见图6-3)、产品出入库的产品入库单、产品出库单、“差旅费报销单”、工资发放明细表(见表6-1)等。

电子发票(增值税专用发票)　　发票号码：23442000000012345602

国家税务总局 广东省税务局　　开票日期：2024年04月03日

购买方信息	名称：佛山友邦连锁服装公司 统一社会信用代码/纳税人识别号：22070330839456	销售方信息	名称：肇庆华丽服装有限公司 统一社会信用代码/纳税人识别号：32070330839123

项目名称	规格型号	单位	数量	单价	金额	税率/征收率	税额
男T恤		件	2000	80.00	160000.00	13%	20800.00
合　计					¥160000.00		¥20800.00
价税合计（大写）	⊗壹拾捌万零捌佰圆整				（小写）¥180800.00		
备注							

开票人：刘英

图6-1

借 款 单

资金性质：库存现金 2024 年 4 月 08 日

部 门	行政办公室		借款事由	公差	
借款金额	金额（大写）	⊗贰仟元整		¥2 000.00	
批准金额	金额（大写）	⊗贰仟圆整		¥2 000.00	
主管领导	张华	财务主管	刘新	借款人	李英

图 6-2

收 料 单

供货单位：肇庆华丽服装有限公司

发票号码：20240501

材料类别：原料及主要材料 2024 年 04 月 02 日 收料仓库：1

材料编号	名称	规格	计量单位	数量		实际成本					备注
				应收	实收	买价 单价	买价 金额	运杂费	其他	合计	
01	单色纯棉面料	95%棉+5%氨纶	米	2 000	2 000	12	24 000			24 000	
02	条纹纯棉面料	92%棉+8%氨纶	米	1 000	1 000	15	15 000			15 000	
									合计	39 000	

仓库保管：龙良 验收：龙良 仓库主管：李飞

图 6-3

表 6-1 长江机械公司生产车间工资计算明细表

2024 年 1 月 单位:元

编号	姓名	工序	单位计件工资	工作量	计件工资	奖金	津贴补贴	病事假扣款	应付工资
001	张湖	注塑	0.05	25 000	1 250.00	150.00	30.00		1 430.00
002	李钢	注塑	0.05	25 000	1 250.00	150.00	30.00		1 430.00
003	冯君	注塑	0.05	25 000	1 250.00	150.00	30.00		1 430.00
004	周良	注塑	0.05	15 000	750.00	150.00	30.00		930.00
005	李勇	注塑	0.05	15 000	750.00	150.00	30.00		930.00
006	王攻	注塑	0.05	15 000	750.00	150.00	30.00		930.00
007	陈峰	组装	0.07	20 000	1 400.00	150.00	30.00		1 580.00
008	田锅	组装	0.07	21 000	1 470.00	150.00	30.00		1 650.00
009	李超	组装	0.07	20 000	1 400.00	150.00	30.00		1 580.00
010	张飞	组装	0.09	21 000	1 890.00	150.00	30.00		2 070.00
略	略	略	略	略	略	略	略	略	略
合计					22 330.00	2 250.00	450.00		25 030.00

(2)外来原始凭证。外来原始凭证是指在经济业务发生或完成时,从其他单位或个人直接取得的原始凭证。如购货方外购商品时取得的由售货单位开具的发票(增值税专用发票的记账联见本章第二节图 6-6,普通发票见本章第二节图 6-4);发运商品时取得的由运输

部门开具的运输单据,职工出差时取得的汽车票、飞机票等。

不论是外来凭证还是自制凭证,只要能证明经济业务已经执行或已经完成,经过审核后便可以作为会计记账的依据。凡是不能证明经济业务已经执行或已经完成的文件,如材料请购单等,因其表明的是预期的经济业务,不属于会计的原始凭证,因而不能单独作为会计记账的依据。

2. 按照格式分类

原始凭证按照格式的不同可分为通用凭证和专用凭证。

(1)通用凭证。通用凭证是指由有关部门统一印制、在一定范围内使用的具有统一格式和使用方法的原始凭证。通用凭证的使用范围因制作部门不同而异,可以是某一地区、某一行业,也可以全国通用。如某省(市)印制的发票联(图 6-6)、银行转账结算凭证。

(2)专用凭证。专用凭证是指由单位自行印制、仅在本单位内部使用的原始凭证。如收料单、领料单、产品入库单等。

3. 按填制的手续和内容分类

原始凭证按照填制的手续和内容可分为一次凭证、累计凭证和汇总凭证。

(1)一次凭证。一次凭证是指一次填制完成,只记录一笔经济业务且仅一次有效的原始凭证。外来原始凭证都是一次凭证,部分自制原始凭证也是一次凭证,如购货发票、销货发票、收据、领料单、借款单、银行结算凭证等。一次凭证是一次有效的凭证。一次原始凭证能反映一项业务的内容,使用方便灵活,但数量较多。

(2)累计凭证。累计凭证是指在一定时期内多次记录发生的同类型经济业务且多次有效的原始凭证。累计凭证的填制手续不是一次完成的,而是把经常发生的同类经济业务登记在一张凭证上,直到期末求出总数以后才完成凭证的填制手续,此时才可以作为记账的原始依据,如最具有代表性的累计凭证是领用材料时填写的"限额领料单",其基本格式如表 6-2 所示。

表 6-2

限额领料单

领料部门:一车间　　　　　　　　　　　　领料编号:1234

领料用途:生产甲产品　　　2024 年 1 月　　　发料仓库:原料库

材料类别	材料编号	材料名称及规格	计量单位	领用限额	实际领用	单价	金额	备注
	1021	B 型圆钢	千克	1000	900	4	4000	
供应部门负责人				生产计划本门负责人				

日期		请领		实发			数量结余	退回	
月	日	数量	领料负责人签章	数量	发料人	领料人		数量	退库单编号
1	5	200	李锐	200	王平	张利	800		
1	16	400	李锐	400	王平	张利	400		
1	25	300	李锐	300	王平	张利	100		
合计		900		900			100		

仓库主管人员签章:王平

(3)汇总凭证。汇总凭证是指对一定时期内反映经济业务内容相同的若干张原始凭证,按照一定标准综合填制的原始凭证,是指根据许多同类业务的一次凭证或累计凭证定期汇总编制的原始凭证。此类凭证一般为自制凭证,其作用是为了简化编制记账凭证及记账的手续。常见的原始凭证汇总表有“发出材料汇总表”“工资结算汇总表”(见表 6-3)等。

表 6-3

万友公司工资结算汇总表

2024年1月

车间及部门		计时工资	计件工资	奖金		加班加点工资	各种津贴		缺勤扣款		应付工资	代垫款	代扣款			以现金发放工资
				综合类	单项类		夜班津贴	岗位津贴	事假	病假		水电费	住房公积金	“三险”个人缴纳部分	个人所得税	
第一生产车间	生产工人	16000	9800	1100	640	925	240	300	720	60	28225	864	2822.50	3104.75	150	21283.75
	管理人员	4200		100		75		20			4395	96	439.50	483.45		3376.05
第二生产车间	生产工人	19500	3500	900	650	570	300	350	390	70	25310	310	2531	2784.10		19684.90
	管理人员	3400		105		100		40			3645	40	364.50	400.95		2839.55
公司管理部门		9600		250		200		180			10230	35	1023	1125.30	120	7926.70
在建工程人员		1900		90		50					2040		204	224.40		1611.60
专设销售机构人员		900			40	50		20			1010		101	111.10		797.90
合计		55500	13300	2545	1330	1970	540	910	1110	130	74855	1345	7485.50	8234.05	270	57520.45

三、记账凭证

(一)记账凭证的概念

记账凭证,又称记账凭单,是指会计人员根据审核无误的原始凭证,按照经济业务的内容加以归类,并据以确定会计分录后所填制的会计凭证,作为登记账簿的直接依据。

(二)记账凭证的种类

1. 按凭证的用途分类

记账凭证可按不同的标准进行分类,按照用途可分为专用记账凭证和通用记账凭证。

(1)专用记账凭证,是指分类反映经济业务的记账凭证。按其反映的经济业务内容,可分为收款凭证、付款凭证和转账凭证。

收款凭证是指用于记录现金和银行存款收款业务的记账凭证(格式见表 6-4);付款凭证是指用于记录现金和银行存款付款业务的记账凭证(格式见表 6-5);转账凭证是指用于记录不涉及现金和银行存款业务的记账凭证(格式见表 6-6)。收款凭证、付款凭证、转账凭证的划分工作量较大,适用于规模较大、收付款业务较多的单位。

(2)通用记账凭证,是指用来反映所有经济业务的记账凭证,为各类经济业务所共同使用,其格式与转账凭证基本相同(见表 6-7)。对于经济业务较简单、规模较小、收付款业务较少的单位,还可采用通用记账凭证来记录所有经济业务。通用记账凭证的格式与转账凭证基本相同。

表 6-4 **收款凭证**

借方科目：　　　　　　　　年　月　日　　　　　　　　字第　　号

摘要	贷方科目	明细科目	√	金额									
				千	百	十	万	千	百	十	元	角	分
附单据　张	合计												

会计主管　　　记账　　　出纳　　　审核　　　制单

表 6-5 **付款凭证**

贷方科目：　　　　　　　　年　月　日　　　　　　　　字第　　号

摘要	借方科目	明细科目	√	金额									
				千	百	十	万	千	百	十	元	角	分
附单据　张	合计												

会计主管　　　记账　　　出纳　　　审核　　　制单

表 6-6 **转账凭证**

年　月　日　　　　　　　　字第　　号

摘要	总账科目	明细科目	√	借方金额										√	贷方金额									
				千	百	十	万	千	百	十	元	角	分		千	百	十	万	千	百	十	元	角	分
附单据　张	合计																							

会计主管　　　记账　　　出纳　　　审核　　　制单

表 6-7 **记账凭证**

年　月　日　　　　　　　　字第　　号

摘要	总账科目	明细科目	√	借方金额										√	贷方金额									
				千	百	十	万	千	百	十	元	角	分		千	百	十	万	千	百	十	元	角	分
附单据　张	合计																							

会计主管　　　记账　　　出纳　　　审核　　　制单

2. 按凭证的填列方式分类

(1)单式记账凭证,是指只填列经济业务所涉及的一个会计科目及其金额的记账凭证。

(2)复式记账凭证,是将每一笔经济业务所涉及的全部科目及其发生额均在同一张记账凭证中反映的一种凭证。

上述收款凭证、付款凭证、转账凭证以及通用记账凭证均为复式凭证。

第二节　填制和审核原始凭证

一、原始凭证的内容

根据财政部《会计基础工作规范》第四十八条的规定,原始凭证必须具备如下内容:

(1)原始凭证的名称及编号:原始凭证必须有明确的名称,以便于凭证的管理和业务处理。要求编号的原始凭证,应根据经济业务发生的先后顺序编号。

(2)填制原始凭证的日期:凭证填制的日期就是经济业务发生的日期,以便于对经济业务的审查。

(3)接受原始凭证的单位或个人:证明经济业务是否确实是本单位发生的,以便于记账和查账。值得注意的是,单位的名称必须是全称,不得省略。

(4)经济业务内容:完整地填写经济业务的内容,便于了解经济业务的具体情况,检查其真实性、合理性和合法性。

(5)经济业务的数量、单价和金额:数量、单价和金额是经济业务发生的量化证明,是保证会计资料真实性的基础。特别是大、小写金额必须按规定完整填写,防止出现舞弊行为。

(6)填制原始凭证的单位名称或者填制人姓名:填制凭证的单位或个人是经济业务发生的证明人,有利于了解经济业务的来龙去脉。

(7)经办人员或责任人的签名或者盖章:凭证上的签名、盖章人,是经济业务的直接经办人,签名、盖章可以明确经济责任。

以增值税普通发票为例说明原始凭证的内容,如图6-4所示。

电子发票(普通发票)

全国统一发票监制章　国家税务总局　广东省税务局

发票号码:22442000000012346520

开票日期:2024年04月01日

购买方信息	名称:肇庆华丽服装有限公司 统一社会信用代码/纳税人识别号:32070330839123	销售方信息	名称:肇庆阳光广告有限公司 统一社会信用代码/纳税人识别号:316723326901

项目名称	规格型号	单位	数量	单价	金额	税率/征收率	税额
广告费			1	2912.6214	2912.62	1%	87.38
合　计					¥2912.62		¥87.38
价税合计(大写)	⊗叁仟圆整			(小写)¥3000.00			
备注							

开票人: 刘英

图6-4　增值税普通发票

二、原始凭证的填制要求

(一)原始凭证填制的基本要求

原始凭证的填制必须符合下列要求:

1. 记录真实

原始凭证所填列的经济业务的内容和数字必须真实可靠、符合实际情况。

2. 内容完整

原始凭证所要求填列的项目必须逐项填列齐全,不得遗漏和省略。

3. 手续完备

(1)单位自制的原始凭证必须有经办单位领导人或指定的人员签名盖章;

(2)对外开出的原始凭证必须加盖本单位公章;

(3)从外部取得的原始凭证,必须盖有填制单位的公章;

(4)从个人取得的原始凭证,必须有填制人员的签名或盖章。

4. 书写清楚、规范

原始凭证要按规定填写,文字要简要,字迹要清楚,易于辨认,不得使用未经国务院公布的简化汉字。大小写金额必须相符且填写规范,书写要符合下列要求:

(1)小写金额用阿拉伯数字应当一个一个地写,不得写连笔字。特别是要连着写几个"0"时,也一定要单个地写,不能将几个"0"连在一起一笔写完。

(2)阿拉伯金额数字前面应当书写货币币种符号或者货币名称简写,如人民币符号为"￥"。币种符号与阿拉伯金额数字之间不得留有空白。

(3)汉字大写数字金额如零、壹、贰、叁、肆、伍、陆、柒、捌、玖、拾、佰、仟、万、亿等,应一律用正楷或行书体书写,不得用0、一、二、三、四、五、六、七、八、九、十等简化字代替。不得任意自造简化字。

①大写金额前未印有"人民币"字样的,应加写"人民币"三个字,"人民币"字样和大写金额之间不得留有空白。

②大写金额数字到元为止的,在"元"之后应当写"整"字或者"正"字,在"角"之后可以不写"整"字或"正"字。大写金额数字有分的,分字后面不写"整"字或者"正"字。

5. 编号连续

各种凭证要连续编号,以便查考。一式几联的原始凭证,必须注明各联的用途,并且只能以一联用作报销凭证,作废时应加盖"作废"戳记,连同存根一起保存。

6. 不得涂改、刮擦和挖补

原始凭证如有错误,应当由出具单位重开或更正,更正处应当加盖单位印章。原始凭证金额有错误的,应当由出具单位重开,不得在原始凭证上更正。

7. 填制要及时

及时填写,及时送交会计机构,及时审核。

案例分析

原始凭证的诚信之重

案例背景：

某公司的财务部门新入职了一批员工，他们需要学习和掌握原始凭证的开具及相关财务知识。公司最近有一项重要业务涉及大量的资金往来和费用报销。

案例过程：

员工小张在开具一张购买办公用品的发票时，为了方便，将实际购买的一些非办公用品也列入其中，心想反正金额不大，不会有什么问题。然而，这一行为被财务主管王姐发现了。

王姐并没有直接批评小张，而是给大家讲述了一个真实的案例：

几年前，有一家公司的财务人员在开具发票时，经常故意夸大费用、虚报账目。这种行为起初没有被及时发现，但随着时间的推移，累积的虚假账目越来越多。最终，企业在进行内部审计时发现了这个问题。

经过深入调查，发现该财务人员为了谋取私利，长期违反职业道德和公司规定。这不仅给企业带来了严重的经济损失，还影响了企业的声誉和正常运营。相关责任人被追究法律责任，企业也花费了大量的时间和精力来整改和恢复财务秩序。

讲完案例后，王姐强调了原始凭证开具的重要性和诚信原则。她告诉新员工们，原始凭证是记录企业经济业务的最基本依据，其真实性和准确性直接关系到财务信息的质量，进而影响到企业的决策和发展。每一张原始凭证都承载着责任和信任，必须如实反映经济业务的实际情况。开具原始凭证时要严格遵守相关规定和流程，不能有丝毫马虎和侥幸心理。

王姐还引导大家思考，如果因为不诚信的行为导致企业遭受损失，会对员工个人、团队以及整个企业产生什么样的后果。

通过这个案例，新员工们深刻认识到了原始凭证开具中诚信的重要性，纷纷表示要以严谨、负责的态度对待每一张原始凭证的开具工作，坚守职业道德。

思考题：

你从本案例获得了哪些启示？

（二）常见的原始凭证的填制

1. 支票的填制

支票是出票人签发的，委托办理支票存款业务的银行或者其他金融机构在见票时无条件支付确定的金额给收款人或者持票人的票据。支票可以分为现金支票、转账支票和普通支票三种。

（1）支票的出票日期填写必须使用中文大写。为防止变造支票的出票日期，在填写月、日时，月为壹、贰和壹拾的，日为壹至玖和壹拾、贰拾和叁拾的，应在其前面加“零”；日为拾壹至拾玖的，应在其前加“壹”。

例如，“1 月 2 日”，应写成“零壹月零贰日”；“1 月 15 日”，应写成“零壹月壹拾伍日”；“10 月 2 日”，写成“零壹拾月零贰日”；“10 月 20 日”，写成“零壹拾月零贰拾日”。

(2)支票上的收款人、付款行名、签发人栏目及账号应写单位全称或个人的姓名,不得简写。

例如,不能将全称为“肇庆华丽服装有限公司”写成“肇庆华丽公司”。

(3)签发人签章处应盖上签发人在银行预留的签章(称为印鉴),一般使用本单位授权的财务专用章和法人代表的私章。

支票上的大小写金额和收款人若填写错误不得修改,需作废重填。

【例 6-1】2024 年 4 月 9 日,肇庆华丽服装有限公司财务部出纳员张燕开出一张现金支票(支票号码 30366781),从银行提取现金 5 000 元,以备用。见凭证 6-1。

(肇庆华丽服装有限公司的相关资料参见第六章章节实务题:模拟公司简介。)

(凭证6-1) 现金支票

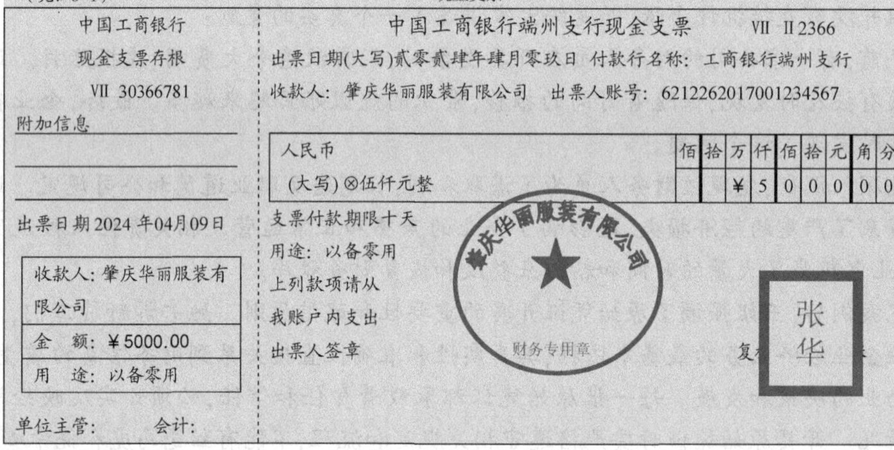

中国工商银行
现金支票存根
VII 30366781
附加信息
出票日期 2024 年04月09日
收款人:肇庆华丽服装有限公司
金　额:¥5000.00
用　途:以备零用
单位主管:　　会计:

中国工商银行端州支行现金支票　VII II 2366
出票日期(大写)贰零贰肆年肆月零玖日　付款行名称:工商银行端州支行
收款人:肇庆华丽服装有限公司　出票人账号:6212262017001234567

人民币	佰	拾	万	仟	佰	拾	元	角	分
(大写)⊗伍仟元整			¥	5	0	0	0	0	0

支票付款期限十天
用途:以备零用
上列款项请从
我账户内支出
出票人签章
肇庆华丽服装有限公司 财务专用章
张华
复核

2. 发票的填制

发票是指一切单位和个人在购销商品、提供劳务或接受劳务、服务以及从事其他经营活动,所提供给对方的收付款的书面证明,是财务收支的法定凭证,是会计核算的原始依据,也是审计机关、税务机关执法检查的重要依据。

常见的发票主要分为增值税专用发票和普通发票。

(1)增值税专用发票,是国家税务部门根据增值税征收管理需要而设定的,是增值税一般纳税人(以下简称一般纳税人)销售货物,提供应税劳务,销售服务、无形资产及不动产时开具的发票,是购买方支付增值税额并可按照增值税有关规定据以抵扣增值税进项税额的凭证。

纸质增值税专用发票由基本联次或者基本联次附加其他联次构成。基本联次为三联:第一联记账联(见图 6-5),是销售方核算销售收入和增值税销项税额的记账凭证;第二联抵扣联,是购买方报送主管税务机关认证和留存备查的凭证;第三联发票联,是购买方核算采购成本和增值税进项税额的记账凭证;其他联次用途,由一般纳税人自行确定。

一般纳税人应通过增值税防伪税控系统使用专用发票。专用发票开具时应做到:项目齐全,与实际交易相符;字迹清楚,不得压线、错格;发票联和抵扣联加盖财务专用章或者发票专用章;按照增值税纳税义务的发生时间开具。

为适应经济社会发展和税收现代化建设需要,税务总局自 2015 年起分步推行了增值税

全国统一发票监制章

广东增值税专用发票 NO 0758151132

此联不作报废、扣税凭证使用

开票日期： 年 月 日

第一联：记账联 销货方记账凭证

购货单位	名称： 纳税人识别号： 地址、电话： 开户行及账号：	密码区	

货物或应税劳务、服务名称	规格型号	单位	数量	单价	金额	税率	税额
合计							
价税合计（大写）				（小写）			

销货单位： 纳税人识别号： 地址、电话： 开户行及账号：	备注	

收款人： 复核： 开票人： 销货单位：（章）

图 6-5 增值税专用发票记账联

电子普通发票(以下简称“电子普票”)。电子普票推行后,因开具便捷、保管便利、查验及时、节约成本等优点,受到越来越多的纳税人欢迎。

为贯彻落实国务院关于加快电子发票推广应用的部署安排,税务总局本着积极稳妥的原则,决定采用先在部分地区新设立登记的纳税人中实行增值税专用发票电子化,此后逐步扩大地区和纳税人范围的工作策略。一是先在新办纳税人中实行专票电子化,在完善系统、积累经验的基础上,再考虑在其他纳税人中实行专票电子化。二是对于新办纳税人,从 2020 年 9 月 1 日起先逐步在宁波、石家庄和杭州开展专票电子化试点,在此基础上再分两步在全国实行:第一步,自 2020 年 12 月 21 日起,在天津等 11 个地区的新办纳税人中实行专票电子化,受票方范围为全国;第二步,自 2021 年 1 月 21 日起,在北京等 25 个地区的新办纳税人中实行专票电子化,受票方范围为全国。

全面数字化的电子发票是与纸质发票具有同等法律效力的全新发票,不以纸质形式存在、不用介质支撑,无须申请领用、发票验旧及申请增版增量。纸质发票的票面信息全面数字化,将多个票种集成归并为电子发票单一票种,数字化的电子发票实行全国统一赋码、自动流转交付。

数字化的电子发票与现有发票样式区别在于:一是数字化的电子发票票样将原有发票代码+发票号码变为 20 位发票号码;取消了校验码、收款人、复核人、销售方(章);发票密码区不再展示发票密文。二是数字化的电子发票特定业务会影响发票展示内容,不同的特定业务展示的发票票面内容不同。三是数字化的电子发票将原备注栏中手工填列、无法采集的内容,设置为固定可采集、可使用的数据项,并展示于票面上(见图 6-6)。

【例 6-2】2024 年 4 月 3 日,肇庆华丽服装有限公司向佛山友邦连锁服装公司出售一批男 T 恤,增值税专用发票上注明男 T 恤 2 000 件,每件售价 80 元,计 160 000 元,增值税税率为 13%,产品已经发出,收到转账支票一张,款项收到并存入银行存款户。

佛山友邦连锁服装公司的相关资料如下:

纳税人识别号:22070330839456

地址、电话:佛山市禅城区 0757-7385689

开户行及账号:工行禅城支行 6212262017001357896

电子发票（增值税专用发票）

发票号码：23442000000101234567

开票日期：2024年06月25日

购买方信息	名称：广东新兴材料科技有限公司 统一社会信用代码/纳税人识别号：914453000537371234	销售方信息	名称：云电科技有限公司 统一社会信用代码/纳税人识别号：91441900MA53JJ5678

项目名称	规格型号	单位	数量	单价	金额	税率/征收率	税额
*信息技术服务*星空云租赁服务		个	1	190.23	190.23	6%	11.41
合计					¥190.23		¥11.41
价税合计（大写）	⊗贰佰零壹圆陆角肆分				（小写）¥201.64		
备注							

开票人：陈三

图 6-6　电子发票（增值税专用发票）样式

根据以上经济业务内容，肇庆华丽服装有限公司销售了男T恤，应该开具一张增值税专用发票，如凭证6-2所示。

（凭证 6-2）

电子发票（增值税专用发票）

发票号码：23442000000012345602

开票日期：2024 年 04 月 03 日

购买方信息	名称：佛山友邦连锁服装公司 统一社会信用代码/纳税人识别号：22070330839456	销售方信息	名称：肇庆华丽服装有限公司 统一社会信用代码/纳税人识别号：32070330839123

项目名称	规格型号	单位	数量	单价	金额	税率/征收率	税额
男T恤		件	2000	80.00	160000.00	13%	20800.00
合计					¥160000.00		¥20800.00
价税合计（大写）	⊗壹拾捌万零捌佰圆整				（小写）¥180800.00		
备注							

开票人：刘英

（2）普通发票，是除增值税发票以外的各类发票，由从事经营活动并办理了税务登记的各种纳税人领购使用。普通发票主要由营业税纳税人和增值税小规模纳税人使用，增值税一般纳税人在不能开具专用发票的情况下也可使用普通发票。普通发票由行业发票和专用发票组成。前者适用于某个行业和经营业务，如商业零售统一发票、商业批发统一发票、工业企业产品销售统一发票等；后者仅适用于某一经营项目，如广告费用结算发票、商品房销售发票等。

普通发票的基本联次为三联：第一联为存根联，开票方留存备查用；第二联为发票联，收执方作为付款或收款原始凭证；第三联为记账联，开票方作为记账原始凭证。

为进一步适应经济社会发展和税收现代化建设需要，国家税务总局在增值税发票系统升级版的基础上，组织开发了增值税电子发票系统，经过前期试点，系统运行平稳，具备了在全国推行的条件，国家税务总局发布《关于推行通过增值税电子发票系统开具的增值税电子普通发票有关问题的公告》（国家税务总局公告 2015 年第 84 号），自 2015 年 12 月 1 日起在全国范围推行增值税电子普通发票。

【例 6-3】2024 年 4 月 10 日，肇庆红光文化用品公司向肇庆华丽服装有限公司销售打印纸 20 包，单价 25 元，以现金结算。见凭证 6-3。

（凭证 6-3）

电子发票（普通发票）

全国统一发票监制章 国家税务总局 广东省税务局

发票号码：22442000000012346521

开票日期：2024 年 04 月 10 日

购买方信息	名称：肇庆华丽服装有限公司 统一社会信用代码/纳税人识别号：32070330839123	销售方信息	名称：肇庆红光文化用品公司 统一社会信用代码/纳税人识别号：316723326902

项目名称	规格型号	单位	数量	单价	金额	税率/征收率	税额
打印纸	A4	包	20	25	500.00	**	0
合计					¥500.00		0
价税合计（大写）	⊗伍佰圆整				（小写）¥500.00		
备注							

开票人： 刘英

三、原始凭证的审核

原始凭证按照上述要求进行填制后，还应从形式上和实质上对其进行审核，经审核确认后，凭证上所记载的会计信息才能通过编制记账凭证进行加工处理，以确保会计信息系统最终所提供的财务报表信息的真实、可靠、正确。对原始凭证的审核包括以下几个方面：

第一，审核原始凭证的真实性。审核凭证的日期、业务内容、数据等是否真实，检查是否存在弄虚作假。

第二，审核原始凭证的合法性。审核原始凭证所记录的内容是否有违反国家法律法规的情况，是否符合经营活动的需要，是否符合企业的计划或预算的要求。对于不符合要求的凭证，会计人员有权拒绝受理；发现伪造涂改等现象，还应及时向有关负责人汇报。

第三，审核原始凭证的合理性。审核原始凭证所记录经济业务是否符合企业生产经营活动的需要、是否符合有关的计划和预算等。

第四，审核原始凭证的完整性。审核原始凭证各项基本要素是否完整、齐全，是否有漏项情况。例如，日期填写是否完整，数字填写是否清晰，文字书写是否工整，有关人员签章是否齐全，凭证联次是否确定等。

第五，审核原始凭证的正确性。审核原始凭证金额的计算和填写是否正确，数字书写是否规范、清晰,是否存在不符合规范要求的更改等。

第六,审核原始凭证的及时性。审核原始凭证的填制日期是否及时,尤其是一些时效性较强的原始凭证。

经审核的原始凭证应根据不同的情况分别进行处理:

(1)对于完全符合要求的原始凭证,应及时据以编制记账凭证;

(2)对于真实、合法、合理但内容不够完整、填写有错误的原始凭证,应退回给有关经办人员,由其负责将有关凭证补充完整、更正错误或重开后,再办理正式会计手续;

(3)对于不真实、不合法的原始凭证,会计机构和会计人员有权不予接受,并向单位负责人报告。

第三节　填制与审核记账凭证

一、记账凭证的内容

记账凭证是登记账簿的依据,因其所反映经济业务的内容不同、各单位规模大小及其对会计核算繁简程度的要求不同,其内容有所差异,但应当具备以下基本内容:

(1)记账凭证的名称。例如:收款凭证、付款凭证、转账凭证等。

(2)填制凭证的日期。

(3)凭证编号。

(4)经济业务摘要。

(5)会计科目、记账方向、记账金额。

(6)所附原始凭证张数。

(7)填制凭证人员、稽核人员、记账人员、会计机构负责人、会计主管人员签名或者盖章。收款和付款记账凭证还应当由出纳人员签名或者盖章。

二、记账凭证的填制

记账凭证根据审核无误的原始凭证或原始凭证汇总表填制。记账凭证填制正确与否,直接影响整个会计系统最终所提供信息的质量。与原始凭证的填制相同,记账凭证也有记录真实、内容完整、手续齐全、填制及时等要求。

(一)记账凭证填制的基本要求

让账凭证填制必须满足以下要求:

(1)记账凭证各项内容必须完整。

(2)记账凭证的书写应当清楚、规范。其要求同原始凭证。

(3)除结账和更正错账可以不附原始凭证外,其他记账凭证必须附原始凭证。所附原始凭证张数的计算,一般以原始凭证的自然张数为准。与记账凭证中的经济业务事项记录有关的每一张证据都应当作为原始凭证。如果原始凭证需要另行保管,则应在附件栏目内加以注明,且应在记账凭证的"附原始凭证 张"栏内,以阿拉伯数字标明该记账凭证所附原始凭证的张数。如果依据一张原始凭证编制了 2 张或 2 张以上的记账凭证,则应将该原始凭证附于主要记账凭证之后,同时在其余未附有原始凭证的记账凭证的摘要栏,填写"原始凭证×张,附于××字第××号凭证之后"的字样,加以说明。

此外,在记账凭证编制完成之后,应及时将所附的原始凭证粘贴在记账凭证后面,以防止丢失。在粘贴时,将原始凭证按记账凭证的大小进行整理、折叠加工,凡是超过记账凭证长度和宽度的,应全部整齐地折合进去,并特别注意装订线处的折合方法,应利于装订以后原始凭证的翻阅。

(4)记账凭证可以根据每一张原始凭证填制,或根据若干张同类原始凭证汇总填制,也可以根据原始凭证汇总表填制;但不得将不同内容和类别的原始凭证汇总填制在一张记账凭证上。

(5)记账凭证应连续编号。分以下几种情况:

第一,如果企业采用通用记账凭证,记账凭证的编号可以采取顺序编号法,即每一会计期间,都必须按月编制序号,不得采用按年或按季连续编号方法。如记字第 1 号,记字第 2 号,记字第××号。

第二,如果采取收款凭证、付款凭证和转账凭证的形式,则记账凭证应该按照字号编号法,即把不同类型的记账凭证用"字"加以区别,再把同类的记账凭证按照顺序加以连续编号,企业即可以按收款、付款、转账三类业务分收、付、转三类编号,编号填写如"收字第××号""付字第××号""转字第××号"等;也可以按现收、现付、银收、银付、转账五类编号,编号填写如"现收字第××号" "现付字第××号" "银收字第××号""银付字第××号""转字第××号"等。例如,本月有现金收款凭证 20 张,编号即从"现收字第 1 号"编至"现收字第 20 号",其余类推。

第三,如果一项经济业务需要填制一张以上的记账凭证时,记账凭证的编号可以采取分数编号法。例如,一笔业务需要编制三张转账凭证,凭证号为 5 号,则这三张的编号为转字第 05 1/3 号,转字第 05 2/3 号,转字第 05 3/3 号。

(6)填制记账凭证时若发生错误,应当重新填制。

①已登记入账的记账凭证在当年内发现会计科目填写错误时,可以用红字填写一张与原内容相同的记账凭证,在摘要栏注明"注销某月某日某号凭证"字样,同时再用蓝字重新填制一张正确的记账凭证,注明"订正某月某日某号凭证"字样。

②已登记入账的记账凭证在当年内发现会计科目无误,只是金额错误,则可按正确数字与错误数字之间的差额,另编一张调整的记账凭证,调增金额用蓝字,调减金额用红字。

③发现以前年度记账凭证有误的,应当用蓝字填制更正的记账凭证。

(7)记账凭证填制完成后,如有空行,应当自金额栏最后一笔金额数字下的空行处至合计数上的空行处划线注销。

(二)记账凭证填制的方法

1. 收款凭证的填制方法

收款凭证是根据有关现金和银行存款收入的原始凭证填制的,是登记现金日记账、银行存款日记账、有关明细账和总账等账簿的依据。其填制程序是:

(1)收款凭证左上角的"借方科目"按收款的性质填写"库存现金"或"银行存款"。

(2)日期填写的是填制本凭证的日期;右上角填写填制收款凭证的顺序号。

(3)"摘要"填写对所记录的经济业务的简要说明。

(4)"贷方科目"填写与收入"库存现金"或"银行存款"相对应的会计科目。

(5)在金额栏内填写贷方科目的金额,在合计栏内计算填写总金额。将金额栏中空白划线注销。

(6)"记账"是指该凭证已登记账簿的标记,防止经济业务重记或漏记。

(7)该凭证右边"附件×张"是指本记账凭证所附原始凭证的张数。

(8)最下边分别由有关人员签名或签章,以明确经济责任。

【例 6-4】2023 年 4 月 1 日,肇庆华丽服装有限公司接受肇庆胜达公司投入资金 200 000 元,并存入银行存款账户。该笔业务相关的原始凭证附凭证 6-4 和凭证 6-5。

(凭证 6-4)

中国工商银行进账单(收账通知)

2024 年 4 月 01 日　　第 007 号

付款人	全称	肇庆胜达公司	收款人	全称	肇庆华丽服装有限公司	备注
	账号	6212262017002468794		账号	6212262017001234567	
	开户银行	工商银行端州支行		开户银行	工商银行端州支行	
人民币(大写)		⊗贰拾万元整			千 百 十 万 千 百 十 元 角 分 ¥ 2 0 0 0 0 0 0 0	
票据种类		转账支票				
票据张数		1 张				
单位主管　会计　复核　记账			收款人开户行盖章			

工商银行 端州支行 2024.4

(凭证 6-5)

收　据

2024 年 4 月 01 日　　NO 816745

科目	银行存款	
摘　要	今收到肇庆胜达公司交来投资款项	
金额	人民币(大写)⊗贰拾万元整	¥200 000.00
	单位财务章	

会计主管:刘新　　复核:李丽　　收款人:张燕　　交款人:孙玲

肇庆华丽服装有限公司 财务专用章

该公司会计人员根据有关原始凭证确定此项业务会计分录后,填制记账凭证中的收款凭证,如表 6-8 所示。

表 6-8　　收款凭证

借方科目:银行存款　　2024 年 4 月 01 日　　银收字第 1 号

摘要	贷方科目	明细科目	√	千	百	十	万	千	百	十	元	角	分
接受投资	实收资本	胜达公司				2	0	0	0	0	0	0	0
附单据 2 张	合计				¥	2	0	0	0	0	0	0	0

会计主管:　　记账:　　出纳:　　审核:李丽　　制单:陈敏

2. 付款凭证的填制方法

付款凭证是根据审核无误的有关库存现金和银行存款的付款业务的原始凭证填制的。付款凭证的填制方法与收款凭证基本相同,不同的是在付款凭证的左上角应填列贷方科目,即“库存现金”或“银行存款”科目,“借方科目”栏应填写与“库存现金”或“银行存款”相应的一级科目和明细科目。

【例 6-5】2024 年 4 月 7 日,肇庆华丽服装有限公司以银行存款偿还前欠广州华兴纺织有限公司购货款 40 365 元。该笔业务相关的原始凭证附凭证 6-6。

(凭证 6-6)

中国工商银行电汇凭证(回单)

委托日期　2024 年 04 月 07 日　　第 003 号

汇款人	全　称	肇庆华丽服装有限公司	收款人	全　称	广州华兴纺织有限公司
	账号或地址	6212262017001234567		账号或地址	6212262017004561238
	汇出行名称	工行端州支行		汇入地点	广州　汇入行名称　工行白云支行

金额	人民币(大写)	⊗肆万零叁佰陆拾伍元整	千	百	十	万	千	百	十	元	角	分
					¥	4	0	3	6	5	0	0

汇款用途:偿还货款

工商银行
端州支行
2024.04.7

上列款项已根据委托办理,如查询,请持此回单来行面洽。

单位主管:　会计:　出纳:　记账:

汇出行盖章
年　月　日

此联是汇出行给汇款人的回单

该公司会计人员根据有关原始凭证确定此项业务会计分录后,填制记账凭证中的付款凭证,如表 6-9 所示。

表 6-9　付款凭证

贷方科目:银行存款　　2024 年 4 月 7 日　　银付字第 3 号

摘要	借方科目	明细科目	√	千	百	十	万	千	百	十	元	角	分
偿还货款	应付账款	广州华兴公司					4	0	3	6	5	0	0
附单据 1 张	合计					¥	4	0	3	6	5	0	0

会计主管:　记账:　出纳:　审核:李丽　制单:陈敏

对于涉及“库存现金”和“银行存款”之间的相互划转业务,为了避免重复记账,一般只填制付款凭证,不再填制收款凭证。

【例 6-6】2024 年 4 月 9 日,肇庆华丽服装有限公司财务部出纳员张燕开出一张现金支票(支票号码 30366781),从银行提取现金 5 000 元,以备用。该笔业务相关的原始凭证附凭证 6-7。

该公司会计人员根据有关原始凭证确定此项涉及“库存现金”和“银行存款”之间的相互划转业务,为了避免重复记账,填制付款凭证,不再填制收款凭证。如表 6-10 所示。

（凭证 6-7）

中国工商银行
现金支票存根
No. 30366781

附加信息

出票日期 2024 年 4 月 09 日

收款人：肇庆华丽服装有限公司
金 额：¥5000.00
用 途：以备零用

单位主管：刘新 会计：陈敏

表 6-10 付款凭证

贷方科目：银行存款 2024 年 4 月 9 日 银付字第 4 号

摘要	借方科目	明细科目	√	金额									
				千	百	十	万	千	百	十	元	角	分
提取现金	库存现金							5	0	0	0	0	0
附单据 1 张	合计						¥	5	0	0	0	0	0

会计主管： 记账： 出纳： 审核：李丽 制单：陈敏

出纳人员在办理收款或付款业务后，应在原始凭证上加盖“收讫”或“付讫”的戳记，以免重收重付。例如：职工出差回来报销差旅费交回多余的现金，出纳人员应在原始凭证上加盖“现金付讫”的戳记。

3. 转账凭证的填制方法

转账凭证通常是根据有关转账业务的原始凭证填制的。转账凭证中“总账科目”和“明细科目”栏填写应借、应贷的总账科目和明细科目，借方科目应记金额应在同一行的“借方金额”栏填列，贷方科目应记金额应在同一行的“贷方金额”栏填列，“借方金额”栏合计数与“贷方金额”栏合计数应相等。

【例 6-7】2024 年 4 月 4 日，肇庆华丽服装有限公司生产产品领用材料，其中：生产男 T 恤 2 000 件领用条纹纯棉面料 2 400 米，单价 15 元，共计 36 000 元；生产女 T 恤 3 000 件领用单色纯棉面料 3 000 米，单价 12 元，共计 36 000 元。该笔业务相关的原始凭证附凭证 6-8 和凭证 6-9。

该公司会计人员根据有关原始凭证确定此项业务会计分录后，填制记账凭证中的付款凭证，如表 6-11 所示。

（凭证 6-8）

材料领用单

材料类别：原料及主要材料　　　　2024 年 4 月 4 日　　　　领用部门编号：004

领用部门：基本生产车间　　　　　　　　　　　　　　　　　发料部门编号：003

材料编号	名称及规格	计量单位	数量		实际成本	
			请领数	实发数	单位成本（元）	总金额（元）
A1	条纹纯棉面料	米	2400	2400	15	36000
合计			¥36000.00			
用途	生产男 T 恤					

仓库主管：龙良　　　　领料员：赵刚　　　　发料人：龙良　　　　记账：陈敏

（凭证 6-9）

材料领用单

材料类别：原料及主要材料　　　　　　　　　　　　　　　　领用部门编号：004

领用部门：基本生产车间　　　　2024 年 4 月 4 日　　　　发料部门编号：003

材料编号	名称及规格	计量单位	数量		实际成本	
			请领数	实发数	单位成本（元）	总金额（元）
B2	单色纯棉面料	米	3000	3000	12	36000
合计			¥36000.00			
用途	生产男女恤					

仓库主管：龙良　　　　领料员：赵刚　　　　发料人：龙良　　　　记账：陈敏

表 6-11　　　　**转账凭证**

2024 年 4 月 4 日　　　　转字第 1 号

摘要	总账科目	明细科目	√	借方金额										√	贷方金额									
				千	百	十	万	千	百	十	元	角	分		千	百	十	万	千	百	十	元	角	分
领用材料	生产成本	男 T 恤					3	6	0	0	0	0	0											
领用材料	生产成本	女 T 恤					3	6	0	0	0	0	0											
领用材料	原材料	条纹纯棉面料																3	6	0	0	0	0	0
领用材料	原材料	单色纯棉面料																3	6	0	0	0	0	0
附单据 2 张		合计				¥	7	2	0	0	0	0	0				¥	7	2	0	0	0	0	0

会计主管：　　　　记账：　　　　审核：李丽　　　　制单：陈敏

此外，某些既涉及收款业务又涉及转账业务的综合性业务，可分开填制不同类型的记账凭证。

【例 6-8】2024 年 4 月 11 日，肇庆华丽服装有限公司行政办公室主管李英出差归来，报销差旅费 1 900 元，交回现金 100 元。该笔业务相关的原始凭证附凭证 6-10 和凭证 6-11。

（凭证6-10）

收款凭证

2024 年 04 月 11 日

收　到	行政办公室主管李英							现金收讫
收款事由	交回多余差旅费借款							
金额	万	千	百	十	元	角	分	人民币（大写）：⊗壹佰元整
		¥	1	0	0	0	0	

复核：刘新　　出纳：张燕　　经手人：李英

（凭证6-11）

差旅费报销单

部门：行政办公室　　2024 年 4 月 11 日

姓名		李英		出差事由		开会			出差自 2024 年 4 月 8 日 至 2024 年 4 月 11 日						共 4 天		
起讫时间及地点						车船票		夜间乘车补助费			出差乘车补费			住宿费	伙食费		
月	日	起	月	日	讫	类别	金额	时间	标准	金额	日数	标准	金额	金额	日数	标准	金额
4	8	肇庆	4	8	广州	汽车	54										
4	11	广州	4	11	肇庆	汽车	54				4	48	192	1 200	4	100	400
小计							108						192	1 200			400
合计金额（大写）：⊗壹仟玖佰元整																	
备注：预借 2000.00　核销 1900.00　退补 100.00																	

单位领导：张华　　财务主管：刘新　　审核：李丽　　填报人：李英

该公司会计人员根据有关原始凭证确定此项业务会计分录后，应分别填制收款凭证和转账凭证，如表 6-12 和 6-13 所示。

表 6-12　　**转账凭证**

2024 年 4 月 11 日　　转字第 3 号

摘要	总账科目	明细科目	√	借方金额										√	贷方金额									
				千	百	十	万	千	百	十	元	角	分		千	百	十	万	千	百	十	元	角	分
报销差旅费	管理费用	差旅费						1	9	0	0	0	0											
报销差旅费	其他应收款	李英																	1	9	0	0	0	0
附单据2 张		合计					¥	1	9	0	0	0	0					¥	1	9	0	0	0	0

会计主管：　　记账：　　审核：李丽　　制单：陈敏

表 6-13　　**收款凭证**

借方科目：库存现金　　2024 年 4 月 11 日　　现收字第 1 号

摘要	贷方科目	明细科目	√	金额									
				千	百	十	万	千	百	十	元	角	分
交回现金	其他应收款	李英						¥	1	0	0	0	0
附于转字第 3 号凭证		合计						¥	1	0	0	0	0

会计主管：　　记账：　　出纳：　　审核：李丽　　制单：陈敏

4. 通用记账凭证的填制方法

(1)确认记账凭证日期。记账凭证的日期一般是经济业务发生的日期,或者是填制记账凭证的当天日期。如果在业务发生后一段时间才进行凭证填制,应以实际填制日期为准。

(2)填写凭证编号。记账凭证应按顺序编号,以保证记账凭证的完整性和唯一性。采用统一编号法,从第 1 号开始顺序编号。

(3)填写摘要。摘要应简明扼要地概括经济业务的内容,让阅读者能够快速了解经济业务的性质和主要内容。例如:"购买办公用品""销售商品收到货款""支付水电费"等。

(4)确定会计科目。根据经济业务的内容,确定应借、应贷的会计科目。要确保会计科目使用正确、规范,符合会计准则和企业内部的会计制度。

(5)填写金额。将经济业务的金额分别填写在借方金额栏和贷方金额栏。金额的填写要规范,大小写金额要一致,并且数字要清晰、准确。

(6)注明所附原始凭证张数。将与该记账凭证相关的原始凭证张数填写在"附件×张"处,以便日后查阅和核对。

(7)签名或盖章。记账凭证填制完成后,填制人员应在记账凭证上签名或盖章,并由审核人员审核签名或盖章,以明确责任。

【例 6-9】2024 年 4 月 7 日,肇庆华丽服装有限公司以银行存款偿还前欠广州华兴纺织有限公司购货款 40 365 元。假设华丽公司采用通用记账凭证格式记账。下面以此为例介绍通用记账凭证的填制。填制效果如表 6-14 所示。

表 6-14　　记账凭证

2024 年 4 月 7 日　　记字第 3 号

摘要	会计科目		借方金额										贷方金额									
	总账科目	明细科目	千	百	十	万	千	百	十	元	角	分	千	百	十	万	千	百	十	元	角	分
偿还货款	应付账款	广州华兴公司				4	0	3	6	5	0	0										
	银行存款															4	0	3	6	5	0	0
附单据1张	合计				¥	4	0	3	6	5	0	0	0		¥	4	0	3	6	5	0	0

会计主管:　　记账:　　出纳:　　审核:李丽　　制单:陈敏

三、记账凭证的审核

为了保证会计信息的质量,在记账之前应由有关稽核人员对记账凭证进行严格的审核,审核的内容主要包括:

(1)内容是否真实。审核记账凭证是否附有原始凭证,所附原始凭证的内容是否与记账凭证记录的内容一致,记账凭证汇总表与记账凭证的内容是否一致。

(2)项目是否齐全。审核记账凭证各项目的填写是否齐全,如日期、凭证编号、摘要、会计科目、金额、所附原始凭证张数及有关人员签章等。

(3)科目是否正确。审核记账凭证的应借、应贷科目是否正确,是否有明确的账户对应关系等。

(4)金额是否正确。审核记账凭证所记录的金额与原始凭证的有关金额是否一致,记账凭证汇总表的金额与记账凭证的金额合计是否相符等。

(5)书写是否规范。审核记账凭证中的记录是否文字工整、数字清晰,是否按规定使用蓝黑墨水或碳素墨水等。

(6)手续是否完备。出纳人员在办理收款或付款业务后,应在原始凭证上加盖“收讫”或“付讫”的戳记,以免重收重付。

第四节　会计凭证的传递和保管

由于各部门发生的经济业务是多种多样的,每项经济业务的经办部门和人员不同,办理业务的手续、时间和程序也不相同,因此,有必要为每种会计凭证规定科学合理的传递程序。

一、会计凭证的传递

会计凭证的传递是指从会计凭证的取得或填制时起至归档保管过程中,在单位内部有关部门和人员之间的传送程序。会计凭证的传递,应当满足内部控制制度的要求,使传递程序合理有效,同时尽量节约传递时间,减少传递的工作量。各单位应根据具体情况确定每一种会计凭证的传递程序和方法。

会计凭证的传递具体包括传递程序和传递时间。各单位应根据经济业务特点、内部机构设置、人员分工和管理要求,具体规定各种凭证的传递程序;根据有关部门和经办人员办理业务的情况,确定凭证的传递时间。通常在制订合理的凭证传递程序和时间,要考虑以下几点:

(1)根据不同经济业务的特点,企业内部机构的设置和人员的分工以及管理上的要求等,应当为每种会计凭证规定经过经办人员和部门传递以及每道手续过程中的停留时间,避免不必要的环节,加快传递速度。

(2)由于原始凭证和记账凭证涉及不同部门和人员,所以要通过调查研究和协商来制定会计凭证的传递程序和传递时间。

(3)建立严格的会计凭证交接和签收制度,保证会计凭证的安全完整。做到责任明确,手续齐全、严密。

【相关链接】

你懂得如何粘贴原始凭证吗?

原始凭证粘贴的一般规则:

(1)在空白报销单(有的单位是用专门的“报销单据粘贴单”,没有“报销单据粘贴单”就用空白报销单代替)上,将原始凭证(原始凭证大部分是发票)按小票在下、大票在上的要求,从右至左呈阶梯状依次粘贴;若票据较少,可直接在正式报销单的反面粘贴(原始凭证的正面与报销单的正面同向);若票据较多,可在多张空白报销单上粘贴。

(2)将已填写完毕的正式报销单粘贴在已贴好原始凭证的空白报销单上(将左面对齐粘贴)。

原始凭证粘贴的注意事项：

(1)正式报销单与空白报销单是按格式印制的，完全一样，只是用处不一样。当作封面的是正式报销单（填写摘要、数字等），当作粘贴发票用的是空白报销单（有的单位是用专门的“报销单据粘贴单”）。

(2)从右至左呈阶梯状依次均匀粘贴，超大凭证要折叠。

(3)只需粘牢原始凭证的左侧部分，不用将背面全部贴实。

(4)要将褶皱的凭证摊开、压平。

(5)尺寸太小的凭证如汽车票，可按上、中、下（二行或三行）或右、中、左（二列或三列）的方式进行复式粘贴，但不得累压粘贴。必要的时候，可多次重复使用单据粘贴单。

(6)对于粘贴超大凭证，通过折叠的办法处理，除特殊情况外，一般方法为齐左折右或齐上折下，并要在装订位置适度粘贴，以装订后不影响内容完整为原则。

(7)报销票据如有增值税专用发票，要把发票抵扣联单独交给相关会计，不得和发票联一起粘贴到粘贴单上。

(8)发票盖章必须为“发票专用章”，盖章必须清晰。

(9)填制费用报销单，在经办人签字之后交由部门负责人、财务审核，由总经理审批之后到财务部办理报销手续。

二、会计凭证的保管

会计凭证的保管是指会计凭证记账后的整理、装订、归档和存查工作。

任何单位在完成经济业务手续和记账后，必须将会计凭证按规定的立卷归档制度形成会计档案资料，妥善保管，防止丢失，不得任意销毁，以便日后随时查阅。

会计凭证的保管要求主要有：

(1)会计凭证应定期装订成册，防止散失。会计部门在依据会计凭证记账以后，应定期（每天、每旬或每月）对各种会计凭证进行分类整理，将各种记账凭证按照编号顺序，连同所附的原始凭证一起加具封面（图 6-7）和封底（图 6-8），装订成册，并在装订线上加贴封签，由装订人员在装订线封签处签名或盖章。

凭 证 封 面

年 月份 编号

单位名称	
凭证名称	
册　数	第　册共　册
起讫编号	自第　号至第　号止共计　张
起讫日期	自　年　月　日　至　年　月　日

财会主管　　　　装订

图 6-7　凭证封面

抽出凭证记录

抽出日期			抽出凭证名称	抽出原因	抽出人签字	经管人签字	归还日期
年	月	日					

本埠市立信纸品印刷厂出品 192-20

起讫号数 共 册 第 册 年 月 凭单封面

图 6-8 会计凭证封底

【相关链接】

会计凭证如何装订?

会计凭证的装订方法有很多,下面介绍是的包角法:

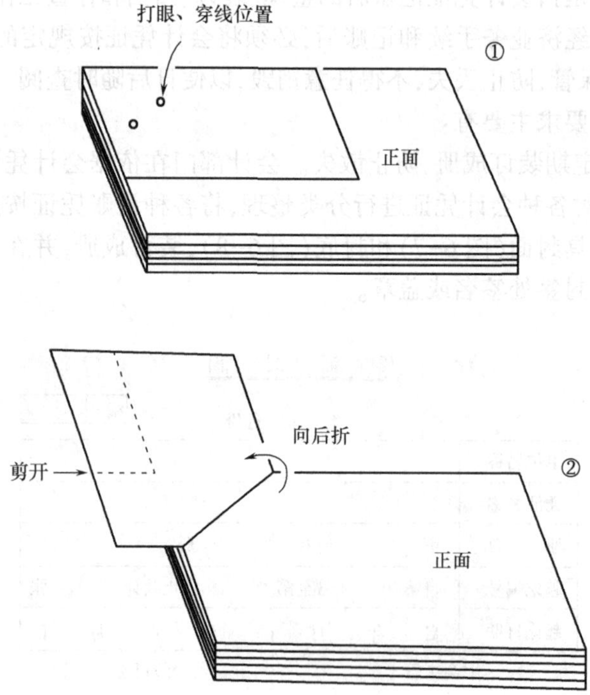

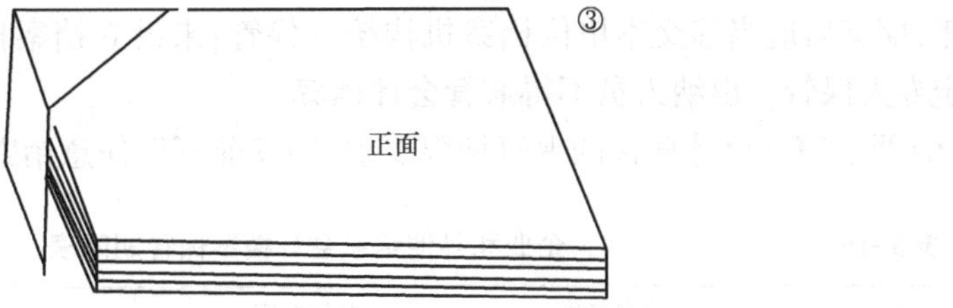

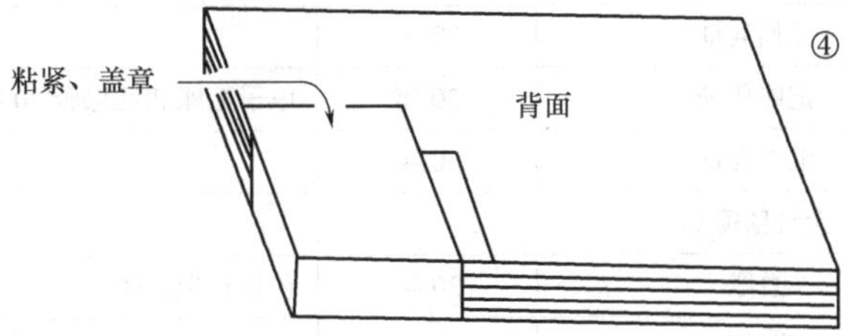

外来原始凭证丢失了,怎么办?

从外单位取得的原始凭证遗失时,应取得原签发单位盖有公章的证明,并注明原始凭证的号码、金额、内容等,由经办单位会计机构负责人(会计主管人员)和单位负责人批准后,才能代作原始凭证。若确实无法取得证明的,如车票丢失,则应由当事人写明详细情况,由经办单位会计机构负责人(会计主管人员)和单位负责人批准后,代作原始凭证。

(2)会计凭证封面应注明单位名称、凭证种类、凭证张数、起止号数、年度、月份、会计主管人员和装订人员等有关事项,会计主管人员和保管人员应在封面上签章。

(3)会计凭证应加贴封条,防止抽换凭证。

原始凭证不得外借,其他单位如有特殊原因确实需要使用时,经本单位会计机构负责人(会计主管人员)批准,可以复制。向外单位提供的原始凭证复制件,应在专设的登记簿上登记,并由提供人员和收取人员共同签名、盖章。

小知识

原始凭证较多时,可单独装订,但应在凭证封面注明所属记账凭证的日期、编号和种类,同时在所属的记账凭证上应注明"附件另订"及原始凭证的名称和编号,以便查阅。对各种重要的原始凭证,如押金收据、提货单等,以及各种需要随时查阅和退回的单据,应另编目录,单独保管,并在有关的记账凭证和原始凭证上分别注明日期和编号。

(4)原始凭证较多时,可单独装订,但应在凭证封面注明所属记账凭证的日期、编号和种类,同时在所属的记账凭证上应注明"附件另订"及原始凭证的名称和编号,以便查阅。对各种重要的原始凭证,如押金收据、提货单等,以及各种需要随时查阅和退回的单据,应另编目录,单独保管,并在有关的记账凭证和原始凭证上分别注明日期和编号。

(5)会计凭证的归档。每年装订成册的会计凭证,在年度终了时可暂由单位会计机构保管一年,期满后应当移交本单位档案机构统一保管;未设立档案机构的,应当在会计机构内部指定专人保管。出纳人员不得兼管会计档案。

(6)严格遵守会计凭证的保管期限要求,期满前不得任意销毁。保管期限见表6-15。

表6-15　　企业和其他组织会计档案保管期限表

序号	档案名称	保管期限	备注
一	会计凭证类		
1	原始凭证	30年	
2	记账凭证	30年	电子汇账凭证保管30年
3	汇总凭证	30年	
二	会计账簿类		
4	总账	30年	包括日记总账
5	明细账	30年	
6	日记账	30年	现金和银行存款日记账保管25年
7	固定资产卡片		固定资产报废清理后保管5年
8	辅助账簿	30年	
三	财务报告类		包括各级主管部门汇总财务报告
9	月、季度、半年度财务报告	10年	包括文字分析
10	年度财务报告(决算)	永久	包括文字分析
四	其他类		
11	会计移交清册	30年	
12	会计档案保管清册	永久	
13	会计档案销毁清册	永久	
14	会计档案鉴定意见书	永久	
15	银行余额调节表	10年	
16	银行对账单	10年	

章节实务题

实训任务:

一、肇庆华丽服装有限公司概况和实训资料

(一)模拟公司简介

1. 企业名称:肇庆华丽服装有限公司(以下简称华丽公司)。

2. 法人代表人:张华。

3. 注册资本:90万元。

4. 企业类型:有限责任公司。

5. 企业地址:肇庆市端州区端州六路,邮政编码:526020,电话:0758-8388888。

6. 开户银行:工商银行肇庆端州支行。账号:6212262017001234567

7. 纳税识别号(统一社会信用代码):32070330839123

8. 企业经营范围及主要产品:主要生产两种产品男T恤和女T恤。

9. 经营方式:生产销售。

10. 纳税人类型:一般纳税人;适用增值税税率:13%;企业所得税税率为25%;城市维护建设税税率为7%;教育费附加为3%。

11. 预留银行印鉴:

(二)企业内部组织结构

1. 公司组织机构设置。

该公司下设一个基本生产车间、行政办公室、采购部、生产部、销售部、财务部,无辅助生产车间。采购部下设材料仓库,销售部下设产成品库。企业组织机构设置如图6-9所示。

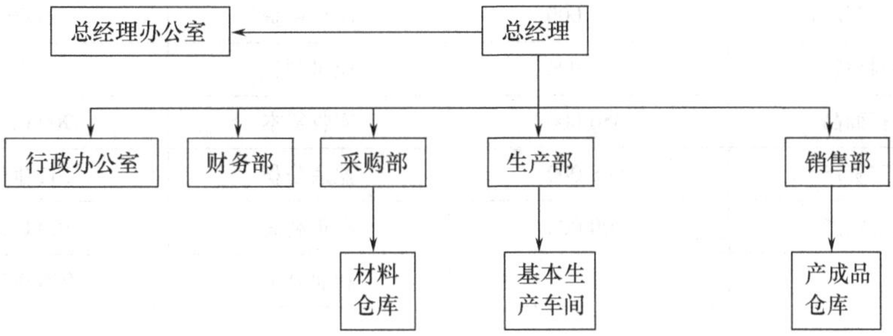

图6-9　企业组织机构设置图

2. 企业各部门主管一览表如表6-16所示。

表6-16　企业各部门主管一览表

部门	主管
总经理	张华
行政办公室	李英
财务部	刘新
采购部	李飞
生产部	赵刚
销售部	张朋

3. 财务部的岗位及人员分工：

会计机构负责人：刘新，负责登记总账、编制会计报表和财务部全面工作。

出纳员：张燕，负责出纳业务工作。

记账员：陈敏，负责编制记账凭证等工作。

审核员：李丽，负责对记账凭证进行审核、登记各种明细账。

（三）产品工艺流程（如图 6-10 所示）。

图 6-10　产品工艺流程图

（四）期初材料

1. 肇庆华丽服装有限公司 2024 年 4 月有关总账账户期初余额，见表 6-17。

表 6-17　　2024 年 4 月 1 日有关总账账户期初余额

账户名称	借方余额	账户名称	贷方余额
库存现金	7 000	累计折旧	96 960
银行存款	1 151 805	短期借款	90 000
应收票据	107 640	应付账款	40 365
应收账款	273 780	应付职工薪酬	181 000
其他应收款	3 000	应交税费	50 600
原材料	60 000	应付利息	300
库存商品	350 000	实收资本	900 000
固定资产	808 000	盈余公积	162 000
无形资产	200 000	本年利润	360 000
		利润分配	1 080 000
合计	2 961 225	合计	2 961 225

2. 2024 年 4 月 1 日有关明细账账户期初余额。

（1）原材料明细账如表 6-18 所示。

表 6-18　　原材料明细账账户余额

材料名称	材料规格	数量	计量单位	单价	金额（元）
条纹纯棉面料	92%棉+8%氨纶	2 400	米	15	36 000
单色纯棉面料	95%棉+5%氨纶	2 000	米	12	24 000

（2）库存商品明细账如表 6-19 所示。

表 6-19　　库存商品明细账账户余额

产品名称	数量	计量单位	单价	金额(元)
男 T 恤	5 000	件	42 元	210 000
女 T 恤	4 000	件	35 元	140 000

(3)应收账款明细账账户余额。

应收票据——肇庆大华连锁服装公司	107 640
应收账款——广州佳佳连锁服装公司	109 980
——佛山友邦连锁服装公司	163 800
其他应收款——保险公司	3 000
应付账款——广州华新纺织有限公司	40 365
应交税费——未交增值税	46 000
——应交城市维护建设税	3 220
——应交教育费附加	1 380

二、肇庆华丽服装有限公司 2024 年 4 月份发生的经济业务

1. 1 日，华丽公司接受肇庆胜达公司投入资金 200 000 元，并存入银行存款账户。附凭证 1-1 和凭证 1-2。

（凭证 1-1）

中国工商银行进账单（收账通知）

2024 年 4 月 1 日　　　　第 007 号

付款人	全称	肇庆胜达公司	收款人	全称	肇庆华丽服装有限公司	备注
	账号	6212262017002468794		账号	6212262017001234567	
	开户银行	工商银行端州支行		开户银行	工商银行端州支行	
人民币（大写）	⊗贰拾万元整		千 百 十 万 千 百 十 元 角 分	¥ 2 0 0 0 0 0 0 0		
票据种类	转账支票					
票据张数	1 张					
单位主管 会计 复核 记账			收款人开户行盖章			

（印章：工商银行 端州支行 2024.4）

（凭证 1-2）

收　据

2024 年 4 月 01 日　　　　N0 816745

科目	银行存款	
摘　要	今收到肇庆胜达公司交来投资款项	
金 额	人民币（大写）⊗贰拾万元整	¥200 000.00
	单位财务章	

（印章：肇庆华丽服装有限公司 财务专用章）

会计主管：刘新　　复核：李丽　　收款人：张燕　　交款人：孙玲

2. 1 日，华丽公司为了宣传新款 T 恤，向肇庆阳光广告有限公司支付广告费用 3 000 元，开出工行转账支票一张，支票号码 30366791。附凭证 2-1 和凭证 2-2。

（凭证 2-1）

电子发票（普通发票）

发票号码：22442000000012346520

开票日期：2024 年 04 月 01 日

全国统一发票监制章 国家税务总局 广东省税务局

购买方信息	名称：肇庆华丽服装有限公司 统一社会信用代码/纳税人识别号：32070330839123	销售方信息	名称：肇庆阳光广告有限公司 统一社会信用代码/纳税人识别号：316723326901

项目名称	规格型号	单位	数量	单价	金额	税率/征收率	税额
广告费			1	2912.6214	2912.62	1%	87.38
合　计					¥2912.62		¥87.38
价税合计（大写）	⊗叁仟圆整				（小写）¥3000.00		
备注							

开票人：刘英

（凭证 2-2）

中国工商银行

转账支票存根

No. 30366791

附加信息

出票日期　2024 年 04 月 01 日

收款人：肇庆阳光广告有限公司
金　额：¥3000.00
用　途：广告费

单位主管：　　　会计：

3. 2 日，华丽公司从广州华新纺织有限公司购入面料一批，增值税专用发票上列明的条纹纯棉面料 1 000 米，单价 15 元，货款为 15 000 元，增值税额 1 950 元；单色纯棉面料 2 000 米，单价 12 元，货款为 24 000 元，增值税额 3 120 元。全部款项已用一张转账支票（支票号码：30366792）付讫，面料验收入库。附凭证 3-1、凭证 3-2 和凭证 3-3。

（凭证 3-1）

电子发票（增值税专用发票）

发票号码：23442000000012345601

开票日期：2024 年 04 月 02 日

全国统一发票监制章 国家税务总局 广东省税务局

购买方信息	名称：肇庆华丽服装有限公司 统一社会信用代码/纳税人识别号：32070330839123	销售方信息	名称：广州华新纺织有限公司 统一社会信用代码/纳税人识别号：310105926795326

项目名称	规格型号	单位	数量	单价	金额	税率/征收率	税额
条纹纯棉面料	92%棉+8%氨纶	米	1000	15.00	15000.00	13%	1950.00
单色纯棉面料	95%棉+5%氨纶	米	2000	12.00	24000.00	13%	3120.00
合　计					¥39000.00		¥5070.00
价税合计（大写）	⊗肆万肆仟零柒拾圆整				（小写）¥44 070.00		
备注							

开票人：刘英

（凭证 3-2）

中国工商银行
转账支票存根
No. 30366792

附加信息

出票日期　2024 年 04 月 02 日

收款人：广州华新纺织有限公司

金　额：¥44 070.00

用　途：采购材料款

单位主管：　　　　会计：

（凭证 3-3）

收　料　单

供货单位：肇庆华丽服装有限公司
发票号码：23442000000012345601
材料类别：原料及主要材料　　　　2024 年 04 月 02 日　　　　收料仓库：1

材料编号	名称	规格	计量单位	数量		实际成本					
				应收	实收	买价		运杂费	其他	合计	备注
						单价	金额				
01	单色纯棉面料	95%棉+5%氨纶	米	2 000	2 000	12	24 000			24 000	
02	条纹纯棉面料	92%棉+8%氨纶	米	1 000	1 000	15	15 000			15 000	
									合计	39 000	

仓库保管：　龙良　　　　验收：龙良　　　　仓库主管：李飞

4. 3 日，华丽公司向佛山友邦连锁服装公司出售一批男 T 恤，增值税专用发票上注明男 T 恤 2 000 件，每件售价 80 元，计 160 000 元，增值税税率为 13%，产品已经发出，收到转账支票一张（支票号：31404430），金额为 180 800 元，款项收到并存入银行存款户。附凭证 4-1 与凭证 4-2。

5. 4 日，华丽公司生产产品领用材料，其中：生产男 T 恤 2000 件领用条纹纯棉面料 2 400 米，单价 15 元，共计 36 000 元；生产女 T 恤 3 000 件领用单色纯棉面料 3 000 米，单价 12 元，共计 36 000 元。附凭证 5-1 和凭证 5-2。

（凭证 4-1）

电子发票（增值税专用发票）

发票号码：23442000000012345602
开票日期：2024 年 04 月 03 日

国家税务总局 广东省税务局

购买方信息	名称：佛山友邦连锁服装公司 统一社会信用代码/纳税人识别号：22070330839456			销售方信息	名称：肇庆华丽服装有限公司 统一社会信用代码/纳税人识别号：32070330839123		
项目名称	规格型号	单位	数量	单价	金额	税率/征收率	税额
男 T 恤		件	2000	80.00	160000.00	13%	20800.00
合　　计					¥160000.00		¥20800.00
价税合计（大写）	⊗壹拾捌万零捌佰圆整				（小写）¥180800.00		
备注							

开票人：　刘英

（凭证 4-2）

中国工商银行进账单（收账通知）

2024 年 4 月 01 日　　　　第 007 号

付款人	全称	佛山友邦连锁服装公司	收款人	全称	肇庆华丽服装有限公司													备注
	账号	6212262017001284567		账号	6212262017001234567													
	开户银行	工商银行禅城支行		开户银行	工商银行端州支行													
人民币（大写）		⊗壹拾捌万零捌佰圆整				千	百	十	万	千	百	十	元	角	分			
							¥	1	8	0	8	0	0	0	0			
票据种类		转账支票	工商银行端州支行 2024.4 收款人开户行盖章															
票据张数		1 张																
单位主管　会计　复核　记账																		

（凭证 5-1）

材 料 领 用 单

材料类别：　原料及主要材料　　　　　　　　领用部门编号：004
领用部门：　基本生产车间　　　2024 年 4 月 4 日　　　发料部门编号：003

材料编号	名称及规格	计量单位	数量		实际成本	
			请领数	实发数	单位成本（元）	总金额（元）
A1	条纹纯棉面料	米	2 400	2 400	15	36 000.00
					合计	¥36 000.00
用途	生产男 T 恤					

仓库主管：　龙良　　　　领料员：　赵刚　　　　发料人：龙良　　　　记账：陈敏

（凭证 5-2）

材料领用单

材料类别：原料及主要材料　　　　　　　　　　　　　　　领用部门编号：004

领用部门：基本生产车间　　　　　　2024 年 4 月 4 日　　　　　发料部门编号：003

材料编号	名称及规格	计量单位	数量		实际成本	
			请领数	实发数	单位成本（元）	总金额（元）
B2	单色纯棉面料	米	3 000	3 000	12	36 000.00
					合计	¥36 000.00
用途	生产女 T 恤					

仓库主管：龙良　　　　领料员：赵刚　　　　发料人：龙良　　　　记账：陈敏

6. 5 日，华丽公司收回广州佳佳连锁服装公司电汇的前欠的购货款 109 980 元，已存入银行存款户。附凭证 6-1。

（凭证 6-1）

中国工商银行 电 汇 凭证（收账通知）

委托日期　　2024 年 04 月 05 日　　　　　　第 003 号

汇款人	全　称	广州佳佳连锁服装公司	收款人	全　称	肇庆华丽服装有限公司	
汇款人	账号或地址	0032-6120-0408	收款人	账号或地址	6212262017001234567	
汇款人	汇出地点	广州天河	收款人	汇入地点	肇庆	汇入行名称：工行端州支行

金额	人民币（大写）	千	百	十	万	千	百	十	元	角	分
	⊗壹拾万玖仟玖佰捌拾元整		¥	1	0	9	9	8	0	0	0

汇款用途：偿还货款

上列款项已代进账，如有错误，请持此联来行面洽。

单位主管：　　会计：　　出纳：　　记账：

工商银行 端州支行 2024.04

汇入行盖章
年　月　日

此联是收款人的收账通知

7. 6 日，华丽公司向广州佳佳连锁服装公司销售一批产品，增值税专用发票上列明男 T 恤 1 500 件，每件售价 80 元，计 120 000 元，增值税税额为 15 600 元；女 T 恤 2 100 件，每件售价 60 元，计 126 000 元，增值税税额为 16 380 元。产品已经发出，根据发货证明及有关单证向工商银行端州支行办妥银行委托收款手续，双方约定 2 个月内付款。附凭证 7-1 和凭证 7-2。

（凭证 7-1）

电子发票（增值税专用发票）

发票号码：23442000000012345603

开票日期：2024 年 04 月 06 日

全国统一发票监制章
国家税务总局
广东省税务局

购买方信息	名称：广州佳佳连锁服装公司 统一社会信用代码/纳税人识别号：32070330839456	销售方信息	名称：肇庆华丽服装有限公司 统一社会信用代码/纳税人识别号：32070330839123

项目名称	规格型号	单位	数量	单价	金额	税率/征收率	税额
男 T 恤		件	1500	80.00	120000.00	13%	15600.00
女 T 恤		件	2100	60.00	126000.00	13%	16380.00
合　　计					¥246000.00		¥31980.00
价税合计（大写）	⊗贰拾柒万柒仟玖佰捌拾圆整				（小写）¥277980.00		
备注							

开票人：刘英

（凭证 7-2）

委托收款凭证（回单）

邮　　　2024 年 04 月 06 日　　　委托号:00324

付款人	全称	广州佳佳连锁服装公司	收款人	全称	肇庆华丽服装有限公司
	账号	6212262017007894561		账号	6212262017001234567
	开户银行	工行天河支行		开户银行	工行端州支行

人民币（大写）	⊗贰拾柒万柒仟玖佰捌拾圆整	千	百	十	万	千	百	十	元	角	分
			¥	2	7	7	9	8	0	0	0

款项内容	销售货物款项	委托收款凭证名称		附寄单证 1 张
备注：		款项收托日期 2023 年 04 月 04 日		收款人开户行盖章
单位主管	会计	复核		记账

工商银行
端州支行
2024.04

8.7 日，华丽公司以银行存款偿还前欠广州华兴纺织有限公司购货款 40 365 元。附凭证 8-1。

9.8 日，行政办公室主管李英去广州出差，预借差旅费 2 000 元，以现金付讫。附凭证 9-1。

10.9 日，财务部出纳员张燕开出一张现金支票（支票号码 30366781），从银行提取现金 5 000 元，以备用。附凭证 10-1。

（凭证 8-1）

中国工商银行 电 汇 凭证（回单）

委托日期　2024 年 04 月 07 日　第 003 号

<table>
<tr><td rowspan="3">汇款人</td><td>全　称</td><td>肇庆华丽服装有限公司</td><td rowspan="3">收款人</td><td>全　称</td><td colspan="11">广州华兴纺织有限公司</td><td rowspan="6">此联是汇出行给汇款人的回单</td></tr>
<tr><td>账号或地址</td><td>6212262017001234567</td><td>账号或地址</td><td colspan="11">6212262017004561238</td></tr>
<tr><td>汇出地点</td><td>工行端州支行</td><td>汇入地点</td><td>广州</td><td>汇入行名称</td><td colspan="9">工行广州白云支行</td></tr>
<tr><td rowspan="2">金额</td><td>人民币</td><td colspan="4"></td><td>千</td><td>百</td><td>十</td><td>万</td><td>千</td><td>百</td><td>十</td><td>元</td><td>角</td><td>分</td></tr>
<tr><td>（大写）</td><td colspan="4">⊗肆万零叁佰陆拾伍圆整</td><td></td><td></td><td>¥</td><td>4</td><td>0</td><td>3</td><td>6</td><td>5</td><td>0</td><td>0</td></tr>
<tr><td colspan="5">汇款用途：偿还货款
上列款项已根据委托办理，如查询，请持此回单来行面洽。
单位主管：　会计：　出纳：　记账：</td><td colspan="11">工商银行
端州支行
2024.04
汇出行盖章
年　月　日</td></tr>
</table>

（凭证 9-1）

借　款　单

现金付讫

资金性质：库存现金　2024 年 4 月 08 日

部　门	行政办公室	借款事由	公差		
借款金额	金额（大写）　⊗贰仟元整　¥2 000.00				
批准金额	金额（大写）　⊗贰仟圆整　¥2 000.00				
主管领导	张华	财务主管	刘新	借款人	李英

（凭证 10-1）

中国工商银行

现金支票存根

No. 30366781

附加信息

出票日期　2024 年 4 月 09 日

收款人：肇庆华丽服装有限公司
金　额：¥5 000.00
用　途：以备零用

单位主管：　会计：

11. 10 日，华丽公司用现金从肇庆红光文化用品公司购入打印纸 20 包，单价 25 元，共计 500 元。直接发给公司管理部门 16 包，生产车间 4 包。附凭证 11-1 和凭证 11-2。

（凭证 11-1）

电子发票（普通发票）

发票号码：22442000000012346521

开票日期：2024 年 04 月 10 日

购买方信息	名称：肇庆华丽服装有限公司 统一社会信用代码/纳税人识别号：32070330839123	销售方信息	名称：肇庆红光文化用品公司 统一社会信用代码/纳税人识别号：316723326902

项目名称	规格型号	单位	数量	单价	金额	税率/征收率	税额
打印纸	A4	包	20	25	500.00	**	0
合　　计					¥500.00		0
价税合计（大写）	⊗伍佰圆整				（小写）¥500.00		
备注							

开票人：　刘英

（凭证 11-2）

办公用品领用表

2024 年 4 月 10 日　　单位：元

领用部门	领用内容	费用项目	数量	单价	金额
生产车间	打印纸	办公费	4	25	100
管理部门	打印纸	办公费	16	25	400
合计					500

审核：李丽　　制单：陈敏

12. 10 日，财务部出纳员张燕开出一张转账支票（支票号码 30366793），金额为 181 000 元，支付职工上月未发的工资。附凭证 12-1 和凭证 12-2。

13. 11 日，行政办公室主管李英出差归来，报销差旅费 1 900 元，交回现金 100 元。附凭证 13-1 和凭证 13-2。

14. 12 日，以银行存款缴纳上月增值税 46 000 元，城建税 3 220 元，教育费附加 1 380 元。附凭证 14-1、凭证 14-2、凭证 14-3 和凭证 14-4。

（凭证 12-1）

工资结算汇总表

2024 年 4 月 30 日　　单位：元

部门	基本工资	加班加点工资	奖金	应扣工资		应付工资	代扣款项	实发工资
				病假	事假			
男 T 恤生产工人	50 000	13 120				63 120		63 120
女 T 恤生产工人	30 000	12 080				42 080		42 080
车间管理人员	10 000		2 000			12 000		12 000
行政管理人员	32 000		8 000			40 000		40 000
销售人员	23 000		800			23 800		23 800
合计	145 000	25 200	10 800			181 000		181 000

审核：李　　制单：陈敏

（凭证 12-2）

中国工商银行
转账支票存根
No. 30366793

附加信息

出票日期　2024 年 04 月 10 日

收款人：肇庆华丽服装有限公司
金　额：￥181 000.00
用　途：发放工资

单位主管：　　　会计：

（凭证 13-1）

收 款 凭 证

2024 年 04 月 11 日

收　到	行政办公室主管李英　现金收讫							
收款事由	交回多余差旅费借款							
金额	万	千	百	十	元	角	分	人民币（大写）：⊗壹佰元整
		￥	1	0	0	0	0	

复核：刘新　　　出纳：张燕　　　经手人：李英

（凭证 13-2）

差 旅 费 报 销 单

部门：行政办公室　　　2024 年 4 月 11 日

姓名	朱卫					出差事由		开会			出差自 2024 年 4 月 8 日 至 2024 年 4 月 11 日				共 4 天		
起讫时间及地点						车船票		夜间乘车补助费			出差乘车补费			住宿费	伙食费		
月	日	起	月	日	讫	类别	金额	时间	标准	金额	日数	标准	金额	金额	日数	标准	金额
4	8	肇庆	4	8	广州	汽车	54										
4	11	广州	11	11	肇庆	汽车	54				4	48	192	1 200	4	100	400
小计							108						192	1 200			400
合计金额（大写）：⊗壹仟玖佰元整																	
备注：预借 2 000.00　核销 1 900.00　退补 100.00																	

单位领导：张华　　财务主管：刘新　　审核：李丽　　填报人：朱卫

（凭证 14-1）

中华人民共和国(2024)　　NO 0652276　国

税收通用缴款书

隶属关系：　　缴款书

号码：

注册类型：有限责任公司　　填发日期：2024 年 5 月 12 日　　征收机关：端州区国税

无银行收讫章无效

缴款单位(人)	代码	234567	预算科目	编码	10110001
	全称	肇庆华丽服装有限公司		名称	工业企业增值税
	开户银行	工商银行端州支行		级次	中央 75%、地方 25%
	账号	6212262017001234567	收款国库		肇庆市国家税务局
缴款所属时间：		2024-3-01 至 31	税款限缴日期：2024 年 4 月 15 日		

品目名称	课税数量	计税金额或销售收入	税率	已缴或扣除	实缴金额
工业(13%)			13%	0	46 000.00
金额合计		（人民币（大写）⊗肆万陆仟元整			¥46 000.00
缴款单位(人)（盖章）经办人(章)	税务机关（盖章）填票人(章)	上列款项已收妥并划转收款单位账户国库（银行）盖章　2024 年 4 月 12 日		备注：	

第二联 付款凭证 缴款单位的支付凭证，开户银行作借方传票

逾期不缴按税法规定加收滞纳金

（凭证 14-2）

中国工商银行电子缴税付款凭证

中国工商银行　　转账日期：2024 年 4 月 12 日　　凭证字号　　凭证

纳税人全称及纳税人识别号：肇庆华丽服装有限公司　32070330839123

付款人全称：肇庆华丽服装有限公司　　征收机关名称：白云区国税

付款人账号：6212262017001234567　　收款国库（银行）名称：工商端州分理处

付款人开户银行：：工商银行端州支行　　缴款书交易流水号：

小写（合计）金额：¥46 000.00　　税票号码：

大写（合计）金额：⊗肆万陆仟元整

税（费）种名称	所属日期	实缴金额
增值税	20240301-20240331	¥46 000.00

第一次打印　　打印时间：2024 年 4 月 12 日 10 时 28 分

第二联　　作付款回单（无银行收讫章无效）　　复核　　记账

（凭证 14-3）

地方税务局票证专用（2024）　　NO 3828934

电子缴库专用缴款书

填发日期：2024 年 4 月 12 日

☑已申报　　申报序号：0618588671098432　　☐未申报

纳税人计算机代码	0645881	征收机关代码	21100000000
纳税人名称	肇庆华丽服装有限公司	征收机关名称	端州区地方税务局
付款人名称	肇庆华丽服装有限公司	收款国库名称	
付款人开户银行名称	中国工商银行端州支行	国库清算行号	1111000003
付款人账号	6212262017001234567		
纳税项目名称	计税金额	税率	实缴金额
城市维护建设税	46 000	7%	3 220.00
教育费附加	46 000	3%	1 380.00
金额合计（大写）：⊗肆仟陆佰元整		金额合计（小写）￥4 600.00	
缴款单位(人)（盖章）经办人(章)	税务机关（盖章）填票人(章)	银行记账员盖章	备注：

肇庆华丽服装有限公司 财务专用章　肇庆市地税局端州分局 征税专用章　工商银行端州支行 2024.04

（凭证 14-4）

中国工商银行电子缴税付款凭证

中国工商银行　　转账日期：2024 年 4 月 12 日　　凭证字号　　凭证

纳税人全称及纳税人识别号：肇庆华丽服装有限公司　32070330839123

付款人全称：肇庆华丽服装有限公司　　征收机关名称：白云区国税

付款人账号：6212262017001234567　　收款国库（银行）名称：工商端州分理处

付款人开户银行：：工商银行端州支行　　缴款书交易流水号：

小写（合计）金额：￥4 600.00　　税票号码：

大写（合计）金额：⊗肆仟陆佰元整

税（费）种名称	所属日期	实缴金额
城市维护建设税	20240301- 20240331	￥3 220.00
教育费附加	20240301- 20240331	￥1 380.00

工商银行端州支行 2024.04

第一次打印　　打印时间：2024 年 4 月 12 日 10 时 28 分

第二联　　作付款回单（无银行收讫章无效）　复核　记账

15. 15 日，收到肇庆市自来水有限公司增值税专用发票和银行的付款通知，采用委托收款方式支付水费 1 000 元，增值税额进项税额 130 元，共计耗用量 200 立方米，单位成本 5 元。其中：生产产品耗用 160 立方米，由男 T 恤负担 90 立方米，女 T 恤负担 70 立方米，共计 800 元；生产车间一般耗用 30 立方米，共计 150 元；管理部门耗用 10 立方米，共计 50 元。附凭证 15-1、凭证 15-2 和凭证 15-3。

（凭证 15-1）

电子发票（增值税专用发票）

发票号码：23442000000012345604

开票日期：2024 年 04 月 15 日

国家税务总局 广东省税务局

购买方信息	名称：肇庆华丽服装有限公司 统一社会信用代码/纳税人识别号：32070330839123			销售方信息	名称：肇庆自来水有限公司 统一社会信用代码/纳税人识别号：310105926712365		
项目名称	规格型号	单位	数量	单价	金额	税率/征收率	税额
水费		立方米	2000	5.00	1000.00	13%	130.00
合　　计					¥1000.00		¥130.00
价税合计（大写）	⊗壹仟壹佰叁拾圆整				（小写）¥1130.00		
备注							

开票人：　张明

（凭证 15-2）

同城特约委托收款凭证（付款通知）

委托日期 2024 年 04 月 20 日　　　　委托号:00324

付款人	全称	肇庆华丽服装有限公司	收款人	全称	肇庆市自来水有限公司
	账号	6212262017001234567		账号	6212262017007891475
	开户银行	工行端州支行		开户银行	工行端州支行

人民币（大写）	千	百	十	万	千	百	十	元	角	分
⊗壹仟壹佰叁拾圆整				¥	1	1	3	0	0	0

款项内容	水费	合同号		附寄单证	1 张

备注：

工商银行 端州支行 2024.04

支付日期 2024 年 04 月 20 日

注意事项：
1、上列款项为见票全额付款
2、上列款项若有误请与收款单位协商解决
收款人开户行盖章

单位主管　　会计　　复核　　记账

此联交付款人作支款通知

（凭证 15-3）

水费分配表

2024 年 4 月 20 日　　　　单位：元

使用部门及用途		数量	单价	金额
生产车间	男 T 恤	90	5	450
	女 T 恤	70	5	350
小计				800
生产车间一般耗用		30	5	150
管理部门		10	5	50
合计				¥1 000.00

审核：李丽　　　　制表：陈敏

16. 15 日，收到肇庆市供电局增值税专用发票和银行的付款通知，采用委托收款方式支付电费 10 000 元，增值税进项税额 1 300 元，共计耗用量 10 000 度，单位成本 1 元。其中：生产产品耗用 8 000 度，由男 T 恤负担 3 600 度，女 T 恤负担 4 400 度，共计 8 000 元；生产车间一般耗用 1 200 度，共计 1 200 元；管理部门耗用 800 度，共计 800 元。附凭证 16-1、凭证 16-2 和凭证 16-3。

（凭证 16-1）

电子发票（增值税专用发票）

全国统一发票监制章　国家税务总局　广东省税务局

发票号码：23442000000012345605

开票日期：2024 年 04 月 15 日

购买方信息	名称：肇庆华丽服装有限公司 统一社会信用代码/纳税人识别号：32070330839123	销售方信息	名称：肇庆市供电局 统一社会信用代码/纳税人识别号：310105926845693

项目名称	规格型号	单位	数量	单价	金额	税率/征收率	税额
电费		度	10000	1.00	10000.00	13%	1300.00
合　计					¥10000.00		¥1300.00
价税合计（大写）	⊗壹万壹仟叁佰元整				（小写）¥11300.00		
备注							

开票人：陈三

（凭证 16-2）

同城特约委托收款凭证（付款通知）

委托日期 2024 年 04 月 20 日　　委托号:00330

付款人	全称	肇庆华丽服装有限公司	收款人	全称	肇庆市供电局有限公司
	账号	6212262017001234567		账号	6212262017007891486
	开户银行	工行端州支行		开户银行	工行端州支行

人民币（大写）	⊗壹万壹仟柒佰元整	千	百	十	万	千	百	十	元	角	分
				¥	1	1	3	0	0	0	0

款项内容	电费	合同号	附寄单证	1 张
备注：		工商银行端州支行 支付日期 2024 年 04 月 20 日	注意事项： 1、上列款项为见票全额付款 2、上列款项若有误请与收款单位协商解决 收款人开户行盖章	
单位主管	会计	复核	记账	

此联交付款人作支款通知

（凭证 16-3）

电费分配表

2024 年 04 月 20 日　　单位：元

使用部门及用途		数量	单价	金额
生产车间	男 T 恤	3 600	1	3 600
	女 T 恤	4 400	1	4 400
小计				8 000
生产车间一般耗用		1 200	1	1 200
管理部门		800	1	800
合计				¥10 000.00

审核：李丽　　制表：陈敏

17. 16 日，华丽公司向肇庆大华连锁服装公司销售一批产品，增值税专用发票上列明男T恤 1 000 件，每件售价 80 元，计 80 000 元，增值税税额为 10 400 元；女 T 恤 1 500 件，每件售价 60 元，计 90 000 元，增值税税额为 11 700 元。产品已经发出，收到肇庆大华连锁服装公司开出并承兑的 3 个月期限的商业汇票一张。附凭证 17-1 和凭证 17-2。

（凭证 17-1）

电子发票（增值税专用发票）

国家税务总局 广东省税务局

发票号码：23442000000012345606

开票日期：2024 年 04 月 06 日

购买方信息	名称：肇庆大华连锁服装公司 统一社会信用代码/纳税人识别号：32070330839434	销售方信息	名称：肇庆华丽服装有限公司 统一社会信用代码/纳税人识别号：32070330839123

项目名称	规格型号	单位	数量	单价	金额	税率/征收率	税额
男 T 恤		件	1000	80.00	80000.00	13%	10400.00
女 T 恤		件	1500	60.00	90000.00	13%	11700.00
合　计					¥170000.00		¥22100.00
价税合计（大写）	⊗壹拾玖万贰仟壹佰圆整				（小写）¥192100.00		
备注							

开票人：刘英

（凭证 17-2）

商业承兑汇票（存根）　　汇票号码

签发日期：2024 年 04 月 15 日　　第 1202 号

付款人		收款人	
全　称	肇庆大华连锁服装公司	全　称	肇庆华丽服装有限公司
账　号	6212262017000123458	账　号	6212262017001234567
开户银行	工行城东支行	开户银行	工行端州支行

汇票金额	人民币（大写）⊗壹拾玖万贰仟壹佰圆整	千	百	十	万	千	百	十	元	角	分
			¥	1	9	2	1	0	0	0	0
汇票到期日	2024-07-15	交易合同号码									

肇庆大华连锁服装公司 财务专用章　　李鹏

18. 18 日，用现金向肇庆好友佳商场购买办公用品 1 000 元，其中生产车间领用 200 元，管理部门领用 800 元。附凭证 18-1 和凭证 18-2。

（凭证 18-1）

电子发票（普通发票） 发票号码：22442000000012346521

开票日期：2024 年 04 月 18 日

全国统一发票监制章 国家税务总局 广东省税务局

购买方信息	名称：肇庆华丽服装有限公司 统一社会信用代码/纳税人识别号：32070330839123	销售方信息	名称：肇庆好友佳商场 统一社会信用代码/纳税人识别号：316723326902

项目名称	规格型号	单位	数量	单价	金额	税率/征收率	税额
计算器	**	台	8	50	400.00	**	0
订书机	**	个	10	20	200.00		
惠普墨盒	**	个	2	200	400.00		
合　计					¥1 000.00		0
价税合计（大写）	⊗壹仟圆整　（小写）¥1 000.00						
备注							

开票人：张丽

（凭证 18-2）

办公用品领用表

2024 年 4 月 18 日　　单位：元

领用部门	品名及数量				金额
	计算器	订书器	惠普墨盒		
生产车间			1		200
管理部门	8	10	1		800
合计					¥1 000.00

19. 22 日，由于客户江门新意连锁服装公司违反购销合同规定，向其索赔，华丽公司取得罚款收入 20 000 元，已存入银行存款账户。附凭证 19-1。

（凭证 19-1）

中国工商银行进账单（收账通知）

2024 年 4 月 22 日　　第 008 号

付款人		收款人		备注
全称	江门新意连锁服装公司	全称	肇庆华丽服装有限公司	
账号	6212262017007418523	账号	6212262017001234567	
开户银行	工商银行新会支行	开户银行	工商银行端州支行	

人民币（大写）	千	百	十	万	千	百	十	元	角	分
⊗贰万元整			¥	2	0	0	0	0	0	0

票据种类	转账支票
票据张数	1 张

单位主管　　会计　　复核　　记账　　收款人开户行盖章

工商银行 端州支行 2024.4

20. 25 日，华丽公司开出一张转账支票（支票号：30366794），金额为 10 000 元，捐赠广东扶贫基金会。附凭证 20-1 和凭证 20-2。

（凭证 20-1）

专用收款收据

2024 年 4 月 25 日

付款单位（付款人）	肇庆华丽服装有限公司	收款单位（收款人）	广东扶贫基金会	收款项目	扶贫款

人民币（大写）	⊗壹万元整	千	百	十	万	千	百	十	元	角	分
				¥	1	0	0	0	0	0	0

收款事由	捐赠扶贫款	经办部门	

财务专用章	会计主管	稽核	出纳	交款人
	刘新	李丽	张燕	张华

（凭证 20-2）

中国工商银行

转账支票存根

No. 30366794

附加信息

出票日期 2024 年 04 月 25 日

收款人：	广东扶贫基金会
金 额：	¥10 000.00
用 途：	扶贫款

单位主管： 会计：

21. 30 日，华丽公司根据考勤记录，计算出应付职工工资。附凭证 21-1。

（凭证 21-1）

工资费用分配汇总表

2024 年 4 月 30 日

部门	基本工资	加班加点工资	奖金	应扣工资		应付工资	代扣款项	实发工资
				病假	事假			
男 T 恤生产工人	30 000	6 090				36 090		36 090
女 T 恤生产工人	48 000	4 460				52 460		52 460
车间管理人员	10 000		2 000			12 000		12 000
行政管理人员	32 000		8 000			40 000		40 000
销售人员	23 000		1 200			24 200		24 200
合计	143 000	10 550	11 200			16 4750		164 750

审核： 李丽　　　　制单：陈敏

22. 30 日，华丽公司于 2024 年 1 月 1 日向工行端州支行借入的期限为 6 个月的借款 90 000 元，年利率为 4%，计算并提取当月借款利息。附凭证 22-1。

（凭证 22-1）

利息计算表

2024 年 4 月 30 日　　单位：元

借款类别	借款期限	借款金额	年利率	月利息	备注
短期借款	2024/1/1～2024/6/30	90 000	4%	300	资金周转需要
合计		90 000		300	

审核：李丽　　制表：陈敏

23. 30 日，月末固定资产余额为 808 000 元，根据本月固定资产原值的 1%，计提固定资产折旧。其中生产车间固定资产余额为 600 000 元，公司管理部门固定资产余额为 208 000 元。附凭证 23-1。

（凭证 23-1）

固定资产折旧费分配表

2024 年 4 月 30 日

使用部门	固定资产原值（元）	折旧率	折旧额（元）
生产车间	600 000	1%	6 000
管理部门	208 000	1%	2 080
合计	808 000		8 080

审核：李丽　　制表：陈敏

24. 30 日，按生产工时比例将本月发生的制造费用，分配转入"生产成本"账户。其中：男 T 恤生产工时 6 000 小时，女 T 恤生产工时 9 000 小时。附凭证 24-1 和凭证 24-2。

（凭证 24-1）

制造费用明细表

2024 年 4 月 30 日　　单位：元

费用项目	金额
办公费	300
水费	150
电费	1 200
工资	12 000
折旧费	6 000
合计	19 650

审核：李丽　　制表：陈敏

（凭证 24-2）

制造费用分配表

2024 年 4 月 30 日　　单位：元

产品名称	分配标准（工时）	分配率	分配金额
男 T 恤	6 000	1.31	7 860
女 T 恤	9 000	1.31	11 790
合计	15 000	1.31	19 650

审核：李丽　　制表：陈敏

25. 30 日，本月生产的男 T 恤 2 000 件、女 T 恤 3 000 件全部完工入库，计算并结转两种产品的制造成本。附凭证 25-1、凭证 25-2 和凭证 25-3。

（凭证 25-1）

产品成本计算表

产品名称：男T恤　　2024年4月30日　　完工数量：2000件

项目	直接材料	直接人工	制造费用	合计
月初在产品成本	—	—	—	—
本月生产费用	40 050	36 090	7 860	84 000
累计生产费用	40 050	36 090	7 860	84 000
月末在产品成本	—	—	—	—
完工产品成本	40 050	36 090	7 860	84 000
单位产品成本				42

审核：李丽　　制单：陈敏

（凭证 25-2）

产品成本计算表

产品名称：女T恤　　2024年4月30日　　完工数量：3000件

项目	直接材料	直接人工	制造费用	合计
月初在产品成本	—	—	—	—
本月生产费用	40 750	52 460	11 790	105 000
累计生产费用	40 750	52 460	11 790	105 000
月末在产品成本	—	—	—	—
完工产品成本	40 750	52 460	11 790	105 000
单位产品成本				35

审核：李丽　　制单：陈敏

说明：水电费（动力费用）在产品成本中所占比重小，因此把由产品负担的水电费计入"直接材料"成本项目。

（凭证 25-3）

产成品入库单　　第4号

收货仓库：成品仓库　　2024年4月30日

类别	产品名称	单位	应收数量	实收数量	单位成本	金额
服装	男T恤	件	2 000	2 000	42	84 000
服装	女T恤	件	3 000	3 000	35	105 000
合计						18 900

审核：李丽　　制单：陈敏

26. 30日，月末结转已销售的男T恤、女T恤的销售成本。本月共销售男T恤4 500件，女T恤3 600件，男T恤单位成本为42元，女T恤单位成本为35元。附凭证26-1、凭证26-2、凭证26-3和凭证26-4。

（凭证 26-1）

产品出库单

接受单位：佛山友邦连锁服装公司　　No.123321

用途：销售　　2024年4月3日　　成品仓库

产品名称或编号	计量单位	数量	金额（元）	
			单位成本	总成本
男T恤	件	2 000	42	84 000
备注：			合计	84 000

仓库管理员：陈亮　　经手人：刘好　　制单：陈敏

（凭证 26-2）　　产品出库单

接受单位：广州佳佳连锁服装公司　　No.123322

用途：销售　　2024 年 4 月 6 日　　成品仓库

产品名称或编号	计量单位	数量	金额（元）	
			单位成本	总成本
男 T 恤	件	1 500	42	63 000
女 T 恤	件	2 100	35	73 500
备注：			合计	136 500
仓库管理员：陈亮	经手人：刘好		制单：陈敏	

（凭证 26-3）　　产品出库单

接受单位：肇庆大华连锁服装公司　　No.123323

用途：销售　　2024 年 4 月 16 日　　成品仓库

产品名称或编号	计量单位	数量	金额（元）	
			单位成本	总成本
男 T 恤	件	1 000	42	42 000
女 T 恤	件	1 500	35	52 500
备注：			合计	94 500
仓库管理员：陈亮	经手人：刘好		制单：陈敏	

（凭证 26-4）　　产品销售成本计算单

2024 年 4 月 30 日

商品名称	销售数量	计量单位	单位成本	总成本
男 T 恤	4 500	件	42	189 000
女 T 恤	3 600	件	35	126 000
合计				315 000
审核：李丽			制表人：陈敏	

27. 30 日，转出未交增值税 68 380 元。经查宏达公司本月“应交税费——应交增值税”账户借方栏“进项税额”为 6 500 元，贷方“销项税额”为 74 880 元，抵扣后本月增值税额为 68 380 元。附凭证 27-1。

（凭证 27-1）　　转出未交增值税计算表

2024 年 4 月 30 日　　单位：元

项目	进项税额	销项税额	本月未交增值税额
金额	6 500	74 880	68 380
合计	6 500	74 880	68 380
复核：李丽			制表：陈敏

28. 30 日，计提城市维护建设税和教育费附加。经查宏达公司本月“应交税费——应交增值税”账户借方栏“进项税额”为 6 500 元，贷方“销项税额”为 74 880 元，抵扣后本月增值税额为 68 380 元，按应交增值税额的 7%计提本月的城市维护建设税，按 3%计提教育费附加。附凭证 28-1。

(凭证 28-1)	城建税等计提表			
	2024 年 4 月 30 日			单位：元
税种	计税依据	计税金额	税率	应纳税额
城市维护建设税	增值税	68 380	7%	4 786.6
教育费附加	增值税	68 380	3%	2 051.4
合计				6 838
审核： 李丽				制单：陈敏

29. 30 日，月末结转本月损益类账户的发生额至“本年利润”账户。（本业务无须凭证）

30. 30 日，假定利润总额与应纳税所得额一致，计算本月应交所得税，并结转所得税费用。附凭证 30-1。

(凭证 30-1)	所得税计算表		
	2024 年 4 月 30 日		单位：元
项目	本月应纳税所得额	税率	应纳所得税额
所得税	190 632	25%	47 658.00
合计			47 658.00
审核： 李丽			制单：陈敏

三、任务

1. 请审核业务 1 至业务 30 所附的原始凭证的内容是否填制完整。

2. 请根据业务 1 至业务 30 的经济业务内容和原始凭证写出相应的会计分录，并根据会计分录判断应该填制哪种专用记账凭证。（填写在课本大小的白纸上，做出准确无误的分录后贴在课本本章实训后面）

3. 请学生购买 1 本收款凭证，1 本付款凭证，1 本转账凭证，为业务 1 至业务 30 填制专用记账凭证。

4. 根据该公司 2023 年 4 月填制的所有分录或所有记账凭证登记“T”字形账户，结出各账户的本期发生额和余额。

第七章 会计账簿

【学习目标】

▶ 知识目标 ◀

1. 理解会计账簿的意义与分类。
2. 掌握日记账、总账、明细账的设置与登记方法。
3. 掌握对账、错账更正、结账的方法。

▶ 能力目标 ◀

1. 独立完成实训日记账、总账、明细账的登记。
2. 培养认真细致的工作能力和反思能力。

▶ 素养目标 ◀

1. 培养学生对会计工作的热爱和责任感,树立正确的职业观和价值观。
2. 培养学生严谨细致的工作态度,注重数据的准确性和完整性。
3. 提高学生分析和解决问题的能力,提升团队协作和沟通能力。

第一节 会计账簿概述

一、会计账簿的概念与意义

(一)会计账簿的概念

会计账簿是指由一定格式的账页组成的,以经过审核的会计凭证为依据,全面、系统、连续地记录各项经济业务的簿籍。设置和登记账簿,是编制财务报表的基础,是连接会计凭证和财务报表的中间环节。

(二)会计账簿的作用

每项经济业务发生后,会计人员应根据相关凭证,按复式记账的方法编制出会计分录,但分录只是用会计语言来反映此项业务所引起的相关会计要素的增减变动情况,提供的是零星、分散的信息资料,不能把各单位在一定会计期间的全部经济业务所引起的会计要素的变化、资金运动的过程及其结果系统、完整地反映出来,不便于会计信息的整理与报告。因此,在会计核算工作中,为了全面记录和反映一个单位的经济业务,需要通过设置和登记账簿,来对分散的数据或资料进行归类整理,并逐步加工成相关会计信息,为编制会计报表提供依据。

设置和登记账簿是会计核算工作的重要环节,它的作用可以概括为以下几方面:

1. 记载和储存会计信息

通过设置和登记账簿,可以将会计凭证中记录的信息记入相关账簿,从而全面地反映一个单位在一定会计期间发生的经济业务所引起的会计要素变化和资金运动情况,储存各项会计信息。

2. 分类、汇总会计信息

通过设置和登记账簿,可以按账户对会计凭证中大量而分散的会计资料进行分类记录,并可进一步汇总加工,从不同详细程度提供多种会计信息。

3. 检查、校正会计信息

通过设置和登记账簿,可以反映各项财产物资的增减变动情况,从而监督财产物资的保管和使用情况,有利于保障财产物资的安全完整,通过账实核对做到账实相符,提供可靠的会计信息。同时会计账簿作为重要的会计档案,是会计检查和会计分析的重要依据。

4. 编报、输出会计信息

通过设置和登记账簿,可以为计算财务成果及编制会计报表提供依据,从而向会计信息使用者提供各项会计信息。

(三)会计账簿的基本内容

在实际工作中,由于各种会计账簿所记录的经济业务不同,账簿的格式也多种多样,但各种账簿都应具备以下基本内容:

1. 封面

主要用来标明账簿名称,如总分类账、各种明细分类账、现金日记账、银行存款日记账等。

2. 扉页

主要列明科目索引、账簿启用和经管人员一览表(活页账、卡片账在装订成册后,填写账簿启用和经管人员一览表),其格式如表 7-1 所示。

3. 账页

账页是账簿用来记录经济业务事项的载体,包括账户的名称、登记账户的日期栏、凭证种类和号数栏、摘要栏(记录经济业务内容的简要说明)、金额栏(记录经济业务的金额增减变动情况)、总页次和分户页次等基本内容。

(四)会计账簿与账户的关系

会计账簿与会计账户有着密切的联系。账户是根据会计科目开设的,账户存在于账簿之中,账簿中的每一账页都是账户的存在形式和载体,没有账簿,账户就无法存在。另一方面,账户是账簿的实质内容,账簿对经济业务的全面、系统、连续的记录是在各个账户中分类进行的,账簿是这些账户的外观形式。概括地说,账簿与账户的关系是形式与内容的关系。

表 7-1　　　　账簿启用和经管人员一览表

账簿启用表									贴印花处		
单位名称	（加盖公章）					负责人			职务	姓名	
账簿名称	总账　账簿第　册					单位领导					
账簿号码	第　号	启用日期	年　月　日			会计主管					
账簿页数	本账簿共计　　页					主办会计					
经管本账簿人员一览表											
记账人员			接管日期			移交日期			监交人员		备注
职务	姓名	签章	年	月	日	年	月	日	职务	姓名	

二、会计账簿的种类

会计账簿的种类很多，不同类别的会计账簿可以提供不同的信息，满足不同的需要。会计账簿可以按不同的分类标准进行分类。

（一）账簿按用途分类

账簿按其用途可分为序时账簿、分类账簿和备查账簿三类。

1. 序时账簿

序时账簿，又称日记账，是按照经济业务发生时间的先后顺序，逐日、逐笔登记的账簿。序时账簿按其记录的内容，可分为普通日记账和特种日记账。

普通日记账是对全部经济业务按其发生时间的先后顺序逐日、逐笔登记的账簿；特种日记账是对某一特定种类的经济业务按其发生时间的先后顺序逐日、逐笔登记的账簿。如用来登记现金收付业务及其结存情况的现金日记账，用来登记银行存款收付业务及其结存情况的银行存款日记账。

目前，我国各单位一般只设置现金和银行存款两本特种日记账，以加强对货币资金的监督和控制，而不设置普通日记账。

2. 分类账簿

分类账簿是按照会计要素的具体类别而设置的、分类进行登记的账簿。账簿按其反映经济业务的详略程度，可分为总分类账簿和明细分类账簿。

总分类账簿，又称总账，是根据总分类账户开设的，能够全面地反映企业的经济活动；明细分类账簿，又称明细账，是根据明细分类账户开设的，用来提供明细的核算资料。总账对所属的明细账起统驭作用，明细账对总账进行补充和说明。

分类账可以按账户分类，反映和监督企业各项会计要素的增减变化情况，它所提供的数据信息是编制会计报表的主要依据。

3. 备查账簿

备查账簿，又称辅助登记簿或补充登记簿，是指对某些在序时账簿和分类账簿中未能记载或记载不全的经济业务进行补充登记的账簿。备查账簿只是对其他账簿记录的一种补充,与其他账簿之间不存在严密的依存和勾稽关系。如租入固定资产登记簿,用来登记那些以经营方式租入、不属于本企业资产、不能记入本企业固定资产账户的固定资产;代销商品登记簿,用来登记代为销售、不属于本企业资产、不能记入本企业库存商品的受托代销商品等。

备查簿与序时账、分类账有两点不同:一是备查簿的登记依据是实际发生的经济业务,不一定需要原始凭证或记账凭证;二是备查簿可以根据各单位的实际需要自行设置,没有固定的格式要求,其登记内容更注重用文字对经济业务相关情况的表述。

(二)账簿按外表形式分类

账簿按外表形式,可分为订本式账簿、活页式账簿和卡片式账簿三种。

1. 订本式账簿

订本式账簿,又称"订本账",是指在启用前对账页顺序编号,并固定地装订成册的账簿。它的优点是能够防止账页散失和非法抽换,比较安全;缺点是账页固定装订,同一时间内只能由一人负责登记,不便于分工记账,每一账户所需账页要事先估计预留,不便于根据记账需要增减账页。订本式账簿一般用于现金、银行存款日记账和总分类账。

2. 活页式账簿

活页式账簿,又称"活页账",它是将若干具有一定格式的账页装订在活页账夹中,启用后可以随时增减或重新排列账页,年终再对实际账页顺序编号并装订成册的账簿。它的优点是应用灵活,便于分工记账,可随时根据记账需要增减账页;缺点是账页容易丢失和被非法抽换。活页式账簿一般用于明细分类账。

3. 卡片式账簿

卡片式账簿,又称"卡片账",它是由专门格式、分散的卡片作为账页组成的账簿。这种卡片一般放置在卡片箱中,可以随时取放,其本质也是一种活页账,因此它除具有活页账的优、缺点,此外,它还可以跨年度使用,不需每年更换。卡片式账簿主要用于使用期限较长的财产物资明细账,如固定资产卡片、低值易耗品卡片等。

(三)账簿按账页格式分类

账簿按账页格式,可以分成二栏式账簿、三栏式账簿、多栏式账簿、数量金额式账簿、横线登记式账簿。

1. 二栏式账簿

二栏式账簿是指只有借方和贷方两个金额栏目的账簿。如普通日记账一般采用两栏式,格式如表 7-2 所示。

2. 三栏式账簿

三栏式账簿是指设有借方、贷方和余额三个金额栏目的账簿。这种账簿格式适用于总分类账、现金和银行存款日记账,以及只需进行金额核算的明细分类账户。

三栏式账簿又分为设对方科目和不设对方科目两种,区别是在摘要栏和借方科目之间是否有一栏"对方科目"。有"对方科目"栏的,称为设对方科目的三栏式账簿;没有"对方科目"栏的,称为不设对方科目的三栏式账簿。分别如表 7-3 和表 7-4 所示。

表 7-2　　　　普通日记账（二栏式）　　　　第　　页

年		凭证号数	摘要	账户名称	记账	借方										贷方									
月	日					千	百	十	万	千	百	十	元	角	分	千	百	十	万	千	百	十	元	角	分

表 7-3　　　　现金日记账（设对方科目三栏式）

币种：　　　　第　　页

年		凭证号数	摘要	对方科目	借方										贷方										借或贷	余额									
月	日				千	百	十	万	千	百	十	元	角	分	千	百	十	万	千	百	十	元	角	分		千	百	十	万	千	百	十	元	角	分

总页码	
本账户页次	

表 7-4　　　　总账（不设对方科目三栏式）

年		凭证号数	摘要	借方										贷方										借或贷	余额									
月	日			千	百	十	万	千	百	十	元	角	分	千	百	十	万	千	百	十	元	角	分		千	百	十	万	千	百	十	元	角	分

3. 多栏式账簿

多栏式明细账是将属于同一个总账科目的各个明细科目合并在一张账页上进行登记，即在这种格式账页的借方或贷方金额栏内按照明细项目分设若干个专栏。因此，多栏式明细账又分为借方多栏式、贷方多栏式和借贷方多栏式三种格式。这种格式的明细账主要适用于成本、费用或收入类科目的明细核算。成本费用类账户一般发生额在借方，因此多采用借方多栏的格式。而收入类账户一般发生额在贷方，故采用贷方多栏的格式。如表 7–5 所示。

表 7–5 **管理费用明细账** 第　页

年		凭证号码	摘要	借方																																							
月	日			办公费							差旅费							水电费							工资							……							合计						
				万	千	百	十	元	角	分	万	千	百	十	元	角	分	万	千	百	十	元	角	分	万	千	百	十	元	角	分	万	千	百	十	元	角	分	万	千	百	十	元	角	分

4. 数量金额式账簿

数量金额式账簿是指在账簿的借方、贷方和余额三个栏目内，每个栏目再分设数量、单价和金额三小栏，借以反映财产物资的实物数量和价值量的账簿。这种账簿适用于既要进行货币量核算，又要进行实物数量核算的明细分类账户，如"原材料""库存商品"等各类存货的明细分类账。它能提供各种财产物资的收入、发出和结存的数量及金额，便于加强对财产物资的实物管理，保障财产物资的安全完整。如表 7–6 所示。

本账页数	
本户页数	

表 7–6 **材料明细账**

类别：　　名称：　　规格：　　计量单位：　　编号：

年		凭证号数	摘要	收入											发出											结存										
月	日			数量	单价	金额									数量	单价	金额									数量	单位	金额								
						百	十	万	千	百	十	元	角	分			百	十	万	千	百	十	元	角	分			百	十	万	千	百	十	元	角	分

5. 横线登记式账簿

横线登记式账簿，又称平行式账簿，是指将前后密切相关的经济业务登记在同一行上，以便检查每笔业务的发生和完成情况的账簿。这种格式适用于物资采购和某些应收、应付款项的明细核算。格式如表 7–7 所示。

表 7-7

在途物资登记簿															
付款记录									收料记录						
年		凭证		供应单位	发票号	材料名称	数量	金额	年		凭证		实收数量	金额	备注
月	日	字	号						月	日	字	号			

第二节　会计账簿的启用与登记要求

账簿设置是根据企业所在具体行业要求和未来可能发生的经济业务，确定需开设账簿的种类、外表形式、账页格式，以及规定账簿的登记方法，并将初始账务资料登入有关账簿，为日常经济业务的处理做好准备。

一、会计账簿设置原则

各单位的账簿设置要在符合国家统一会计制度规定的前提下，根据本单位经济业务的特点和管理的需要，遵照以下原则进行：

第一，账簿的设置要组织严密，能够全面、分类、序时地反映和监督经济业务活动情况，便于提供全面、系统的核算资料。

第二，要科学划分账簿的核算范围及层次，账簿之间既要互相联系，能清晰地反映账户间的对应关系，也要防止相互重叠，避免重复记账。

第三，账页格式要符合所记录的经济业务的内容要求，力求简明实用，既要防止过于繁琐，又要避免过于简单，以致不能满足日常管理和编制报表的资料需求。

二、期初建账

《会计法》规定："各单位按照国家统一的会计制度的规定设置会计科目和会计账簿"。依法建立账簿，不仅是国家法律的强制要求，也是加强单位经营管理的客观需要。建账是会计工作得以开展的基础环节。一般来讲，新成立单位的会计人员均应根据核算工作的需要设置相应的账簿，如总账、明细账、日记账等。

以下以肇庆华丽服装有限公司（简称华丽公司）的案例为例说明企业期初建账方法。需特别说明的是，期初建账是企业单位进行会计核算的起点，华丽公司 2024 年 4 月 1 日各账户的期初余额在第六章章节实例题中。

根据企业经济业务的特点和管理需要，一般应购买并设置以下账簿：

（一）总分类账期初建账

总分类账一般采用订本式账簿、三栏式账页格式。建账步骤如下：

1. *启用账簿*

（1）填写“账簿启用表”。每本账簿的扉页均附有“账簿启用表”，内容包括单位名称、账簿名称、账簿号码、账簿页数、启用日期、单位负责人、单位主管财会工作负责人、会计机构负责人、会计主管人员等。启用账簿时，应填写表内各项内容，并在单位名称处加盖公章、各负责人姓名后加盖私章。

（2）填写“经管本账簿人员一览表”。账簿经管人员指负责登记使用该账簿的会计人员，当账簿的经管人员调动工作时，应办理交接手续，填写该表中的账簿交接内容，并由交接双方人共同签名或盖章。

（3）粘贴印花税票。根据税法相关规定，企业的会计账簿中的资金账簿，即反映企业实收资本和资本公积金额增减变化的账簿，按以下方法贴花：在企业设立初次建账时，按实收资本和资本公积金额的 0.25‰贴花；次年度实收资本与资本公积未增加的，不再计算贴花，实收资本与资本公积增加的，就其增加部分按 0.25‰税率补贴印花。其他会计账簿，免征印花税。

印花税票粘贴在账簿扉页的右下角“印花粘贴处”框内，并在印花税票中间划几条平行横线即行注销，注销标记应与骑缝处相交。若企业使用缴款书缴纳印花税，应在账簿扉页的“印花粘贴处”框内注明“印花税已缴”以及缴款金额。

【例 7-1】以肇庆华丽服装有限公司 2024 年年初总账启用账簿为例，账簿启用登记表见表 7-8。（注意：资料来自第六章章节实务题中的肇庆华丽服装有限公司 2024 年年初建账。）

表 7-8　　账簿启用表

账簿启用表

单位名称	肇庆华丽服装有限公司（加盖公章）			负责人	职务	姓名
账簿名称	总账账簿第一册			单位领导	总经理	张华
账簿号码	第 1 号	启用日期	2024 年 1 月 1 日	会计主管	财务经理	刘新
账簿页数	本账簿共计 200 页			主办会计		李丽

公章

经管本账簿人员一览表

记账人员			接管日期			移交日期			监交人员		备注
职务	姓名	签章	年	月	日	年	月	日	职务	姓名	

2. 设置总分类账户

总分类账簿中包括本企业使用的全部总分类账户，因此需指定每一总分类账户在总分类账簿中的登记账页，在相应账页的“会计科目及编号”栏处填写指定登记账户的名称及编码。

由于总分类账采用的是订本式账簿，为了便于账户的查找，各总账账户的排列顺序应有一定的规律，一般应按会计科目表中编码顺序排列，因此，只要是本单位会计核算涉及的总账账户，不论期初是否有余额，都需在总账中设置出相应账户，并根据实际需要预留账页。

【例 7-2】以肇庆华丽服装有限公司 2024 年 1 月初开设库存现金总账账页为例，库存现金总账账页见表 7-9。

总页码	1
本账户页次	1

表 7-9　　　　**总分类账**

会计科目名称及编号：库存现金

年		凭证号数	摘要	借方										贷方										借或贷	余额									
月	日			千	百	十	万	千	百	十	元	角	分	千	百	十	万	千	百	十	元	角	分		千	百	十	万	千	百	十	元	角	分

3. 登记期初余额

对于有期初余额的总账账户，根据相关资料登记账户记录。在该账户账页的第一行日期栏中填入期初的日期，在摘要栏填入“期初余额”（年度更换新账簿时填入“上年结转”），在借贷方向栏标明余额的方向，在余额栏填入账户的期初余额。对于没有余额的总账账户，无须特别标识其余额为零。

在登记账簿记录时应注意：

（1）使用蓝黑墨水或者碳素墨水书写，不得使用圆珠笔（银行的复写账簿除外）或者铅笔书写。

（2）账簿中书写的文字和数字上面要留有适当空格，不要写满格，一般应占格距的 1/2。

（3）账簿的阿拉伯数字应按所示的会计数字的规范书写要求书写（参见图 7-1）。数字书写时不得连笔书写，每个数字要紧贴底线书写，并有 60 度左右的倾斜度。书写数字“6”时，上端比其他数字高出 1/4，书写数字“7”和“9”时，下端比其他数字伸出 1/4。

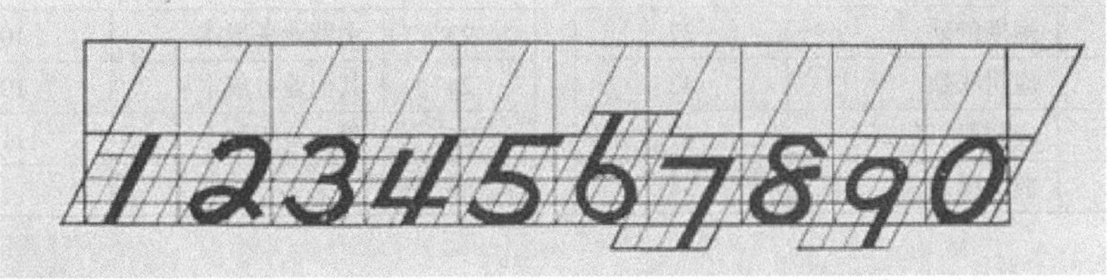

图 7-1　会计数字规范书写

(4)账簿中的小写金额前不用加上币别符号。

【例 7-3】按以上方法设置肇庆华丽服装有限公司 2023 年 4 月 1 日的“库存现金”期初余额如表 7-10 所示。(注意:资料来自第六章章节实务题中的肇庆华丽服装有限公司 2024 年 4 月总账期初余额,见表 6-17)

总页码	2
本户页次	2

表 7-10 **总分类账**

会计科目名称及编号:库存现金

2024年		凭证号数	摘要	借方										贷方										借或贷	余额									
月	日			千	百	十	万	千	百	十	元	角	分	千	百	十	万	千	百	十	元	角	分		千	百	十	万	千	百	十	元	角	分
4	1		月初余额																										7	0	0	0	0	0

4. 填写账户目录

由于总账是订本式,在各账页中预先印有连续编号,为方便查找,所有总账账户设置完后,应在账簿启用页后的“账户目录表”中填入各账户的科目编号、名称及起始页码。

【例 7-4】按以上方法设置肇庆华丽服装有限公司的账户目录如表 7-11 所示。(注意:资料来自第六章章节实务题中的肇庆华丽服装有限公司相关资料。)

表 7-11 **肇庆华丽服装有限公司的账户目录**

账簿目录表

序号	科目名称	总页码	序号	科目名称	总页码
1	库存现金	1	14	应付利息	58
2	银行存款	5	15	实收资本	62
3	应收票据	13	16	盈余公积	65
4	应收账款	16	17	本年利润	70
5	原材料	21	18	利润分配	75
6	库存商品	26	19	生产成本	78
7	固定资产	29	20	制造费用	86
8	无形资产	31	21	主营业务收入	95
9	累计折旧	34	22	其他业务收入	100
10	短期借款	37	23	主营业务成本	105
11	应付账款	42	24	其他业务成本	108
12	应付职工薪酬	47	25	税金及附加	111
13	应交税费	54	26	……	

(二)日记账期初建账

为了加强对货币资金的监督和控制,应设置现金、银行存款日记账各一本,采用订本式账簿、三栏式账页格式。日记账建账步骤如下：

1. *启用账簿*

日记账的账簿启用与总账相似，此处不再赘述。

2. *设置账户*

现金日记账按现金的币种分别开设账户，银行存款日记账按单位在银行开立的账户和币种开设账户，每一账户要预留账页。因外币现金和银行存款需采用包含原币信息的复币账页，因此，本位币与外币现金、银行存款分别开设账簿。

3. *登记期初余额*

对于有期初余额的“库存现金”账户，根据相关资料在账户中登记期初余额；对于有期初余额的“银行存款”账户，根据相关资料在账户中登记期初余额。

4. *填写账户目录*

日记账的账户目录的填写与总账相似，此处不再赘述。

【例 7-5】按以上方法设置肇庆华丽服装有限公司 2024 年 4 月 1 日的现金日记账和银行存款日记账。如表 7-12 和表 7-13 所示。（资料见第六章的章节实务题中肇庆华丽服装有限公司 2024 年 4 月有关总账账户期初余额，见表 6-17）

表 7-12 现金日记账

币种：人民币 第 5 页

2024年		凭证号数	摘要	对方科目	借方										贷方										借或贷	余额									
4月	日				千	百	十	万	千	百	十	元	角	分	千	百	十	万	千	百	十	元	角	分		千	百	十	万	千	百	十	元	角	分
4	1		月初余额																						借					7	0	0	0	0	0

表 7-13 银行存款日记账 第 6 页

开户银行：工商银行

2024年		凭证号数	摘要	对方科目	借方										贷方										借或贷	余额									
4月	日				千	百	十	万	千	百	十	元	角	分	千	百	十	万	千	百	十	元	角	分		千	百	十	万	千	百	十	元	角	分
4	1		月初余额																						借		1	1	5	1	8	0	5	0	0

（三）明细分类账期初建账

明细分类账一般采用活页式账簿，有三栏式、数量金额式及多栏式多种账页格式，相同格式的账页装订成本。

由于活页账可以在使用过程中根据需要增减账页，以及对账页的顺序进行调整，因此，在设置明细分类账时，不需给每一明细账户预留账页，可以先在相关账簿中设置出有期初余额的明细账户，对期初无余额的明细账户，可暂时不设，待日常账务处理中用到时再行设置，并插入账簿中同属一个总分类账户的明细账户顺序中去。

为了便于查找账户，明细账户在账簿中一般也按会计科目编码顺序排列，同属于一个总分类账户的明细账户应集中连续排列。在每一明细分类账户起始页上端或右侧粘贴标签（取口纸），在标签上注明该账户名称，不同账户的标签相互错开排列。

并不是所有的总分类账户都需要设置明细分类账户，企业可以根据实际需要决定明细分类账户的设置，以及所采用的账页格式。肇庆华丽服装有限公司的明细分类账户设置及账页格式如表 7-14 所示。

表 7-14　　肇庆华丽服装有限公司的明细分类账户设置及账页格式表

总账科目	明细分类账页格式	总账科目	明细分类账页格式
库存现金	日记账	其他应付款	三栏式
银行存款	日记账	长期借款	三栏式
其他货币资金	三栏式	实收资本	三栏式
应收票据	三栏式	资本公积	三栏式
应收账款	三栏式	盈余公积	三栏式
其他应收款	三栏式	本年利润	不设明细账
材料采购	三栏式(专用多栏式)	利润分配	三栏式
原材料	数量金额式	生产成本	专用多栏式
库存商品	数量金额式	制造费用	普通多栏式
长期待摊费用	三栏式	主营业务收入	普通多栏式
固定资产	卡片	其他业务收入	普通多栏式
累计折旧	不设明细账	营业外收入	普通多栏式
短期借款	三栏式	主营业务成本	普通多栏式
应付票据	三栏式	其他业务成本	普通多栏式
应付账款	三栏式	税金及附加	普通多栏式
其他应付款	三栏式	销售费用	普通多栏式
应付职工薪酬	三栏式	管理费用	普通多栏式
应交税费	应交增值税为专用多栏式;其他明细账户为三栏式	财务费用	普通多栏式
应付利息	三栏式	营业外支出	普通多栏式
应付股利	三栏式	所得税费用	不设明细账

1. 三栏式明细分类账期初建账

建账步骤如下：

(1)启用账簿。

(2)设置账户。在其中设置出应收账款、预付账款、其他应收款、长期待摊费用、短期借款、应付账款、预收账款、应付职工薪酬、应付利息、应交税费、长期借款、实收资本、盈余公积、利润分配等所属各有期初余额的明细分类账户，其他无期初余额的明细账户暂不设置。开设明细账户时，首先在选定明细账页上方填写该明细账户所属总分类科目名称、明细科目名称、明细科目编码及该明细账户当前页码。

活页式账簿内账页事先未印制固定页码，由企业根据使用情况填写。每一账页均有两个页码：

“第×× 页”(“本户页数”)，指按明细分类账户对账页所进行的编码，即该账页为该明细分类账户的第几页，在启用新账页时进行编码。如开设“应收账款——广州佳佳连锁服装公司”账户时，选定的账页为该账户的“第 1 页”，该页登记满，转入下页继续登记时，下页即为该账户的“第 2 页”。

“本账页数”(“总第×× 页”)，指不区分明细分类账户，对账簿中包含的账页按排列顺序进行的编码，即该账页为该明细账簿中的第几页。由于活页账在使用过程中会根据需要对账页进行增减，以及调整账页的顺序，所以该编码在年度结束时，将账簿中空白账页抽出，并对账页顺序进行整理后填写。

(3)登记期初余额。根据相关资料在明细分类账户中登记期初余额。

【例 7-6】根据以上方法开设肇庆华丽服装公司 2024 年 4 月应收账款——广州佳佳连锁服装公司的账款明细分类账户如表 7-15 所示。(资料见第六章章节实务题中肇庆华丽服装有限公司 2024 年 4 月有关总账账户期初余额，见表 6-17)

本账页数	
本户页数	3

表 7-15 **应收账款明细账**

应收账款科目广州佳佳连锁服装公司

2024年		凭证号数	摘要	借方										贷方										借或贷	余额									
4月	日			千	百	十	万	千	百	十	元	角	分	千	百	十	万	千	百	十	元	角	分		千	百	十	万	千	百	十	元	角	分
4	1		月初余额																					借			1	0	9	9	8	0	0	0

在进行明细分类账的设置时，应注意的是：明细科目的编码一般采用群码的编码方式，以清楚地反映科目的隶属关系，其中一级科目编码已由会计制度明确规定，其他各级科目编码长度根据各单位需要自行确定，其长度既不能过长，不便运用，也不能太短，容量不够使用。

(4)粘贴账户标签。由于活页账簿中账页数量和位置的可变性，账簿登记过程中不能通过账户目录来查找账户，因此，为了便于账户查找，在每个账户首页上加贴取纸标签。

2. 数量金额式明细分类账期初建账

建账步骤：

(1)启用账簿。

(2)设置账户:在其中开设出原材料、库存商品所属的有期初余额的明细分类账户。

(3)登记期初余额:根据相关资料在明细分类账户中登记期初余额。

(4)粘贴账户标签。

【例 7-7】根据以上方法开设肇庆华丽服装公司 2024 年 4 月原材料——条纹纯棉面料明细分类账户如表 7-16 所示。(资料见第六章的章节实务题中肇庆华丽服装有限公司 2024 年 4 月有关总账账户期初余额,见表 6-17)

本账页数	
本户页数	4

表 7-16　　材料明细账

类别:原料及主要材料　名称:条纹纯棉面料　规格:95%棉+5%氨纶　计量单位:米　编号:

2024年		凭证号数	摘要	收入										发出										结存									
4月	日			数量	单价	十	万	千	百	十	元	角	分	数量	单价	十	万	千	百	十	元	角	分	数量	单位	十	万	千	百	十	元	角	分
4	1		月初余额																					2400	15		3	6	0	0	0	0	0

3. 多栏式明细账期初建账

(1)应交增值税明细账。该账簿是专用账簿,用以登记应交增值税的增减变化情况。因此,无须再进行账户设置,在启用账簿后,将应交增值税账户的期初余额登记入账簿即可。

(2)生产成本明细账。

建账步骤:

①启用账簿。

②开设账户。生产成本明细账用以登记各成本核算对象的实际生产成本,按产品品种开设明细分类账户,对每种产品设置直接材料、直接人工及制造费用三个成本构成项目。开设时,在选定的账页左上方填入总账科目、产品名称、规格型号及计量单位等资料,并填写账页编码。

③登记期初余额。根据相关资料将该种产品期初在产品成本登记入账。登记时在“合计栏”中填入期初总成本,“直接材料”“直接人工”“制造费用”栏中填入各成本构成项目金额。

应注意的是,在各多栏式明细账簿中,一般将多栏方向的起始栏设为“合计”栏,“合计”是指本行本方向登记的各栏金额合计数,上下行数据不累积。

④粘贴账户标签。

(3)普通多栏式明细分类账。

建账步骤:

①启用账簿。

②开设账户。普通多栏式明细分类账主要用来登记制造费用及各损益类账户,这些账户一般没有期初余额。开设账户时,首先将总分类科目填入账户的“科目名称”栏;然后确定多栏方向并写入栏目上方,一般将该账户登记增加的一方设为多栏方向,如“制造费用”和损益类中的费用账户设借方多栏,损益类中的收入账户设贷方多栏;最后将所属明细科目作为

账户中栏目名称写入各栏目,注意将第一栏设为“合计”栏。

③粘贴账户标签。

【例 7-8】根据以上方法开设肇庆华丽服装公司 2024 年 4 月普通多栏式明细分类账,以开设管理费用明细分类账户为例。如表 7-17 所示。

表 7-17 管理费用明细账 第 页

<table>
<tr><td colspan="2">2024年</td><td rowspan="3">凭证号码</td><td rowspan="3">摘要</td><td colspan="42">借方</td></tr>
<tr><td rowspan="2">4月</td><td rowspan="2">日</td><td colspan="7">办公费</td><td colspan="7">差旅费</td><td colspan="7">水电费</td><td colspan="7">工资</td><td colspan="7">折旧费</td><td colspan="7">合计</td></tr>
<tr><td>万</td><td>千</td><td>百</td><td>十</td><td>元</td><td>角</td><td>分</td><td>万</td><td>千</td><td>百</td><td>十</td><td>元</td><td>角</td><td>分</td><td>万</td><td>千</td><td>百</td><td>十</td><td>元</td><td>角</td><td>分</td><td>万</td><td>千</td><td>百</td><td>十</td><td>元</td><td>角</td><td>分</td><td>万</td><td>千</td><td>百</td><td>十</td><td>元</td><td>角</td><td>分</td><td>万</td><td>千</td><td>百</td><td>十</td><td>元</td><td>角</td><td>分</td></tr>
<tr><td></td><td></td><td></td><td></td><td colspan="42"></td></tr>
<tr><td></td><td></td><td></td><td></td><td colspan="42"></td></tr>
<tr><td></td><td></td><td></td><td></td><td colspan="42"></td></tr>
<tr><td></td><td></td><td></td><td></td><td colspan="42"></td></tr>
<tr><td></td><td></td><td></td><td></td><td colspan="42"></td></tr>
<tr><td></td><td></td><td></td><td></td><td colspan="42"></td></tr>
</table>

4. 备查簿

设置备查簿一本,用以登记租入的行政办公用房相关信息,该账簿没有固定的账本形式和账页格式,企业可以根据实际情况选择适用账簿。另外,企业在经营过程中涉及应收票据的,还应设“应收票据备查簿”,逐笔登记商业汇票的种类、号数和出票日、票面金额、交易合同号和付款人、承兑人、背书人的姓名或单位名称、到期日、背书转让日、贴现日、贴现率和贴现净额以及收款日和收回金额、退票情况等资料。商业汇票到期结清票款或退票后,在备查簿中注销。企业在经营过程中涉及应付票据的,应设“应付票据备查簿”,详细登记商业汇票的种类、号数和出票日期、到期日、票面金额、交易合同号和收款人姓名或单位名称以及付款日期和金额等资料。应付票据到期结清时,在备查簿中注销。

三、会计账簿的登记要求

登记账簿是日常会计核算工作的重要内容之一,当一笔经济业务发生并将有关原始凭证传递到会计人员手中时,会计人员首先要对其进行审核,在审核无误后,据以编制记账凭证并加以复核,再根据复核无误的会计凭证一方面登记相关的日记账、明细账,另一方面登记总分类账。通过登记账簿,将分散在会计凭证上的数据和资料进行分类记录,并逐步加工汇总成相关的会计信息,为编制会计报表提供依据。

为了保证账簿记录的正确性,必须根据审核无误的会计凭证登记会计账簿,并符合有关法律、行政法规和国家统一的会计准则制度的规定,主要有:

(一)准确完整

必须根据审核无误的会计凭证,及时地登记各类账簿,以保证账簿记录的正确性。“登记会计账簿时,应当将会计凭证日期、编号、业务内容摘要、金额和其他有关资料逐项记入账内,做到数字准确、摘要清楚、登记及时、字迹工整。”每一项会计事项,一方面要记入有关的总账,另一方面要记入该总账所属的明细账。账簿记录中的日期,应该填写记账凭证上的日期;以自制的原始凭证,如收料单、领料单等,作为记账依据的,账簿记录中的日期应按有关自制凭证上的日期填列。

(二)注明记账符号

"登记完毕后,要在记账凭证上签名或者盖章,并注明已经登账的符号,表示已经记账。"在记账凭证上设有专门的栏目供注明记账的符号,以免发生重记或漏记。

(三)书写留空

账簿中书写的文字和数字上面要留有适当的空格,不要写满格,一般应占格距的1/2。这样,在一旦发生登记错误时,能比较容易地进行更正,同时也方便查账工作。

(四)正常记账使用蓝黑墨水

为了保持账簿记录的持久性,防止涂改,登记账簿必须使用蓝黑墨水或者碳素墨水书写,不得使用圆珠笔(银行的复写账簿除外)或者铅笔书写。

(五)特殊记账使用红墨水

在下列情况下,可以使用红色墨水:

(1)按照红字冲账的记账凭证,冲销错误记录。

(2)在不设借贷等栏的多栏式账页中,登记减少数。

(3)在三栏式账页的余额栏前,如未印明余额方向的,在余额栏内登记负数余额。

(4)根据国家统一会计制度的规定可以用红字登记的其他会计记录。

由于会计中的红字表示负数,因而除上述情况外,不得使用红色墨水登记账簿。

(六)顺序连续登记

各种账簿按页次顺序连续登记,不得跳行、隔页。如果发生跳行、隔页,更不得随便更换账页和撤出账页,作废的账页也要留在账簿中,如果发生跳行、隔页,应当将空行、空页划线注销,或者注明"此行空白""此页空白"字样,并由记账人员签名或者盖章。

(七)结出余额

凡需要结出余额的账户,结出余额后,应当在"借或贷"等栏内写明"借"或者"贷"等字样。没有余额的账户,应当在"借或贷"等栏内写"平"字,并在余额栏内用"0"表示。现金日记账和银行存款日记账必须逐日结出余额。一般说来,对于没有余额的账户,在余额栏内标注的"0"应当放在"元"位。

(八)过次承前

每一账页登记完毕结转下页时,应当结出本页合计数及余额,写在本页最后一行和下页第一行有关栏内,并在摘要栏内注明"过次页"和"承前页"字样;也可以将本页合计数及金额只写在下页第一行有关栏内,并在摘要栏内注明"承前页"字样。

不同账户的本页借、贷方发生额的结计方法有所不同,一般分为以下三种情况:

(1)月末需要结计本月发生额的账户:结计"过次页"的本页发生额为自本月初起至本页末止的借贷方发生额合计数。

(2)月末不需要结计本月发生额,但需结计本年累计发生额的账户:结计"过次页"的本页发生额为自年初起至本页末止的借贷方累计发生额。

(3)月末既不需要结计本月发生额,也不需要结计本年累计发生额的账户:可以只将各页的余额结转至次页,不需要结计本页发生额,其账页的最末一行,也可用来登记具体经济业务。在下一页的第一行摘要栏中注明"承前页",在余额栏中记入前页余额即可。

(九)不得涂改、刮擦、挖补

登记发生错误时,必须按规定方法更正,严禁刮、擦、挖、补,或使用化学药物清除字迹。发现差错必须根据差错的具体情况采用划线更正、红字更正、补充登记等方法更正。

第三节　会计账簿的格式与登记方法

一、现金日记账的登记方法

日记账是根据经济业务发生时间的先后顺序,逐日逐笔进行登记的会计账簿,主要包括现金日记账和银行存款日记账。为了加强对企业现金和银行存款的监管,现金和银行存款日记账采用订本式账簿,不得用银行对账单或其他方法代替日记账。

(一)现金日记账的基本内容

现金日记账是用来核算和监督库存现金日常收、付和结存情况的序时账簿。现金日记账的格式主要有三栏式和多栏式两种,库存现金日记账必须使用订本账。

1. 三栏式库存现金日记账

三栏式现金日记账是用来登记库存现金的增减变动及其结果的日记账。设借方、贷方和余额三个金额栏目,一般将其分别称为收入、支出和结余三个基本栏目。

2. 多栏式库存现金日记账

多栏式现金日记账是在三栏式现金日记账基础上发展起来的。这种日记账的借方(收入)和贷方(支出)金额栏都按对方科目设专栏,也就是按收入的来源和支出的用途设专栏。这种格式在月末结账时,可以结出各收入来源专栏和支出用途专栏的合计数,便于对现金收支的合理性、合法性进行审核分析,便于检查财务收支计划的执行情况,其全月发生额还可以作为登记总账的依据。

(二)现金日记账的登记方法

现金日记账由出纳人员根据与现金收付有关的记账凭证,如现金收款、现金付款、银行付款(提现业务)凭证,按时间顺序逐日逐笔进行登记,逐日结出现金余额。登记现金日记账时,除了遵循账簿登记的基本要求外,还应注意以下栏目的填写方法:

1. 日期

"日期"栏中填入的应为据以登记账簿的会计凭证上的日期,现金日记账一般依据记账凭证登记,因此,此处日期为编制该记账凭证的日期。不能填写原始凭证上记载的发生或完成该经济业务的日期,也不是实际登记该账簿的日期。

2. 凭证字号

"凭证字号"栏中应填入据以登账的会计凭证类型及编号。如,企业采用通用凭证格式,根据记账凭证登记现金日记账时,填入"记×号";企业采用专用凭证格式,根据现金收款凭证登记现金日记账时,填入"收×号"。

3. 摘要

"摘要"栏简要说明入账的经济业务的内容,力求简明扼要。

4. 对应科目

"对应科目"栏应填入会计分录中"库存现金"科目的对应科目,用以反映库存现金增减

变化的来龙去脉。在填写对应科目时,应注意以下三点:

(1)对应科目只填总账科目,不需填明细科目。

(2)当对应科目有多个时,应填入主要对应科目,如销售产品收到现金,则“库存现金”的对应科目有“主营业务收入”和“应交税费”,此时可在对应科目栏中填入“主营业务收入”,在借方金额栏中填入取得的现金总额,而不能将一笔现金增加业务拆分成两个对应科目金额填入两行。

(3)当对应科目有多个且不能从科目上划分出主次时,可在对应科目栏中填入其中金额较大的科目,并在其后加上“等”字。如用现金 800 元购买零星办公用品,其中 300 元由车间负担,500 元由行政管理部门负担,则在现金日记账“对应科目”栏中填入“管理费用”等,在贷方金额栏中填入支付的现金总额 800 元。

5. 借方、贷方

“借方金额”栏、“贷方金额”栏应根据相关凭证中记录的“库存现金”科目的借贷方向及金额记入。

6. 余额

“余额”栏应根据“本行余额=上行余额+本行借方-本行贷方”公式计算填入。

正常情况下库存现金不允许出现贷方余额,因此,现金日记账余额栏前未印有借贷方向,其余额方向默认为借方。若在登记现金日记账过程中,由于登账顺序等特殊原因出现了贷方余额,则在余额栏用红字登记,表示贷方余额。

【例 7-9】以肇庆华丽服装有限公司 2024 年 4 月发生的经济业务为例,根据第六章章节实务题中肇庆华丽服装有限公司已经填好的与现金有关的记账凭证(见表 7-42 至 7-44)登记现金日记账。本实例采用三栏式账页登记。如表 7-18 所示。(注:不做日结)

表 7-18　　　　现金日记账　　　　第 5 页

2024年		凭证号数	摘要	对方科目	借方										贷方										借或贷	余额									
4月	日				千	百	十	万	千	百	十	元	角	分	千	百	十	万	千	百	十	元	角	分		千	百	十	万	千	百	十	元	角	分
4	1		月初余额																						借					7	0	0	0	0	0
4	8	现付1	预借差旅费	其他应收款															2	0	0	0	0	0	借					5	0	0	0	0	0
4	9	银付4	提现	银行存款					5	0	0	0	0	0											借				1	0	0	0	0	0	0
4	10	现付2	买办公用品	管理费用等																5	0	0	0	0	借					9	5	0	0	0	0
4	11	现收1	交回现金	其他应收款						1	0	0	0	0											借					9	6	0	0	0	0
4	18	现付3	买办公用品	管理费用等															1	0	0	0	0	0	借					8	6	0	0	0	0

二、银行存款日记账的登记方法

银行存款日记账是用来核算和监督银行存款每日的收入、支出和结余情况的账簿。银行存款日记账应按企业在银行开立的账户和币种分别设置,每个银行账户设置一本日记账。由出纳员根据与银行存款收付业务有关的记账凭证,按时间先后顺序逐日逐笔进行登记。根据银行存款收款凭证和有关的库存现金付款凭证登记银行存款收入栏,根据银行存款付款凭证登记其支出栏,每日结出存款余额。

银行存款日记账的登记方法与现金日记账的登记方法基本相同,而有所区别的是,银行存款日记账在摘要栏后增设“结算方式栏”。结算方式栏登记的是使银行存款增加或减少的各种结算方式,例如,转账支票及号码、电汇及号码等。银行存款日记要定期与银行转来的对账单核对,以保证银行存款账簿记录的正确性。

【例 7-10】以肇庆华丽服装有限公司 2024 年 4 月发生的经济业务为例,根据第六章章节实务题中肇庆华丽服装有限公司已经填好的与银行存款有关的记账凭证(见表 7-42 至 7-44)登记银行存款日记账。采用三栏式账页登记,如表 7-19 所示。(注:不做日结)

表 7-19　　　　银行存款日记账　　　　第 6 页

2024年		凭证号数	结算凭证		摘要	对方科目	借方(千百十万千百十元角分)	贷方(千百十万千百十元角分)	借或贷	余额(千百十万千百十元角分)
4月	日		种类	号数						
4	1				月初余额				借	115180500
4	1	银收1	略	略	接受投资	实收资本	20000000		借	135180500
4	1	银付1	略	略	付广告费	销售费用		300000	借	134880500
4	2	银付2	略	略	买材料	原材料等		4407000	借	130473500
4	3	银收2	略	略	销售T恤	主营业务收入	18080000		借	148553500
4	5	银收3	略	略	收回货款	应收账款	10998000		借	159551500
4	7	银付3	略	略	偿还货款	应付账款		4036500	借	155515000
4	9	银付4	略	略	提现	库存现金		500000	借	155015000
4	10	银付5	略	略	支付工资	应付职工薪酬		18100000	借	136915000
4	12	银付6	略	略	缴纳税款	应交税费		5060000	借	131855000
4	15	银付7	略	略	支付水费	应付账款等		113000	借	131742000
4	15	银付8	略	略	支付电费	应付账款等		1130000	借	130612000
4	22	银收4	略	略	罚款收入	营业外收入	2000000		借	132612000
4	25	银付9	略	略	捐赠支出	营业外支出		1000000	借	131612000

明细分类账是根据有关明细分类账户设置并登记的账簿。它能提供交易或事项比较详细、具体的核算资料,以补充总账所提供核算资料的不足。因此,各企业单位在设置总账的同时,还应设置必要的明细账。明细分类账一般采用活页式账簿、卡片式账簿。明细分类账一般根据记账凭证和相应的原始凭证来登记。

不同类型经济业务的明细分类账,可根据管理需要,依据记账凭证、原始凭证或原始凭证汇总表逐笔登记或定期汇总登记。原材料、库存商品收发明细账以及成本、收入、费用明细账可以逐笔登记,也可以定期汇总登记;其他明细分类账如固定资产、债权、债务等应逐笔登记。

明细分类账的格式有三栏式、数量金额式及多栏式等多种,其登记方法分别介绍如下。

三、三栏式明细分类账的登记

三栏式明细分类账适用于只进行金额核算的明细账户,一般根据记账凭证逐笔登记。三栏式账页中一般设有"日期""凭证字号""摘要""借方""贷方""余额"栏,登记时根据记账凭证依次填入各栏目内容,并结记余额。

【例 7-11】以肇庆华丽服装有限公司 2024 年 4 月发生的经济业务为例,根据第六章章节实务题中肇庆华丽服装有限公司已经填好的与应收账款有关的记账凭证(见表 7-42 至 7-44)登记应收账款明细账。采用三栏式账页登记。如表 7-20 和表 7-21 所示。

本账页数	
本户页数	3

表 7-20 **应收账款明细账**

应收账款科目 广州佳佳连锁服装公司

2024年		凭证号数	摘要	借方										贷方										借或贷	余额									
4月	日			千	百	十	万	千	百	十	元	角	分	千	百	十	万	千	百	十	元	角	分		千	百	十	万	千	百	十	元	角	分
4	1		月初余额																					借			1	0	9	9	8	0	0	0
4	5	银收3	收回货款													1	0	9	9	8	0	0	0	平								⊖		
4	6	转2	销售T恤			2	7	7	9	8	0	0	0											借			2	7	7	9	8	0	0	0

本账页数	
本户页数	2

表 7-21 **应收账款明细账**

应收账款科目 佛山友邦连锁服装公司

2024年		凭证号数	摘要	借方										贷方										借或贷	余额									
4月	日			千	百	十	万	千	百	十	元	角	分	千	百	十	万	千	百	十	元	角	分		千	百	十	万	千	百	十	元	角	分
4	1		月初余额																					借			1	6	3	8	0	0	0	0

四、数量金额式账簿的登记

数量金额式账簿用于既要进行金额核算，又要进行数量核算的各项财产物资的明细分类账，如原材料、库存商品的明细分类账。

数量金额式账页格式与三栏式账页格式的差别在于：三栏式账页只进行货币量核算，设借、贷、余三个金额栏，而数量金额式账页既进行货币量核算，又进行实物量核算，设有收入、发出和结存三个栏目，并在各栏下又分设了数量、单价、金额三个项目。

数量金额式明细账一般采用简化的账簿登记流程，根据原材料、库存商品等存货的收入、发出原始凭证直接逐笔填列。

【例 7-12】以肇庆华丽服装有限公司 2023 年 4 月发生的经济业务为例，根据第六章章节实务题中肇庆华丽服装有限公司已经填好的与原材料明细账有关的记账凭证（见表 7-42 至 7-44）登记原材料明细账。采用数量金额式账页登记。如表 7-22 和表 7-23 所示。

本账页数	
本户页数	4

表 7-22 **原材料明细账**

类别:原料及主要材料　名称:条纹纯棉面料　规格:92%棉+8%氨纶　计量单位:米　编号:01

2024年		凭证号数	摘要	收入										发出										结存									
4月	日			数量	单价	十	万	千	百	十	元	角	分	数量	单价	十	万	千	百	十	元	角	分	数量	单位	十	万	千	百	十	元	角	分
4	1		月初余额																					2400	15		3	6	0	0	0	0	0
4	3	银付2	买材料	1000	15		1	5	0	0	0	0	0											3400	15		5	1	0	0	0	0	0
4	4	转1	领用材料											2400	15		3	6	0	0	0	0	0	1000	15		1	5	0	0	0	0	0

本账页数	
本户页数	4

表 7-23　　原材料明细账

类别:原料及主要材料　名称:单色纯棉面料　规格:95%棉+5%氨纶　计量单位:米　编号:02

2024年		凭证号数	摘要	收入										发出										结存									
4月	日			数量	单价	十	万	千	百	十	元	角	分	数量	单价	十	万	千	百	十	元	角	分	数量	单位	十	万	千	百	十	元	角	分
4	1		月初余额																					2000	12		2	4	0	0	0	0	0
4	3	银付2	买材料	2000	12		2	4	0	0	0	0	0											4000	12		4	8	0	0	0	0	0
4	4	转1	领用材料											3000	12		3	6	0	0	0	0	0	1000	12		1	2	0	0	0	0	0

五、多栏式明细分类账的登记

(一)应交增值税明细分类账的登记

应交增值税明细分类账,按增值税明细核算项目在借方、贷方均分设了多个专栏。其中借方设置了“合计”“进项税额”“已交税金”“减免税款”等专栏,贷方设置了“合计”“销项税额”“出口退税”“进项税额转出”等专栏,另外还设置了“借或贷”栏及“余额”栏。

应交增值税的明细分类账一般应根据记账凭证逐笔登记,并按以下步骤登记金额栏:

(1)按记账凭证中应交增值税的方向和明细科目记入账簿的相应专栏。

(2)结计本行记入借方或贷方各专栏的金额合计数,记入借方或贷方的合计栏。

(3)结计出余额填入余额栏,同时在“借或贷”栏内标明余额的借贷方向。

【例 7-13】以肇庆华丽服装有限公司 2024 年 4 月发生的经济业务为例,根据第六章章节实务题中肇庆华丽服装有限公司已经填好的与应交增值税明细分类账(见表 7-42 至 7-44)登记应交增值税明细分类账。采用多栏式账页登记。如表 7-24 所示。

表 7-24　　应交税费——应交增值税　　账户第 4 页

2024 年		借方			贷方			借或贷	余额
4 月	日	进项税额	已交税金	转出未交增值税	销项税额	出口退税	转出多交增值税		
4	2	5 070						借	5 070
4	3				20 800			贷	15 730
4	6				31 980			贷	47 710
4	15	130						贷	47 580
4	15	1 300						贷	46 280
4	16				22 100			贷	68 380
4	30			68 380				平	0

(二)生产成本明细账的登记

生产成本按成本核算对象设置明细账,在明细账中按借方以成本构成项目设置专栏,不再设置贷方及余额栏。

生产成本明细分类账一般应根据记账凭证登记。对于发生的应记入生产成本借方的直接成本,以及分配转入的制造费用,登记时首先根据其费用性质记入相应的成本构成项目栏,再计算出记入本行各成本项目栏的金额合计数,填入“合计”栏。应特别注意“合计”栏填入的是本行成本构成项目栏合计数,上下行间数据不累加。

月末,计算并结转完工产品成本,应记入生产成本明细账的贷方,如果生产成本未设有贷方金额栏,登记时用红字在各成本构成项目栏中登记应结转出的金额,并计算出结转的生产成本总额,记入合计栏。

【例 7-14】以肇庆华丽服装有限公司 2024 年 4 月发生的经济业务为例,根据第六章章节实务题中肇庆华丽服装有限公司已经填好的与生产成本明细分类账有关的记账凭证(见表 7-42 至 7-44)登记生产成本——男 T 恤明细分类账。采用多栏式账页登记。如表 7-25 所示。

表 7-25　　生产成本明细账

科目名称:男 T 恤　　账户第 4 页

2024年		凭证号码	摘要	借方																															贷方							余额					
月	日			直接材料							直接人工							制造费用							合计																			
				万	千	百	十	元	角	分	万	千	百	十	元	角	分	万	千	百	十	元	角	分	万	千	百	十	元	角	分	万	千	百	十	元	角	分	千	百	十	元	角	分
4	4	转1	领用材料	3	6	0	0	0	0	0															3	6	0	0	0	0	0													
4	15	转4	水费			4	5	0	0	0																	4	5	0	0	0													
4	15	转5	电费		3	6	0	0	0	0																3	6	0	0	0	0													
4	30	转7	分配工资								3	6	0	9	0	0	0								3	6	0	9	0	0	0													
4	30	转10	结转制造费用																7	8	6	0	0	0		7	8	6	0	0	0													
4	30	转11	结转完工产品																													8	4	0	0	0	0	0						

(三)普通多栏账的登记

普通多栏账一般根据记账凭证逐笔登记。在实际工作中,普通多栏账有两种格式:

1. 设置借方或贷方专栏

根据账户性质,可以设置借方专栏,如“制造费用”“主营业务成本”“管理费用”等成本、费用账户,由于其账户贷方发生额每月很少,发生时以红字登记在借方。也可以设置贷方专栏,如“主营业务收入”“其他业务收入”等收入账户,由于其账户借方发生额每月很少,发生时以红字登记在贷方。

登记时应注意:

(1)登记方向与栏目设置方向相反时,用红字记入。

(2)起始栏应设为“合计”栏,用以登记本行各栏合计数。登记时一方面要记入具体的项目专栏,另一方面计算本行记入各专栏的金额合计数,记入“合计栏”。

此种格式的多栏账优点是登账工作较简化,缺点是不能直接反映账户当前余额。

【例 7-15】以肇庆华丽服装有限公司 2024 年 4 月发生的经济业务为例,根据第六章章节实务题中肇庆华丽服装有限公司已经填好的与管理费用明细分类账有关的记账凭证(见表 7-42 至 7-44)登记管理费用明细分类账。采用多栏式账页登记。如表 7-26 所示。

表 7-26　　管理费用明细分类账(无贷方余额栏)

2024年		凭证号码	摘要	借方																																									
				办公费							差旅费							水电费							工资							折旧费							合计						
4月	日			万	千	百	十	元	角	分	万	千	百	十	元	角	分	万	千	百	十	元	角	分	万	千	百	十	元	角	分	万	千	百	十	元	角	分	万	千	百	十	元	角	分
4	10	现付2	购买办公用品			4	0	0	0	0																															4	0	0	0	0
4	11	转3	报销差旅费									1	9	0	0	0	0																							1	9	0	0	0	0
4	15	转4	水费																		5	0	0	0																		5	0	0	0
4	15	转5	电费																	8	0	0	0	0																	8	0	0	0	0
4	18	现付3	购买办公用品			8	0	0	0	0																															8	0	0	0	0
4	30	转7	分配工资																						4	0	0	0	0	0	0								4	0	0	0	0	0	0
4	30	转9	计提折旧																														2	0	8	0	0	0		2	0	8	0	0	0
4	30	转16	损益类结转		1	2	0	0	0	0		1	9	0	0	0	0			8	5	0	0	0	4	0	0	0	0	0	0		2	0	8	0	0	0	4	6	0	3	0	0	0

注：表中转16这一行的金额为红字表示冲减作用。

2. 在设置借方、贷方、余额栏基础上，再设专栏对当前余额构成项目进行分析

登记时先按三栏式账簿的登记方法登记账页中借、贷、余额栏目，再在相应专栏中反映当前余额的构成情况。

此种格式的多栏账优点是能随时反映账户余额及构成情况，缺点是登账的工作量较大。其格式如表 7-27 所示，登记方法类同于例 7-14 生产成本——男 T 恤明细账的登记方法。

表 7-27　　管理费用明细账(有贷方余额栏)

年		凭证		摘要	借方																																				贷方							余额					
月	日	种类	编号		办公费							水电费							职工薪酬							折旧费							……	合计																			
					万	千	百	十	元	角	分	万	千	百	十	元	角	分	万	千	百	十	元	角	分	万	千	百	十	元	角	分	……	万	千	百	十	元	角	分	万	千	百	十	元	角	分	千	百	十	元	角	分

六、总分类账与明细分类账的平行登记

(一)总分类账和明细分类账的设置

账户的开设是和会计科目的设置相适应的。会计科目分为总分类科目和明细分类科目，账户也就相应地分成总分类账户和明细分类账户。

总分类账户及其所属明细分类账户在核算内容上是相同的，登记的原始依据也相同，只是两者对各个会计要素增减变化及其结果的反映的详细程度不同，前者是总括反映，后者是详细反映。总分类账户是反映其所属明细分类账户的总括资料，对明细分类账户起统驭作用，所以实际工作中常称其为明细分类账户的“统驭账户”或“控制账户”；明细分类账户是总分类账户的详细说明，对总分类账户所反映的总括资料做补充说明，所以称其为总分类账户的“辅助账户”。

例如，在“原材料”账户下按每一种原材料分别设置明细分类账户，既能通过“原材料”总分类账户总括反映所有原材料增减变化及其结果，又能通过其明细分类账户详细、具体地

反映每一种原材料的增减变化和结果。又如,“应付账款”只能总括反映全部应付账款结算情况,不能详细、具体地反映出每一债权人的情况,为此,需要在“应付账款”账户下按每一债权人设置明细分类账。明细分类账户的设置应遵循重要性原则,对重要经济业务应分项核算、分别反映。例如:“应收账款”账户可按客户设置明细分类账户,“应交税费”账户可按税种设置明细分类账户。

对于一些比较复杂的经济业务内容,还可在总分类账户和明细分类账户之间再设二级账户。如“原材料”账户除设总分类账户、明细分类账户外,可按原材料大类设置“原料及主要材料”“燃料”“周转材料”“自制半成品”等二级账户。另外,有些核算内容可以将二级账户提升为一级账户核算,如上述“燃料”“周转材料”“自制半成品”亦可根据需要作为总分类账户。

(二)总分类账户和明细分类账户的平行登记的要点

所谓平行登记,是指对所发生的每项经济业务都要以会计凭证为依据,一方面要记入有关总分类账户,另一方面也要记入有关总分类账户所属明细分类账户的方法。虽然总分类账户、明细分类账户提供的核算内容的详细程度不同,但两者核算内容是一致的,因而在会计核算中,应当采用平行登记方法(不需要设置明细分类账的除外)。也就是,对每一项经济业务,一方面要在总分类账户中总括登记,另一方面还要在该总分类账户所属明细分类账户中明细登记。平行登记有时亦称平行处理。

总分类账户和明细分类账户的平行登记的要点是:

1. 方向相同

每一项经济业务发生后,记入总分类账户和明细分类账户的记账方向应相同。即总分类账户记在借方,其所属明细分类账户亦记在借方;总分类账户记在贷方,其所属明细分类账户亦记在贷方。

2. 期间一致

对于每一项经济业务,应根据审核无误后的同一凭证,在同一会计期间内,一方面记入有关的总分类账户,另一方面要记入同期该总分类账户所属的明细分类账户。

3. 金额相等

对于发生的每一项经济业务,记入总分类账户的金额必须与记入所属明细分类账户的金额之和相等。

总分类账和明细分类账平行登记之后可产生以下数量关系:

总分类账户期初借(或贷)方余额 = 所属明细分类账户期初借(或贷)方余额之和

总分类账户本期借(或贷)方发生额 = 所属明细分类账户本期借(或贷)方发生额之和

总分类账户期末借(或贷)方余额 = 所属明细分类账户期末借(或贷)方余额之和

在会计核算过程中,通过利用这种数量相等关系来检查总分类账和明细分类账记录的完整性和正确性。

下面以原材料和应付账款两个账户为例,说明总分类账与明细分类账平行登记的方法。

【例7-16】甲公司2024年10月份总分类账及其所属明细分类账户月初余额如下:

(1)材料总分类账户期初余额如表7-28所示。

表 7-28　　科目名称:原材料

名称	数量/千克	单价/元	金额
甲材料	7 000	3	21 000
乙材料	5 000	5	25 000

(2)应付账款明细分类账户期初余额如表 7-29 所示。

表 7-29　　科目名称:应付账款

A 公司	贷方	78 000
B 公司	贷方	72 000
合计	贷方	150 000

(3)根据本月发生的经济业务,编制会计分录:

①7 日,生产产品领用甲材料 3 000 千克,乙材料 2 500 千克。

借:生产成本　21 500
　贷:原材料——甲材料　9 000
　　　　——乙材料　12 500

②17 日,向 A 公司赊购甲材料 5 000 千克,单价 3 元。该材料已经验收入库,货款尚未支付。

借:原材料——甲材料　15 000
　贷:应付账款——A 公司　15 000

③23 日,向 B 公司购入乙材料 2 000 千克,单价 5 元,该材料已经验收入库,货款尚未支付。

借:原材料——乙材料　10 000
　贷:应付账款——B 公司　10 000

④28 日,开出转账支票支付本月赊购的货款。

借:应付账款——A 公司　15 000
　　　　——B 公司　10 000
　贷:银行存款　25 000

根据上述会计分录,在总分类账户与明细分类账户中进行平行登记,如表 7-30 至表 7-33 所示。

表 7-30　　总分类账

会计科目:原材料　　第　页

2023 年		凭证号数	摘要	借方	贷方	借或贷	余额
月	日						
10	1		期初余额			借	46 000
10	7	略	领用材料		21 500	借	24 500
10	17	略	赊购甲材料	15 000		借	39 500
10	23	略	赊购乙材料	10 000		借	49 500
10	31		本月合计	25 000	21 500	借	49 500

表 7-31　　原材料明细分类账

材料名称:甲材料　　计量单位:千克

2024 年		凭证号数	摘要	收入			发出			结存		
月	日			数量	单价	金额	数量	单价	金额	数量	单价	金额
10	1		期初余额							7 000	3	21 000
10	7	略	生产领用				3 000	3	9 000	4 000	3	12 000
10	17	略	采购	50 00	3	15 000				9 000	3	27 000
10	31		本月合计	50 00	3	15 000	3 000	3	9 000	9 000	3	27 000

表 7-32　　原材料明细分类账

材料名称:乙材料　　计量单位:千克

2024 年		凭证号数	摘要	收入			发出			结存		
月	日			数量	单价	金额	数量	单价	金额	数量	单价	金额
10	1		期初余额							5 000	5	25 000
10	7	略	生产领用				2 500	5	12 500	2 500	5	12 500
10	23	略	采购	2 000	5	10 000				4 500	5	22 500
10	31		本月合计	2 000	5	10 000	2 500	5	12 500	4 500	5	22 500

表 7-33　　总分类账

会计科目:应付账款　　第　页

2024 年		凭证号数	摘要	借方	贷方	借或贷	余额
月	日						
10	1		期初余额			贷	150 000
10	17	略	赊购甲材料		15 000	贷	165 000
10	23	略	赊购乙材料		10 000	贷	175 000
10	28	略	支付货款	25 000		贷	150 000
10	31		本月合计	25 000	25 000	贷	150 000

表 7-34　　应付账款明细账

明细科目:A 公司　　第　页

2024 年		凭证号数	摘要	借方	贷方	借或贷	余额
月	日						
10	1		期初余额			贷	78 000
10	17	略	采购甲材料		15 000	贷	93 000
10	28	略	支付货款	15 000		贷	78 000
10	31		本月合计	15 000	15 000	贷	78 000

表 7-35　　应付账款明细账

明细科目:B 公司　　第　页

2024 年		凭证号数	摘要	借方	贷方	借或贷	余额
月	日						
10	1		期初余额			贷	72 000
10	23	略	采购乙材料		10 000	贷	82 000
10	28	略	支付货款	10 000		贷	72 000
10	31		本月合计	10 000	10 000	贷	72 000

总分类账户与所属明细分类账户采取了平行登记方法,登记的结果对不对,是否平衡,需要通过编制总账与明细账发生额及余额对照表来进行试算。

表 7-36　　总账与明细账发生额及余额对照表

2024 年 10 月　　单位:元

会计科目	期初余额		本期发生额		期末余额	
	借方	贷方	借方	贷方	借方	贷方
原材料	4 6000		25 000	21 500	49 500	
甲材料	21 000		15 000	9 000	27 000	
乙材料	25 000		10 000	12 500	22 500	
应付账款		150 000	25 000	25 000		150 000
A 公司		78 000	15 000	15 000		78 000
B 公司		72 000	10 000	10 000		72 000

第四节　对账与结账

一、对账

(一)对账概念

会计账簿是编制会计报表的重要依据,账簿记录是否正确将直接影响会计报表的质量,因此,为了保证账簿记录的真实准确,在记账后必须做好对账工作。对账,是对账簿记录所进行的核对,也就是核对账目。对账工作一般在记账之后、结账之前,即在月末进行。

(二)对账的内容

对账一般分为账证核对、账账核对、账实核对。

1. 账证核对

账证核对是指将账簿记录与会计凭证核对,核对账簿记录与原始凭证、记账凭证的时间、凭证字号、内容、金额等是否一致,记账方向是否相符,要做到账证相符。

2. 账账核对

账账核对是指各账簿之间的相关数据要互相核对相符。由于账簿之间存在着内在的关联关系,通过账账核对,可以检查、验证账簿间数据的勾稽关系,从而及时发现问题,纠正错误。具体核对的内容包括:

(1)总分类账簿之间的核对。按照会计等式"资产=负债+所有者权益"和记账规则"有借必有贷,借贷必相等",总分类账簿各账户的期初余额、本期发生额和期末余额之间存在对应的平衡关系,全部账户的期末借方余额合计和贷方余额合计也存在平衡关系。通过这种等式和平衡关系,可以检查总账记录是否正确、完整。

(2)总分类账簿与所辖明细分类账簿之间的核对。具体指总分类账各账户的期末余额应与其所辖各明细分类账的期末余额之和核对相符。

(3)总分类账簿与序时账簿之间的核对。库存现金总账和银行存款总账的期末余额,与库存现金日记账和银行存款日记账的期末余额之间的核对。

(4)明细分类账簿之间的核对。例如:实物资产明细账与有关财产物资保管部门或使用部门的明细账定期核对。

3. 账实核对

账实核对指各项财产物资、债权债务等账面余额与实有数额之间的核对。账实核对的内容主要包括:库存现金日记账账面余额与库存现金实际库存数逐日核对是否相符;银行存款日记账账面余额与银行对账单的余额定期核对是否相符;各项财产物资明细账账面余额与财产物资的实有数额定期核对是否相符;有关债权债务明细账账面余额与对方单位的账面记录核对是否相符等。

二、结账

(一)结账概述

结账是一项将账簿记录定期结算清楚的账务工作。在一定时期结束时(如月末、季末或年末),为了编制财务报表,需要进行结账,具体包括月结、季结和年结。结账的内容通常包括两个方面:一是结清各种损益类账户,并据以计算确定本期利润;二是结出各资产、负债和所有者权益账户的本期发生额合计和期末余额。

(二)结账的程序

结账的程序如下:

(1)结账前,将本期发生的经济业务全部登记入账,并保证其正确性。对于发现的错误,应采用适当的方法进行更正。

(2)在本期经济业务全面入账的基础上,根据权责发生制的要求,调整有关账项,合理确定应计入本期的收入和费用。

(3)将各损益类账户余额全部转入"本年利润"账户,结平所有损益类账户。

(4)结出资产、负债和所有者权益账户的本期发生额和余额,并转入下期。

上述工作完成后,就可以根据总分类账和明细分类账的本期发生额和期末余额,分别进行试算平衡。

（三）结账的方法

结账可分为月度结账（月结）、季度结账（季结）、年度结账（年结）。

结账方法的要点主要有：

（1）对不需按月结计本期发生额的账户，如各项应收应付款明细账和各项财产物资明细账等，每次记账以后，都要随时结出余额，每月最后一笔余额是月末余额，即月末余额就是本月最后一笔经济业务记录的同一行内余额。月末结账时，只需要在最后一笔经济业务记录之下通栏划单红线，不需要再次结计余额。

【例 7-17】以肇庆华丽服装有限公司 2024 年 4 月登记的应收账款明细账为例，对其进行月结。参见表 7-37。

本账页数	
本户页数	3

表 7-37 **应收账款明细账**

应收账款科目广州佳佳连锁服装公司

2024年		凭证号数	摘要	借方										贷方										借或贷	余额									
4月	日			千	百	十	万	千	百	十	元	角	分	千	百	十	万	千	百	十	元	角	分		千	百	十	万	千	百	十	元	角	分
4	1		月初余额																					借			1	0	9	9	8	0	0	0
4	5	银收3	收回货款													1	0	9	9	8	0	0	0	平								⊖		
4	6	转2	销售T恤			2	7	7	9	8	0	0	0											借			2	7	7	9	8	0	0	0
5																																		

注：表上 4 月 6 日这一行为 4 月份最后一笔经济业务，在这一行下线划的是通栏单红线。

（2）库存现金、银行存款日记账和需要按月结计发生额的收入、费用等明细账，每月结账时，要在最后一笔经济业务记录下面通栏划单红线，结出本月发生额和余额，在摘要栏内注明“本月合计”字样，并在下面通栏划单红线。

【例 7-18】以肇庆华丽服装有限公司 2024 年 4 月登记的现金日记账为例，对其进行月结。参见表 7-38。

表 7-38 **现金日记账** 第 页

2024年		凭证号数	摘要	对方科目	借方										贷方										借或贷	余额									
4月	日				千	百	十	万	千	百	十	元	角	分	千	百	十	万	千	百	十	元	角	分		千	百	十	万	千	百	十	元	角	分
4	1		月初余额																						借					7	0	0	0	0	0
4	8	现付1	预借差旅费	其他应收款															2	0	0	0	0	0	借					5	0	0	0	0	0
4	9	银付4	提现	银行存款					5	0	0	0	0	0											借				1	0	0	0	0	0	0
4	10	现付2	买办公用品	管理费用等																5	0	0	0	0	借					9	5	0	0	0	0
4	11	现收1	交回现金	其他应收款						1	0	0	0	0											借					9	6	0	0	0	0
4	18	现付3	买办公用品	管理费用等															1	0	0	0	0	0	借					8	6	0	0	0	0
4	**30**		**本月合计**						**5**	**1**	**0**	**0**	**0**	**0**					**3**	**5**	**0**	**0**	**0**	**0**	**借**					**8**	**6**	**0**	**0**	**0**	**0**

注：表中 4 月 30 日这一行上下线均为通栏单红线。

（3）对于需要结计本年累计发生额的明细账户，如产品销售收入、成本费用等明细账，在每月结账时，应在“本月合计”行下结出自年初起至本月末止的累计发生额，登记在月份发生额下面，在摘要栏内注明“本年累计”字样，并在下面通栏划单红线。12 月末的“本年累计”就是全年累计发生额，全年累计发生额下通栏划双红线。但 1 月份不需要结计“本年累计”数，因其“本月合计”就是本年累计。

【例 7-19】以肇庆华丽服装有限公司 2024 年 4 月登记的管理费用明细账为例，对其进行月结、年结。参见表 7-39。

表 7-39　　管理费用明细账　　第 4 页

2024年 4月	日	凭证号码	摘要	借方 办公费（万千百十元角分）	借方 差旅费（万千百十元角分）	借方 水电费（万千百十元角分）	借方 工资（万千百十元角分）	借方 折旧费（万千百十元角分）	借方 合计（万千百十元角分）
4	10	现付2	购买办公用品	40000					40000
4	11	转3	报销差旅费		190000				190000
4	15	转4	水费			5000			5000
4	15	转5	电费			80000			80000
4	18	现付3	购买办公用品	80000					80000
4	30	转7	分配工资				4000000		4000000
4	30	转9	计提折旧					208000	208000
4	30	转16	损益类结转	120000	190000	85000	4000000	208000	4603000
4	**30**		**本月合计**	**120000**	**190000**	**85000**	**4000000**	**200000**	⊖
4	30		本年累计	……	……	……	……	……	……
12	30		本年累计	……	……	……	……	……	……

注：表中“4 月 30 日本月合计”这一行上下线通栏划单红线；“4 月 30 日本年累计”下线也是通栏单红线；“12 月 30 日本年累计”上线通栏单红线，下线通栏双红线。

(4) 总账账户平时只需结出月末余额。年终结账时，为了总括地反映全年各项资金运动情况的全貌，核对账目，要将所有总账账户结出全年发生额和年末余额，在摘要栏内注明“本年合计”字样，并在合计数下通栏划双红线。

【例 7-20】以肇庆华丽服装有限公司 2024 年 4 月登记的现金总账为例，对其进行月结、年结。参见表 7-40。

总页码	1
本户页次	1

表 7-40　　现金总账

2024年 4月	日	凭证号数	摘要	借方（千百十万千百十元角分）	贷方（千百十万千百十元角分）	借或贷	余额（千百十万千百十元角分）
4	1		月初余额			借	700000
4	30	汇1	1-30日发生额	510000	350000	借	860000
			……				……
12	31		本年合计				……

注：表中“4 月 30 日汇 1”这一行下线为通栏单红线；“12 月 31 日本年合计”下线为通栏双红线。

(5) 年度终了结账时，有余额的账户，应将其余额结转下年，并在摘要栏注明“结转下年”字样；在下一会计年度新建有关账户的第一行余额栏内填写上年结转的余额，并在摘要栏注明“上年结转”字样，使年末有余额账户的余额如实地在账户中加以反映，以免混淆有余额的账户和无余额的账户。

【例 7-21】以肇庆华丽服装有限公司 2024 年 4 月登记的现金总账为例，在上例的基础对其进行结转下年。参见表 7-41。

总页码	1
本户页次	1

表 7-41　　　　**现金总账**

2024年 4月	日	凭证号数	摘要	借方	贷方	借或贷	余额
4	1		月初余额			借	700000
4	30	汇1	1-30日发生额	510000	350000	借	860000
			……				……
12	31		本年合计				……
			结转下年				……

注：表中“4 月 30 日汇 1”这一行下线为通栏单红线；“12 月 31 日本年合计”下线为通栏双红线。

第五节　错账更正的方法

会计人员填制会计凭证和登记账簿，必须严肃认真，以保证会计账簿记录的正确性。由于工作不慎，一旦发生账簿记录错误，不得采用涂改、挖补、刮擦、药水消除字迹等手段更正，也不允许重抄，而必须采用正确的方法更正。更正错账的方法一般有三种，即划线更正法、红字更正法和补充登记法。

一、划线更正法

在结账前发现账簿记录有文字或数字错误，而记账凭证正确，采用划线更正法。具体做法是：更正时，应在错误的文字或数字上面画一条红线注销，但必须使原有的笔迹仍可辨认清楚。然后在红线的上方空白处用蓝字填写正确的文字和数字，并在更正处盖记账人员、会计机构负责人（会计主管人员）名章，以明确责任。对于错误数字必须全部用红线注销，不能只划销整个数中的个别位数。对于文字错误，可只划去错误的部分（见图 7-2）。

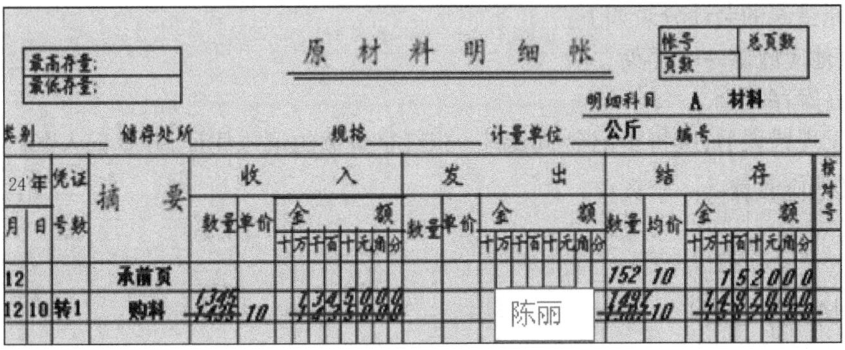

图 7-2　划线更正法

二、红字更正法

红字更正法是指用红字冲销原来错误的账户记录或凭证记录，以更正或调整账簿记录的一种方法。其适用于以下两种情形：

第一种情形：记账后发现记账凭证中的应借、应贷会计科目有错误所引起的记账错误，可以采用红字更正法。具体做法是：更正时，先用红字金额填制一张内容与错误记账凭证完全相同的记账凭证，并在摘要栏中写明"冲销×月×日×类×号错误凭证"，并据以用红字金额登记入账，冲销原有的错误记录，然后，再用蓝字重填一张正确的记账凭证，并登记入账。

【例7-22】2024年4月8日，肇庆华丽服装有限公司行政办公室主管李英去广州出差，预借差旅费2 000元，以现金付讫。假若误将"其他应收款"科目记为"应收账款"科目，并已登记入账。

(1) 原错误的会计分录如下：

借：应收账款——李英　　2 000

　贷：库存现金　　2 000

(2) 发现错误时，先用红字金额填制一张与原错误记账凭证内容完全相同的记账凭证，以冲销原错误记录，并登记入账。会计分录如下：

借：应收账款——李英　　[2 000]

　贷：库存现金　　[2 000]

(3) 再用蓝字填制一张正确的记账凭证，并登记入账。

借：其他应收款——李英　　2 000

　贷：库存现金　　2 000

第二种情形：记账以后，发现记账凭证中应借、应贷科目正确，只是所记金额大于应记金额所引起的记账错误，可采用红字更正法进行更正。具体做法是：按多记的金额用红字编制一张与原记账凭证应借、应贷科目完全相同的记账凭证，以冲销多记的金额，并据以记账。

【例7-23】2024年4月8日，肇庆华丽服装有限公司行政办公室主管李英去广州出差，预借差旅费2 000元，以现金付讫。假若误记为下列记账凭证，并已登记入账。

(1) 原错误的会计分录如下：

借：其他应收款——李英　　20 000

　贷：库存现金　　20 000

(2) 发现错误后，应将多记金额填制一张红字金额的记账凭证，并登记入账。

借：其他应收款——李英　　[18 000]

　贷：库存现金　　[18 000]

三、补充登记法

记账后发现记账凭证和账簿记录中应借、应贷会计科目无误，只是所记金额小于应记金额时，采用补充登记法。具体做法是：采用补充登记法时，将少填的金额用蓝字填制一张记账凭证，并在"摘要"栏内注明"补充第×号凭证少计数"，并据以登记入账。这样便将少记的金额补充登记入账。

【例 7-24】2024 年 4 月 8 日，肇庆华丽服装有限公司行政办公室主管李英去广州出差，预借差旅费 2 000 元，以现金付讫。假若误记为下列记账凭证，并已登记入账。

(1) 原错误的会计分录如下：

借：其他应收款——李英　　200

　贷：库存现金　　200

(2) 发现错误后，将少记金额 1 800 元用蓝字填制一张记账凭证，并已登记入账。

借：其他应收款——李英　　1 800

　贷：库存现金　　1 800

第六节　会计账簿的更换和保管

一、会计账簿的更换

会计账簿的更换通常在新会计年度建账时进行。总账、日记账和多数明细账应每年更换一次，备查账簿可以连续使用。在年初启用新账本时将各账户的余额结转到新账本的第一行余额栏内，注明方向，在摘要栏注明“上年结转”。对于变动较小的明细账，不必每年更换。

二、会计账簿的保管

年度终了，各种账户在结转下年、建立新账后，一般应将旧账集中统一管理。会计账簿暂由本单位财务会计部门保管一年，期满后，由本单位财务会计部门编造清册移交本单位的档案部门保管。现金、银行存款日记账、总账、明细账、其他日记账、辅助账簿保管期限 30 年，固定资产卡片报废清理后保管 5 年。

各种账簿应当按年度分类归档，编造目录，妥善保管。既保证在需要时迅速查阅，又保证各种账簿的安全和完整。保管期满后，还要按照规定的审批程序经批准后才能销毁。

章节实务题

实训任务一：

根据前面第六章实训任务中有关肇庆华丽服装有限公司概况资料，为肇庆华丽服装有限公司进行期初建账工作。

1. 购买 1 本总账账簿。首先为该公司 2024 年初开设账簿启用表，再根据该公司“总账账户期初余额表”所有的总分类账户进行期初建账，最后再填写总账目录表。

2. 准备日记账账页 2 页。请为该公司的库存现金、银行存款账户进行日记账的期初建账。

3. 准备三栏式明细账账页 4 页。请为该公司应收账款——广州佳佳连锁服装公司、应收账款——佛山友邦连锁服装公司、应付账款——广州华新纺织有限公司进行三栏式明细账期初建账。

4. 准备数量金额式明细账账页 4 页。请为该公司原材料——条纹纯棉面料、原材料——单色纯棉面料、库存商品——男 T 恤、库存商品——女 T 恤进行数量金额式明细账期初建账。

实训任务二：

根据前面的第六章实训任务已经编制好的 2024 年 4 月肇庆华丽服装有限公司发生的经济业务中所有的收款凭证、付款凭证、转账凭证(见表 7-42 至表 7-44),登记各种账簿：

1. 在做好日记账期初建账的账页基础上,登记 2024 年 4 月肇庆华丽服装有限公司的现金日记账和银行存款日记账。

2. 在已经做好三栏式期初建账的账页基础上,登记 2024 年 4 月肇庆华丽服装有限公司的应收账款、应付账款三栏式明细账。

3. 在已经做好多栏式期初建账的账页基础上,登记 2024 年 4 月肇庆华丽服装有限公司的原材料、库存商品多栏式明细账。

4. 准备 1 张多栏式明细账账页,登记 2024 年 4 月肇庆华丽服装有限公司的制造费用多栏式明细账。

表 7-42　　肇庆华丽服装有限公司记账凭证简表 1

2024 年 月	日	凭证号数	摘要	一级科目	明细科目	借方金额	贷方金额	业务题号
4	1	银收 1	接受投资	银行存款		200 000		1
				实收资本	肇庆胜达公司		200 000	
4	1	银付 1	支付广告费	销售费用	广告费	3 000		2
				银行存款			3 000	
4	2	银付 2	购入面料	原材料	条纹纯棉面料	15 000		3
				原材料	单色纯棉面料	24 000		
				应交税费	增值税(进项税)	5 070		
				银行存款			44 070	
4	3	银收 2	销售 T 恤	银行存款		180 800		4
				主营业务收入	男 T 恤		160 000	
				应交税费	增值税(销项税)		20 800	
4	4	转 1	领用材料	生产成本	男 T 恤	36 000		5
				生产成本	女 T 恤	36 000		
				原材料	条纹纯棉面料		36 000	
				原材料	单色纯棉面料		36 000	
4	5	银收 3	收回货款	银行存款		109 980		6
				应收账款	广州佳佳公司		109 980	
4	6	转 2	销售产品	应收账款	广州佳佳公司	277 980		7
				主营业务收入	男 T 恤		120 000	
				主营业务收入	女 T 恤		126 000	
				应交税费	增值税(销项税)		31 980	

续表

2024年 月	2024年 日	凭证号数	摘要	一级科目	明细科目	借方金额	贷方金额	业务题号
4	7	银付3	偿还货款	应付账款	广州华兴公司	40 365		8
				银行存款			40 365	
4	8	现付1	预借差旅费	其他应收款	李英	2 000		9
				库存现金			2 000	
4	9	银付4	提取现金	库存现金		5 000		10
				银行存款			5 000	
4	10	现付2	购买打印纸	制造费用	办公费	100		11
				管理费用	办公费	400		
				库存现金			500	
4	10	银付5	支付职工工资	应付职工薪酬	工资	181 000		12
				银行存款			181 000	

表 7-43　　肇庆华丽服装有限公司记账凭证简表 2

2024年 月	2024年 日	凭证号数	摘要	一级科目	明细科目	借方金额	贷方金额	业务题号
4	11	转3，现收1	报销差旅费	管理费用	差旅费	1 900		13
				库存现金		100		
				其他应收款	李英		2 000	
4	12	银付6	缴纳税款	应交税费	未交增值税	46 000		14
				应交税费	城市维护建设税	3 220		
				应交税费	教育费附加	1 380		
				银行存款			50 600	
4	15	转4	分配水费	生产成本	男T恤	450		15
				生产成本	女T恤	350		
				制造费用	水费	150		
				管理费用	水费	50		
				应付账款	自来水公司		1 000	
4	15	银付7	支付水费	应付账款	自来水公司	1 000		
				应交税费	进项税额	130		
				银行存款			1 130	

续表

2024年 月	日	凭证号数	摘要	一级科目	明细科目	借方金额	贷方金额	业务题号
4	15	转5	分配电费	生产成本	男T恤	3 600		16
				生产成本	女T恤	4 400		
				制造费用	电费	1 200		
				管理费用	电费	800		
				应付账款	供电局		10 000	
4	15	银付8	支付电费	应付账款	供电局	10 000		
				应交税费	增值税(进项税)	1 300		
				银行存款			11 300	
4	16	转6	销售产品	应收票据	大华公司	192 100		17
				主营业务收入	男T恤		80 000	
				主营业务收入	女T恤		90 000	
				应交税费	增值税(销项税)		22 100	
4	18	现付3	购买办公用品	制造费用	办公费	200		18
				管理费用	办公费	800		
				库存现金			1 000	
4	22	银收4	收到赔款	银行存款		20 000		19
				营业外收入			20 000	
4	25	银付9	捐赠扶贫基金	营业外支出		10 000		20
				银行存款			10 000	

表7-44　　　　肇庆华丽服装有限公司记账凭证简表3

2024年 月	日	凭证号数	摘要	一级科目	明细科目	借方金额	贷方金额	业务题号
4	30	转7	分配工资	生产成本	男T恤	36 090		21
				生产成本	女T恤	52 460		
				制造费用	工资	12 000		
				管理费用	工资	40 000		
				销售费用	工资	24 200		
				应付职工薪酬	工资		164 750	

续表

2024年月	日	凭证号数	摘要	一级科目	明细科目	借方金额	贷方金额	业务题号
4	30	转8	计提利息	财务费用		300		22
				应付利息			300	
4	30	转9	计提折旧	制造费用		6 000		23
				管理费用		2 080		
				累计折旧			8 080	
4	30	转10	结转制造费用	生产成本	男T恤	7 860		24
				生产成本	女T恤	11 790		
				制造费用			19 650	
4	30	转11	结转生产成本	库存商品	男T恤	84 000		25
				库存商品	女T恤	105 000		
				生产成本	男T恤		84 000	
				生产成本	女T恤		105 000	
4	30	转12	结转销售成本	主营业务成本	男T恤	189 000		26
				主营业务成本	女T恤	126 000		
				库存商品	男T恤		189 000	
				库存商品	女T恤		126 000	
4	30	转13	结转增值税	应交税费	转出未交增值税	68 380		27
				应交税费	未交增值税		68 380	
4	30	转14	计提税费	税金及附加		6 838		28
				应交税费	城市维护建设税		4 786.6	
				应交税费	教育费附加		2 051.4	
4	30	转15	结转损益类账户	主营业务收入		576 000		29
				营业外收入		20 000		
				本年利润			596 000	

续表

2024年 月	日	凭证号数	摘要	一级科目	明细科目	借方金额	贷方金额	业务题号
4	30	转16	结转损益类账户	本年利润		405 368		29
				主营业务成本			315 000	
				税金及附加			6 838	
				管理费用			46 030	
				财务费用			300	
				销售费用			27 200	
				营业外支出			10 000	
4	30	转17	计提所得税	所得税费用		47 658		30
				应交税费	应交所得税		47 658	
4	30	转18	结转所得税费用	本年利润		47 658		30
				所得税费用			47 658	

实训任务三：错账更正

资料：天华公司会计李亮在20×4年4月末对账时发现以下错误：

1. 4月1日，生产产品领用原材料一批，价值为7 500元。填制记账凭证时，误写应借科目记为“制造费用”，并已登记入账。

2. 4月6日，生产完工库存商品一批，其成本为8 000元。填制记账凭证时，将金额误记为80 000元，且已登记入账。

3. 4月15日，收回正大公司的前欠货款28 000元，存入银行，填制记账凭证时，将金额误记为2 800元，并已登记入账。

要求：判断采用何种错账更正方法并按规定的更正方法进行更正。

第八章　账务处理程序

【学习目标】

▶ 知识目标 ◀

1. 了解账务处理的基本程序。
2. 熟悉账务处理程序的种类。
3. 掌握各种账务处理程序的优缺点和适用范围。

▶ 能力目标 ◀

1. 掌握各种账务处理程序的操作技能。
2. 能将各种账务处理程序的操作技能运用于实际业务案例。

▶ 素养目标 ◀

1. 培养学生具备独立思考和解决问题的能力。
2. 培养学生的责任感和使命感、全局意识和战略眼光，增强团队合作意识。

第一节　账务处理程序概述

总分类账的登记依据和方法取决于所采用的账务处理程序。什么是账务处理程序？账务处理程序的种类有哪些？不同的账务处理程序下，总分类账是如何登记的？本节围绕以上问题展开论述。

一、账务处理程序的概念

账务处理程序，又称会计核算组织程序或会计核算形式，是指会计凭证、会计账簿、会计报表有机结合的方式。其中包括会计凭证和会计账簿的种类和格式，会计凭证与账簿之间的联系方法，从填制和审核原始凭证到编制记账凭证、登记分类账簿（明细分类账和总分类账）、编制财务报告的工作程序和方法等。

账务处理程序是做好会计工作的重要前提之一。科学合理的账务处理程序对于准确、及时地提供系统而完整的会计信息具有十分重要的意义，也是会计部门和会计人员的一项重要工作。选择合适、恰当的账务处理程序对于提高会计工作的质量和效率，降低会计核算工作的成本，充分发挥会计的职能，正确、及时地提供会计信息有着重要的意义。

二、账务处理程序的种类

目前，我国常用的账务处理程序有以下五种：记账凭证账务处理程序、汇总记账凭证账务处理程序、科目汇总表账务处理程序、日记总账账务处理程序、多栏式日记账账务处理程序。本书主要介绍前三种账务处理程序。前三种账务处理程序的基本账务处理流程是相同的，主要区别在于登记总分类账的方法和程序有所不同。适应其登记总分类账的方法和程序，在凭证和账簿的种类和格式上也各有其特殊要求。

三、账务处理程序的基本要求

科学合理的账务处理程序一般应遵循以下基本要求：

（一）应满足本单位的经济管理需要

科学合理的账务处理程序，必须能够正确、全面、及时地提供生产经营管理各方面所需的会计信息，满足本单位的经济管理需要。

（二）适应本单位的经济活动

各单位的生产经营特点、规模大小、业务繁简不同，会计机构设置、人员配备及分工也不完全相同。账务处理程序必须从本单位实际出发，设计或选用符合本单位业务实际的账务处理程序。

（三）有利于本单位降本增效

在能够保证会计核算资料和会计信息正确、完整的前提下，应建立科学的账务处理程序，力求简化会计核算手续，节约人力、物力和财力的耗费，提高会计工作效率。

（四）有利于建立会计工作岗位责任制

设计账务处理程序，应有利于会计部门和会计人员分工与合作，有利于明确各会计人员工作岗位的职责，使会计人员责任清楚。

第二节　记账凭证账务处理程序

一、记账凭证账务处理程序的定义

记账凭证账务处理程序是指对发生的经济业务，先根据原始凭证或汇总原始凭证填制记账凭证，再直接根据记账凭证登记总分类账的一种账务处理程序。记账凭证账务处理程序的特点是：直接根据记账凭证逐笔登记总分类账。

二、记账凭证账务处理程序下凭证和账簿的设置

记账凭证账务处理程序对记账凭证和账簿的种类和格式无特殊要求。记账凭证可以采用统一的通用格式，也可以分成收、付、转三类。账簿一般需设置总分类账、现金日记账、银行存款日记账和明细分类账；总分类账和日记账均可采用三栏式，明细分类账根据需要，可采用三栏式、数量金额式或多栏式。

三、记账凭证账务处理程序的优缺点及适用范围

记账程序账务处理程序作为账务处理的基本程序,其主要优点有:一是会计凭证和账簿格式及账务处理程序简单明了,易于理解和运用;二是由于总分类账是直接根据各种记账凭证逐笔登记的,因此总分类账能比较详细和具体地反映各项经济业务,便于查账。而其主要缺点是要根据记账凭证逐笔登记总分类账,因此登记总分类账的工作量较大。

记账凭证账务处理程序一般适用于规模较小、业务量较少及记账凭证数量不多的企业。值得注意的是:此账务处理程序特别适宜于计算机处理,因为利用计算机可以弥补工作量大的缺点。同时在手工记账下,为了减少记账凭证的数量和登记总账的工作量,可以尽量将同类经济业务的原始凭证进行汇总,编制汇总原始凭证,再根据汇总原始凭证编制记账凭证。

四、记账凭证账务处理程序的一般步骤

记账凭证账务处理程序的一般步骤是:

(1)根据原始凭证填制汇总原始凭证;

(2)根据原始凭证或汇总原始凭证,填制收款凭证、付款凭证和转账凭证,也可以填制通用记账凭证;

(3)根据收款凭证和付款凭证逐笔登记现金日记账和银行存款日记账;

(4)根据原始凭证、汇总原始凭证和记账凭证,登记各种明细分类账;

(5)根据记账凭证逐笔登记总分类账;

(6)期末,将现金日记账、银行存款日记账和明细分类账的余额与有关总分类账的余额核对相符;

(7)期末,根据总分类账和明细分类账的记录,编制财务报表。

记账凭证账务处理程序如图 8-1 所示。

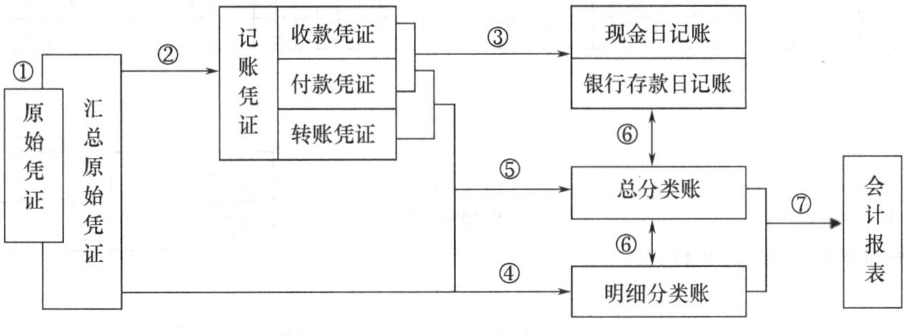

图 8-1 记账凭证账务处理程序图

五、记账凭证账务处理程序实例

【例 8-1】以肇庆华丽服装有限公司 2024 年 4 月发生的经济业务为例,根据第六章实训任务已经填好的所有专用记账凭证(见表 7-42 至 7-44),在记账凭证账务处理程序下登记库存现金、应收账款和原材料、主营业务收入的总分类账。如表 8-1、表 8-2、表 8-3 和表 8-4 所示。

总页码	2
本户页次	2

表 8-1 　　　　**总分类账**

会计科目名称及编号：库存现金

2024年		凭证号数	摘要	借方										贷方										借或贷	余额									
4月	日			千	百	十	万	千	百	十	元	角	分	千	百	十	万	千	百	十	元	角	分		千	百	十	万	千	百	十	元	角	分
4	1		月初余额																					借					7	0	0	0	0	0
4	8	现付1	预借差旅费															2	0	0	0	0	0	借					5	0	0	0	0	0
4	9	银付4	提现					5	0	0	0	0	0											借				1	0	0	0	0	0	0
4	10	现付2	买办公用品																5	0	0	0	0	借					9	5	0	0	0	0
4	11	现收1	交回现金						1	0	0	0	0											借					9	6	0	0	0	0
4	18	现付3	买办公用品															1	0	0	0	0	0	借					8	6	0	0	0	0

总页码	18
本户页次	3

表 8-2 　　　　**总分类账**

会计科目名称及编号：应收账款

2024年		凭证号数	摘要	借方										贷方										借或贷	余额									
4月	日			千	百	十	万	千	百	十	元	角	分	千	百	十	万	千	百	十	元	角	分		千	百	十	万	千	百	十	元	角	分
4	1		月初余额																					借			2	7	3	7	8	0	0	0
4	5	银收3	收回货款													1	0	9	9	8	0	0	0	借			1	6	3	8	0	0	0	0
4	6	转2	销售T恤			2	7	7	9	8	0	0	0											借			4	4	1	7	8	0	0	0

总页码	23
本户页次	3

表 8-3 　　　　**总分类账**

会计科目名称及编号：原材料

2024年		凭证号数	摘要	借方										贷方										借或贷	余额									
4月	日			千	百	十	万	千	百	十	元	角	分	千	百	十	万	千	百	十	元	角	分		千	百	十	万	千	百	十	元	角	分
4	1		月初余额																					借				6	0	0	0	0	0	0
4	2	银付2	购买材料				3	9	0	0	0	0	0											借				9	9	0	0	0	0	0
4	4	转1	领用材料														7	2	0	0	0	0	0	借				2	7	0	0	0	0	0

总页码	98
本户页次	3

表 8-4　　　　　　　　　　**总分类账**

会计科目名称及编号：主营业务收入

2024年		凭证号数	摘要	借方										贷方										借或贷	余额									
4月	日			千	百	十	万	千	百	十	元	角	分	千	百	十	万	千	百	十	元	角	分		千	百	十	万	千	百	十	元	角	分
4	3	银收2	销售T恤													1	6	0	0	0	0	0	0	贷			1	6	0	0	0	0	0	0
4	6	转2	销售T恤													2	4	6	0	0	0	0	0	贷			4	0	6	0	0	0	0	0
4	16	转6	销售T恤													1	7	0	0	0	0	0	0	贷			5	7	6	0	0	0	0	0
4	30	转13	月末结转			5	7	6	0	0	0	0	0											平								⊖		

第三节　汇总记账凭证账务处理程序

一、汇总记账凭证账务处理程序的定义

汇总记账凭证账务处理程序是指先根据原始凭证或汇总原始凭证，填制记账凭证，定期根据记账凭证分类编制汇总收款凭证、汇总付款凭证和汇总转账凭证，再根据汇总记账凭证登记总分类账的一种账务处理程序。汇总记账凭证账务处理程序的特点是，先根据记账凭证编制汇总记账凭证，再根据汇总记账凭证登记总分类账。

二、汇总记账凭证账务处理程序下凭证和账簿的设置

汇总记账凭证是指对一段时期内同类记账凭证进行定期汇总而编制的记账凭证。汇总记账凭证可以分为汇总收款凭证、汇总付款凭证和汇总转账凭证。

在汇总记账凭证账务处理程序下，除设置收款、付款和转账的记账凭证外，还应设置汇总收款凭证、汇总付款凭证和汇总转账凭证，作为登记总分类账的依据。账簿的设置与记账凭证账务处理程序基本相同，应设置现金日记账、银行存款日记账，采用三栏式；设置总分类账，采用三栏式；按每一总账科目设置明细分类账，根据需要可采用三栏式、数量金额式或多栏式。

三、汇总记账凭证账务处理程序的优缺点及适用范围

汇总记账凭证账务处理程序的优点是减轻了登记总分类账的工作量；缺点是当转账凭证较多时，编制汇总转账凭证的工作量较大，并且按每一贷方账户编制汇总转账凭证，不利于会计核算的日常分工。该账务处理程序主要适用于规模较大、经济业务较多的单位。

四、汇总记账凭证账务处理程序的一般步骤

汇总记账凭证账务处理程序的一般步骤是：

（1）根据原始凭证填制汇总原始凭证；

（2）根据原始凭证或汇总原始凭证，填制收款凭证、付款凭证和转账凭证，也可以填制通用记账凭证；

(3)根据收款凭证、付款凭证逐笔登记现金日记账和银行存款日记账;

(4)根据原始凭证、汇总原始凭证和记账凭证,登记各种明细分类账;

(5)根据各种记账凭证编制有关汇总记账凭证;

(6)根据各种汇总记账凭证登记总分类账;

(7)期末,将现金日记账、银行存款日记账和明细分类账的余额与有关总分类账的余额核对相符;

(8)期末,根据总分类账和明细分类账的记录,编制财务报表。

汇总记账凭证账务处理程序如图 8-2 所示。

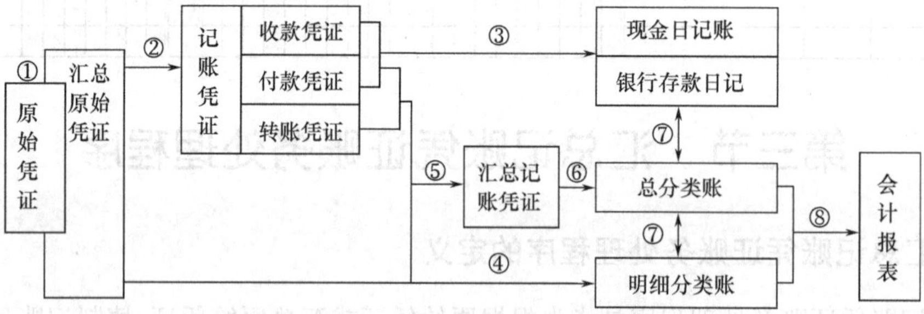

图 8-2 汇总记账凭证账务处理程序图

五、汇总记账凭证账务处理程序实例

(一)汇总收款凭证的编制

汇总收款凭证根据“库存现金”和“银行存款”账户的借方进行编制。它汇总了一定时期内库存现金和银行存款的收款业务。

汇总收款凭证是在对各账户对应的贷方分类之后,进行汇总编制。总分类账根据各汇总收款凭证的合计数进行登记,分别记入“库存现金”“银行存款”总分类账户的借方,并将汇总收款凭证上各账户贷方的合计数分别记入有关总分类账户的贷方。一般可 5~10 天汇总一次,每月编制一张。

【例 8-2】以肇庆华丽服装有限公司 2024 年 4 月发生的经济业务为例,根据第六章实训任务已经填好的与现金有关的专用记账凭证(见表 7-42 至 7-44),在汇总记账凭证账务处理程序下登记库存现金账户的汇总收款凭证。如表 8-5 所示。

分析:肇庆华丽服装有限公司 2024 年 4 月发生的经济业务有以下几项与现金收款业务有关的分录:

①业务 10:付款凭证,银付字第 4 号。

借:库存现金 5 000

　　贷:银行存款 5 000

②业务 13:收款凭证,现收字第 1 号。

借:库存现金 100

　　贷:其他应收款——李英 100

表 8-5 **汇总收款凭证** 单位:元

借方科目:库存现金 2024 年 4 月 第 1 号

贷方科目	金额				总账页次	
	1~10 日	11~20 日	21~31 日	合计	借方	贷方
银行存款	5 000	—	—	5 000	略	略
其他应收款	100	—	—	100	略	略
合计	5 100	—	—	5 100	略	略

(二)汇总付款凭证的编制

汇总付款凭证根据“库存现金”和“银行存款”账户的贷方进行编制。它汇总了一定时期内库存现金和银行存款的付款业务。

汇总付款凭证是在对各账户对应的借方分类之后,进行汇总编制。总分类账根据各汇总付款凭证的合计数进行登记,分别记入“库存现金”“银行存款”总分类账户的贷方,并将汇总付款凭证上各账户借方的合计数分别记入有关总分类账户的借方。一般可 5~10 天汇总一次,每月编制一张。

【例 8-3】以肇庆华丽服装有限公司 2024 年 4 月发生的经济业务为例,根据第六章实训任务已经填好的该公司与现金有关的专用记账凭证(见表 7-42 至 7-44),在汇总记账凭证账务处理程序下登记库存现金账户的汇总付款凭证。如表 8-6 所示。

分析:肇庆华丽服装有限公司 2024 年 4 月发生的经济业务有以下几项与现金收款业务有关的分录:

①业务 9:付款凭证,现付字第 1 号。

借:其他应收款——李英 2 000

　　贷:库存现金 2 000

②业务 11:付款凭证,现付字第 2 号。

借:制造费用——办公费 100

　　管理费用——办公费 400

　　贷:库存现金 500

③业务 18:付款凭证,现付字第 3 号。

借:制造费用——办公费 200

　　管理费用——办公费 800

　　贷:库存现金 1 000

表 8-6 **汇总付款凭证** 单位:元

贷方科目:库存现金 2024 年 4 月 第 1 号

借方科目	金额				总账页次	
	1~10 日	11~20 日	21~31 日	合计	借方	贷方
其他应收款	2 000	—	—	2 000	略	略
制造费用	100	200	—	300	略	略
管理费用	400	800	—	1 200	略	略
合计	2 500	1 000		3 500	略	略

(三)汇总转账凭证的编制

汇总转账凭证通常根据所设置账户的贷方进行编制。它汇总了一定时期内的转账业务。

汇总转账凭证是在对所设置账户相对应的借方账户分类之后,进行汇总编制。总分类账根据各汇总转账凭证的合计数进行登记,分别记入对应账户的总分类账户的贷方,并将汇总转账凭证上各账户借方的合计数分别记入有关总分类账户的借方。值得注意的是,在编制的过程中贷方账户必须唯一,借方账户可一个或多个,即转账凭证必须一借一贷或多借一贷。

一般可5~10天汇总一次,每月编制一张。如果在一个月内某一贷方账户的转账凭证不多,可不编制汇总转账凭证,直接根据单个的转账凭证登记总分类账。

【例8-4】以肇庆华丽服装有限公司2024年4月发生的经济业务为例,根据第六章实训任务已经填好的该公司与原材料有关的专用记账凭证(见表7-42至7-44),在汇总记账凭证账务处理程序下登记原材料账户的汇总转账凭证。如表8-7所示。

分析:肇庆华丽服装有限公司2024年4月发生的经济业务与现金收款业务有关的分录为:

业务5:转账凭证,转字第1号。

借:生产成本——男T恤　36 000

——女T恤　36 000

贷:原材料——条纹纯棉面料　36 000

——单色纯棉面料　36 000

表8-7　**汇总转账凭证**　单位:元

贷方科目:原材料　2024年4月　第4号

借方科目	金额				总账页次	
	1~10日	11~20日	21~31日	合计	借方	贷方
生产成本	72 000			72 000	略	略
合计	72 000			72 000	略	略

【例8-5】以肇庆华丽服装有限公司2024年4月发生的经济业务为例,根据例8-2和例8-3与现金有关的汇总收款凭证和汇总付款凭证,在汇总记账凭证账务处理程序下登记现金总账,如表8-8所示。

总页码	1
本户页次	1

表8-8　**总分类账**

会计科目名称及编号:库存现金

2024年 4月	日	凭证号数	摘要	借方(千百十万千百十元角分)	贷方(千百十万千百十元角分)	借或贷	余额(千百十万千百十元角分)
4	1		月初余额			借	700000
4	30	收汇1	1-30日汇总	510000		借	1210000
4	30	付汇1	1-31日汇总		350000	借	860000

第四节 科目汇总表账务处理程序

一、科目汇总表账务处理程序的定义

科目汇总表账务处理程序,又称记账凭证汇总表账务处理程序,是指根据记账凭证定期编制科目汇总表,再根据科目汇总表登记总分类账的一种账务处理程序。科目汇总表账务处理程序的特点是先将所有记账凭证汇总编制成科目汇总表,然后以科目汇总表为依据登记总分类账。

二、科目汇总表账务处理程序下凭证和账簿的设置

在科目汇总表账务处理程序下,对记账凭证的要求是,除了设置收款凭证、付款凭证和转账凭证外,还要求设置科目汇总表。对账簿的设置没有特殊要求,一般应设置现金日记账、银行存款日记账,采用三栏式;按每一总账科目设置总分类账,采用三栏式;按照明细科目设置明细分类账,采用三栏式、数量金额式或多栏式。

科目汇总表,又称记账凭证汇总表,通常是企业定期对全部记账凭证进行汇总后,按照不同的会计科目分别列示各账户借方发生额和贷方发生额的一种汇总凭证。科目汇总表的编制方法是,根据一定时期内的全部记账凭证,按照会计科目进行归类,定期汇总出每一个账户的借方本期发生额和贷方本期发生额,填写在科目汇总表的相关栏内。科目汇总表可每月编制一张,按旬汇总,也可每旬汇总一次编制一张。任何格式的科目汇总表都只反映各个账户的借方本期发生额和贷方本期发生额,不反映各个账户之间的对应关系。

三、科目汇总表账务处理程序的优缺点及适用范围

采用科目汇总表账务处理程序,可以通过定期编制科目汇总表起到试算平衡的作用,根据科目汇总表登记总分类账,也可以减轻登记总账的工作量。但科目汇总表不能反映各科目间的对应关系,不便于查账和了解经济业务的内容。因而,这种账务处理程序适用于规模较大、业务量较多的单位。

四、科目汇总表账务处理程序的一般步骤

科目汇总表账务处理程序的一般步骤是:

(1)根据原始凭证填制汇总原始凭证;

(2)根据原始凭证或汇总原始凭证填制记账凭证;

(3)根据收款凭证、付款凭证逐笔登记现金日记账和银行存款日记账;

(4)根据原始凭证、汇总原始凭证和记账凭证,登记各种明细分类账;

(5)根据各种记账凭证编制科目汇总表;

(6)根据科目汇总表登记总分类账;

(7)期末将现金日记账、银行存款日记账和明细分类账的余额同有关总分类账的余额核对相符;

(8)期末根据总分类账和明细分类账的记录,编制财务报表。

科目汇总表账务处理程序如图 8-3 所示。

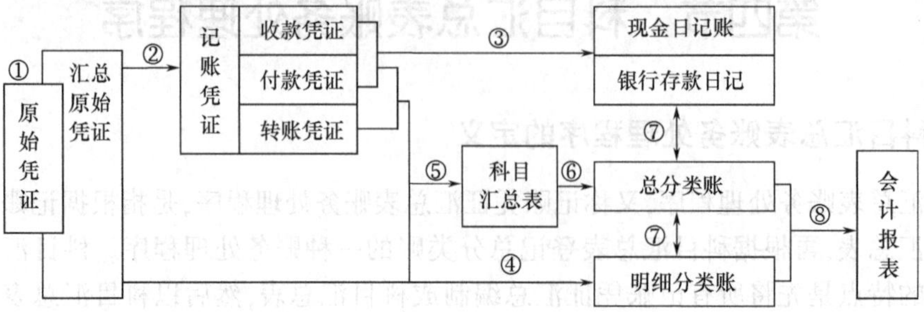

图 8-3　科目汇总表账务处理程序图

五、科目汇总表账务处理程序实例

【例 8-6】以肇庆华丽服装有限公司 2024 年 4 月发生的经济业务为例,根据第六章实训任务已经填好的全部专用记账凭证(见表 7-42 至 7-44)编制 4 月份的科目汇总表。如表 8-9 所示。

表 8-9　　**科目汇总表**

2024 年 4 月

编号:汇 1

会计科目	总账页数	本期发生额		记账凭证起止号
		借方	贷方	
库存现金		5 100	3 500	现收字第 1 号; 现付字第 1—3 号; 银收字第 1—4 号; 银付字第 1—9 号; 转字第 1—18 号。
银行存款		510 780	346 465	
应收票据		192 100	—	
应收账款		277 980	109 980	
其他应收款		2 000	2 000	
原材料		39 000	72 000	
库存商品		189 000	315 000	
固定资产		—	—	
无形资产		—	—	
累计折旧		—	8 080	
短期借款		—	—	
应付账款		51 365	11 000	
应交税费		125 480	197 756	
应付利息		—	300	
应付职工薪酬		181 000	164 750	
实收资本		—	200 000	
本年利润		453 026	596 000	
利润分配		—	—	
生产成本		189 000	189 000	

续表

会计科目	总账页数	本期发生额		记账凭证起止号
		借方	贷方	
制造费用		19 650	19 650	现收字第 1 号； 现付字第 1—3 号； 银收字第 1—4 号； 银付字第 1—9 号； 转字第 1—18 号。
主营业务收入		576 000	576 000	
营业外收入		20 000	20 000	
管理费用		46 030	46 030	
销售费用		27 200	27 200	
财务费用		300	300	
主营业务成本		315 000	315 000	
税金及附加		6 838	6 838	
营业外支出		10 000	10 000	
所得税费用		47 658	47 658	
合计		3 284 507	3 284 507	

会计主管：刘新　　　记账：李丽　　　复核：李丽　　　制单：陈敏

【例 8-7】以肇庆华丽服装有限公司 2024 年 4 月发生的经济业务为例，根据例 8-6 编好的科目汇总表，在科目汇总表（表 8-9）账务处理程序登记库存现金、应收账款和原材料、主营业务收入的总分类账。如表 8-10 至表 8-13 所示。

总页码	1
本户页次	1

表 8-10　　　　**总分类账**

会计科目名称及编号：库存现金

2024年		凭证号数	摘要	借方										贷方										借或贷	余额									
4月	日			千	百	十	万	千	百	十	元	角	分	千	百	十	万	千	百	十	元	角	分		千	百	十	万	千	百	十	元	角	分
4	1		月初余额																					借					7	0	0	0	0	0
4	30	汇1	1-30日发生额					5	1	0	0	0	0					3	5	0	0	0	0	借					8	6	0	0	0	0

总页码	18
本户页次	3

表 8-11　　　　**总分类账**

会计科目名称及编号：应收账款

2024年		凭证号数	摘要	借方										贷方										借或贷	余额									
4月	日			千	百	十	万	千	百	十	元	角	分	千	百	十	万	千	百	十	元	角	分		千	百	十	万	千	百	十	元	角	分
4	1		月初余额																					借			2	7	3	7	8	0	0	0
4	30	汇1	1-30日发生额			2	7	7	9	8	0	0	0			1	0	9	9	8	0	0	0	借			4	4	1	7	8	0	0	0

总页码	23
本户页次	2

表 8-12 **总分类账**

会计科目名称及编号：原材料

2024年 4月	日	凭证号数	摘要	借方（千百十万千百十元角分）	贷方（千百十万千百十元角分）	借或贷	余额（千百十万千百十元角分）
4	1		月初余额			借	6000000
4	30	汇1	1-30日发生额	3900000	7200000	借	2700000

总页码	98
本户页次	3

表 8-13 **总分类账**

会计科目名称及编号：主营业务收入

2024年 4月	日	凭证号数	摘要	借方（千百十万千百十元角分）	贷方（千百十万千百十元角分）	借或贷	余额（千百十万千百十元角分）
4	30	汇1	1-30日发生额	57600000	57600000	平	⊖

章节实务题

实训任务一：科目汇总表下登记总账

根据前面的第六章章节实务题中已经编制好的 2024 年 4 月肇庆华丽服装有限公司发生的经济业务中所有的收款凭证、付款凭证、转账凭证（见表 7-42 至表 7-44，即 2024 年 4 月华丽服装公司发生的 30 笔经济业务的分录），并在第七章章节实务题已经做好总账期初建账的账页基础上（见表 6-17），在科目汇总表账务处理程序下（科目汇总表详见表 8-9），对 2024 年 4 月肇庆华丽服装有限公司各总分类账户进行总账登记。

实训任务二：编制总账账户试算平衡表对账

将肇庆华丽服装有限公司 2024 年 4 月总分类账簿中各账户相互核对。这一核对主要通过编制“总账账户试算平衡表”来完成。具体操作步骤如下：

1. 从总分类账簿中将各账户的期初余额、本期借方发生额、本期贷方发生额及期末余额逐个抄算在“总账账户试算平衡表”（表 8-14）中，抄算中应注意不要出现遗漏，不要记错余额的借贷方向。从第六章章节实务题已知肇庆华丽服装有限公司 2024 年 4 月 1 日总分类账簿中各总账账户的期初余额（见表 6-17），从第六章科目汇总表账务处理程序下已经编制出的各总账账户科目汇总表（见表 8-9）得到本期发生额，从第 8 章实训任务中在科目汇总表账务处理程序下登记的各总账账户结出月末余额，将三者金额抄在表 8-14 上。

表 8-14 **肇庆华丽服装有限公司试算平衡表**

2024 年 4 月 30 日

会计科目	期初余额		本期发生额		期末余额	
	借方	贷方	借方	贷方	借方	贷方
库存现金						
银行存款						
应收票据						
其他应收款						
原材料						
库存商品						
固定资产						
无形资产						
累计折旧						
短期借款						
应付账款						
应交税费						
应付利息						
应付职工薪酬						
实收资本						
盈余公积						
本年利润						
利润分配						
生产成本						
制造费用						
主营业务收入						
营业外收入						
管理费用						
销售费用						
财务费用						
主营业务成本						
税金及附加						
营业外支出						
所得税费用						
合计						

2. 计算总分类账户的期初借贷方余额合计数、本期借贷方发生额合计数和期末借贷方余额合计数。

3. 检查计算出的各总分类账户的期初借贷方余额合计数、本期借贷方发生额合计数和期末借贷方余额合计数是否相等，若相等，则说明总分类账簿的记录有可能是正确的，可以继续进行其他的账簿核对工作；若不相等，则说明在编制"试算平衡表"及登记总分类账簿的工作中一定存在错误，需要根据"试算平衡表"中提供的错误线索对相关账证资料进行检查，对查出的错误进行更正，直至总分类账户试算平衡为止。试算平衡后，把总分类账户的期末余额抄在表8-15上，为第10章编制会计报表做准备。

表8-15　　肇庆华丽服装有限公司总分类账户余额表

2024年4月30日　　单位：元

账户名称	借或贷	期末数	账户名称	借或贷	期末数
库存现金			累计折旧		
银行存款			短期借款		
应收票据			应交税费		
应收账款			应付利息		
其他应收款			应付职工薪酬		
原材料			长期借款		
库存商品			实收资本		
固定资产			资本公积		
无形资产			盈余公积		
			本年利润		
			利润分配		
合计			合计		

第九章　财产清查

【学习目标】

▶ 知识目标 ◀

1. 了解企业财产清查的意义与财产清查的种类。

2. 熟悉财产清查的一般程序以及企业货币资金、实物资产、往来款项等财产物资的清查方法。

3. 掌握银行存款余额调节表的编制和财产清查结果的账务处理方法。

▶ 能力目标 ◀

1. 具备在实务过程中能够正确判断未达账项的能力。

2. 会编制银行存款余额调节表，具有分析问题、解决问题的能力。

▶ 素养目标 ◀

1. 培养学生严谨、细致和负责的精神。

2. 准确的财产清查结果依赖于诚信的记录和操作，培养诚信和守法的品德。

第一节　财产清查概述

一、财产清查的概念

财产清查是指通过实地盘点、核对、查询等方法，确定各项财产物资、货币资金、往来款项的实际结存数，并与账面结存数相核对，以确定账实是否相符的一种专门方法。

会计核算要以真实的经济业务为对象，如实反映企业财务状况和经营成果，提供客观的会计核算指标，这是会计核算的一般原则。因此，在会计核算工作中，加强对会计凭证的日常审核，定期进行账证核对、账账核对，在一定程度上能保证账簿记录本身的正确性，但账簿记录的正确并不能保证其反映的财务状况和经营成果的客观真实。

在实际工作中，会由于多方面的原因造成各项财产物资的账面结存数与实际结存数不符，一般来讲，造成账实不符的原因主要有以下几种：

(1)财产物资收发时，由于度量衡具的误差造成的差异。

(2)工作人员在填制凭证、登记账簿的过程中，出现重记、漏记、错记或计算错误。

(3)财产物资在保管中发生自然损耗,如鲜活商品的腐烂变质、易挥发物资的自然挥发等造成数量或质量上的降低。

(4)由于管理不善或工作人员失职,而发生的财产物资残损、变质、短缺,如将物资露天堆放,遭受雨淋发生霉变等。

(5)由于贪污盗窃、营私舞弊造成财产损失。

(6)由于发生自然灾害,如水灾、火灾、地震,造成财产物资损失。

(7)在结算过程中,由于往来双方记账时间不一致造成记录上的差异。

这些造成账实不符的原因有些是正常的、难以避免的,有些是非正常的、可以避免的。为了掌握财产物资的真实情况,必须对各项财产物资进行定期或不定期的盘点与核对,确保账实相符。若在财产清查中发现账实不符,应根据实存数调整账面记录,并查明原因,采取相应措施,改进财产物资的保管工作,保障财产物资的安全完整。

二、财产清查的意义

企业实施财产清查的意义主要体现在以下几个方面:

(一)保证会计核算资料的真实性和可靠性

通过财产清查,可以明确各种财产物资有无溢余或发生盘盈盘亏;确定各项财产物资的实存数,并与账存数相核对,确认二者是否一致。如果账簿记录的内容与财产物资的实存数相符合,说明会计核算资料真实可靠。如果账实不符,一方面要根据财产清查的有关原始资料填制记账凭证,并据以调整财产物资的账存数,做到账实相符,保证会计核算资料的真实可靠,为编制财务报告提供客观的编报资料,为资本市场各利益相关者提供真实、客观的会计信息;另一方面,应及时查明原因进行处理,并深入分析存在的问题,加强管理。

(二)充分挖掘财产物资的潜力,提高其使用效率

通过财产清查,可以查明各项财产物资的储备和有效利用情况。对于储备不足影响企业正常生产经营的,应及时补充存货,满足生产经营的正常需要;对于超储压的财产物资,应及时予以处理,加快财产物资周转,提高使用效率,降低资本成本,避免损失浪费;对于呆滞的和不配套的财产物资,应及时处理,提高资产的流动性,降低仓储成本。

(三)完善财产物资的内部控制制度,确保财产物资的安全和完整

通过财产清查,可以查明各项财产物资的保管情况,有无因内部控制问题导致的财产物资短缺、呆滞积压、以次充好、霉烂变质、损失浪费以及贪污盗窃等情况。对于存在的问题,一经发现要及时进行处理,并深入分析问题产生的具体原因,采取措施加强管理。对于贪污盗窃等犯罪行为要追究责任,严肃处理,以确保财产物资的安全和完整;对于在财产清查中暴露出的内部控制制度缺陷等问题,要针对存在的问题,深入调查、分析原因,完善企业各项财产物资的内部控制制度,完善各项财产物资的岗位责任制,提高内部控制设计和实施的有效性,确保财产物资的安全、完整。

(四)遵守财经纪律和结算制度

通过财产清查,可以查明货币资金的收、付是否严格遵守财经纪律和结算制度,有无坐支、白条抵库、贪污等情况;可以查明往来结算款项是否符合财经纪律和国家结算制度的规定,有无不合法的债权债务,有无贪污、盗、挪用公款等非法行为。对于发现的问题,应及时纠

正，追究相关责任人的责任，从而使相关责任人自觉地维护和遵守财经纪律与结算制度。

三、财产清查的种类

财产清查按不同分类标准，可分为不同的类别：

（一）按清查的范围和对象，可分为全面清查和局部清查两种

1. 全面清查，是指对所有的财产进行全面的盘点和核对。全面清查涉及的范围较大，清查的对象包括货币资金、存货、固定资产等财产物资，应收、应付等往来款项及各种借款，在建工程、各种代管物资和外购商品等。全面清查由于范围广泛，涉及的内容繁多，需要时间较长，需动用大量的人力、物力，因此一般只是在以下情况下才需要进行全面清查：

（1）为确保年度会计报表的正确性与可靠性，在年度决算前进行财产全面清查；

（2）企业撤销、合并或改变隶属关系，为了明确经营责任和确定资产、负债实际数量和金额，需要进行财产全面清查；

（3）中外合资、国内合资前；

（4）企业股份制改制前；

（5）单位负责人调离工作时，需要进行一次全面清查；

（6）开展全面资产评估、清产核资等活动时，为了摸清家底，需要全面清查。

2. 局部清查，是指根据需要只对部分财产进行盘点和核对。各单位可以根据需要对其部分资产或负债进行局部清查。例如，对库存现金，应在每日营业终了，由出纳员进行清点、核对，及时发现长、短款情况；对银行存款，每月末要与银行对账单核对，并编制“银行存款余额调节表”；对流动性强又易于发生短缺的原材料、在产品、产成品等，要定期盘点；对于往来款项，每年至少要核对一至两次。通过局部清查，及时发现和解决财产物资在保管中存在的问题。

（二）按清查的时间，可分为定期清查和不定期清查

1. 定期清查，指按预先规定好的时间进行的财产清查。一般在月度、季度、年度末对账时进行。定期清查的范围和对象，可以根据实际需要，进行局部清查，如在月末、季末进行的清查；也可以是全面清查，如在年末进行的清查。

2. 不定期清查，指事先未规定好清查日期，根据实际需要而进行的临时性清查。不定期清查的范围和对象，可以根据需要，进行全面清查或局部清查，如，更换财产保管人员时，应对其保管的财产物资进行局部清查，以分清保管责任；在关、停、并、转等情况下，应进行全面清查，以确定实有资产情况。

（三）按财产清查的执行单位，可分为内部清查和外部清查

1. 内部清查，是指由本单位内部自行组织清查工作小组所进行的财产清查工作。大多数财产清查都是内部清查。

2. 外部清查，是指由上级主管部门、审计机关、司法部门、注册会计师根据国家有关规定或情况需要对本单位所进行的财产清查。一般来讲，进行外部清查时应有本单位相关人员参加。

四、财产清查一般程序

财产清查既是会计核算的一种专门方法，又是财产物资管理的一项重要制度。企业需

有计划、有组织地进行财产清查。正规的财产清查一般包括以下程序：

(1)成立财产清查组织,可由相关人员成立清查小组,并指定负责人；

(2)组织清查人员学习有关政策规定,掌握有关法律、法规和相关业务识,以提高财产清查工作的质量；

(3)确定财产清查的对象、范围,明确清查任务；

(4)制订清查方案或计划,具体安排清查内容、时间、步骤、方法,以及必要的清查准备；

(5)清查时本着先清查数量、核对有关账户记录等,然后再认定质量的原则进行；

(6)填制盘存清单,应将清查的结果填入盘存清单,作为清查的凭据；

(7)根据盘存清单,填制实物、往来账项清查结果报告表。

第二节 财产清查的方法

一、货币资金的清查

根据现行会计准则的规定,货币资金包括库存现金、银行存款和其他货币资金。

(一)库存现金的清查

库存现金的清查是采用实地盘点法确定库存现金的实存数,然后与库存现金日记账的账面余额相核对,确定账实是否相符。

在清查前,出纳员应将收、付款凭证全部登记入账,并结计出余额。清点时出纳员应在场,逐张查点库存现钞,盘点结束后,根据盘点结果和现金日记账余额编制"库存现金盘点报告表"(格式见表9-1),并由清查人员和出纳员签章,作为调整账簿记录的重要原始凭证,也是分析账实差异原因、明确经济责任的依据。

表9-1　　库存现金盘点报告表

单位名称:肇庆华丽服装有限公司　　2024年1月30日

币别	实存金额	账存金额	对比结果		备注
			盘盈	盘亏	
人民币	9 010	9 000			

盘点人:李丽　　　　出纳员:张燕

在清查库存现金时,除了要查明账实是否相符外,还要查明现金管理制度的执行情况,如是否有挪用现金,有无白条抵库,现金库存是否超过银行核定限额,有无坐支现金等现象。

[案例分享]

银行存款管理与银行结算方式

一、银行存款的管理

(一)银行存款开户的有关规定

银行存款是指企业存放于银行或其他金融机构的货币资金。企业应当根据业务需要,按照规定在其所在地银行开设账户,运用所开设的账户,进行存款、取款以及各种收支转账业务的结算。《银行账户管理办法》将单位银行结算账户分为四类:基本存款账户、一般存数账户、专用款账户和临时存款账户。

基本存款账户是指存款人因办理日常转账结算和现金收付需要而开立的银行结算账户,该账户是存款人的主要账户,存款人日常经营活动的资金收付及其工资、奖金等现金的支取,都应该通过该账户办理。每一企业只能选择一家银行的一个营业机构开立一个基本存款账户,不得在多家银行机构开立基本存款账户。

一般存款账户是指存款人因借款或其他结算需要,在基本存款账户开户银行以外的银行营业机构开立的银行结算账户。该类账户可以办理转账结算和现金缴存,但不得支取现金。企业不得在同一家银行的几个分支机构开立多个一般存款账户。专用存款账户是指存款人按照法律、行政法规和规章,对其特定用途资金进行专项管理和使用而开立的银行结算账户,如基本建设资金,社会保障基金,财政预算外资金,粮、棉、油收购资金,证券交易结算资金等。合格境外机构投资者在境内从事证券投资开立的人民币特殊账户和人民币结算资金账户纳入专用存款账户管理。临时存款账户是指存款人因临时需要并在规定期限内使用而开立的银行结算账户,如设立临时机构、异地临时经营活动、注册验资等。该账户用于办理临时机构以及存款人临时经营活动发生的资金收付,并根据有关开户证明文件确定的期限或存款人的需要确定其有效期限,最长不得超过2年。临时存款账户支取现金,应按照国家现金管理的规定办理。

为了加强对银行结算账户的管理,对存款人开立的基本存款账户和临时存款账户以及预算单位开立的专用存款账户实行不同的管理制度。

(二)银行结算纪律

企业在办理存款账户以后,在使用账户时应严格执行银行结算纪律的规定,具体内容包括:合法使用银行账户,不得转借给其他单位或个人使用;不得利用银行账户进行非法活动;不得签发没有资金保证的票据和远期支票,套取银行信用;不得签发、取得和转让没有真实交易和债权债务的票据,套取银行和他人资金;不得无理拒绝付款,任意占用他人资金;不得违反规定开立和使用账户。

二、银行结算方式

银行存款的收付应严格执行银行结算制度的规定。票据和结算凭证是办理支付结算的工具。支付结算是指单位、个人在社会经济活动中使用票据、信用卡和汇兑、托收承付、委托收款信用证等结算方式进行货币给付及其资金清算的行为。企业在办理支付结算时,必须使用按中国人民银行统一规定印制的票据凭证和统一规定的结算凭证。票据和结算凭证上必须签章,即签名、盖章或者签名加盖章。企业办理支付结算必须遵循下列原则:恪守信用,履约付款;谁的钱进谁的账,由谁支配;银行不垫款。

(二)银行存款的清查

银行存款的清查是采用与开户银行核对账目的方法进行的,即将本单位银行存款日记账的账簿记录与开户银行转来的对账单逐笔进行核对,来查明银行存款的实有数额。银行存款的清查一般在月末进行。银行存款应至少每月与银行核对一次。

一般来讲,造成银行对账单与单位银行存款日记账不符的原因,主要有三个:一是单位记录银行存款日记账有误；二是银行存在记账错误；三是存在未达账项。

未达账项，是指由于结算手续和凭证传递处理时间的影响，造成单位与银行一方已入账，另一方尚未入账的账项。单位与银行的未达账项，一般有以下四种情况：

(1)企业已收，银行未收的款项。如企业销售产品收到支票，送存银行后即可根据银行盖章退回的“进账单”回单联登记银行存款的增加，而银行则要等款项收妥后才能记增加，如果此时对账，就形成了企业已收款入账，银行尚未收款入账的款项。

(2)企业已付，银行未付的款项。如企业开出一张支票支付购料款，企业可根据支票存根、发票及收料单等记银行存款的减少，而这时银行由于未接到支付款项的凭证而尚未记银行存款减少，如果此时对账，就形成了企业已付款入账，银行尚未付款入账的款项。

(3)银行已收，企业未收的款项。如外地某单位给企业汇来货款，银行收到汇款单后，登记企业银行存款增加，企业由于未收到汇款凭证尚未登记银行存款增加，如果此时对账就形成了银行已收款入账，企业尚未收款入账的款项。

(4)银行已付，企业未付的款项。如银行代企业支付款项，银行已取得支付款项的凭证记银行存款的减少，企业由于未接到凭证尚未记银行存款减少，如果此时对账，就形成了银行已付款入账，企业尚未付款入账的款项。

上述任何一种未达账项的产生，都会造成银行存款日记账和银行对账单余额的不一致。因此，在核查时如果双方账上没有错记、漏记的业务，应注意有无未达账项。如果发现存在未达账项，必须根据未达账项及有关数据编制“银行存款余额调节表”来调整双方余额，再看双方结余数额是否一致。

银行存款的清查按以下四个步骤进行：

(1)将本单位银行存款日记账与银行对账单，以结算凭证的种类、号码和金额为依据，逐日逐笔核对。凡双方都有记录的，用铅笔在金额旁打上记号“√”。

(2)找出未达账项(即银行存款日记账和银行对账单中没有打“√”的款项)。

(3)将日记账和对账单的月末余额及找出的未达账项填入“银行存款余额调节表”，并计算出调整后的余额。

(4)将调整平衡的“银行存款余额调节表”，经主管会计签章后，呈报开户银行。

需要注意的是：凡有几个银行户头以及开设有外币存款户头的单位，应分别按存款户头开设“银行存款日记账”。每月月底，应分别将各户头的“银行存款日记账”与各户头的“银行对账单”核对，并分别编制各户头的“银行存款余额调节表”。

银行存款余额调节表的编制，是以双方账面余额为基础，各自分别加上对方已收款入账而己方尚未入账的数额，减去对方已付款入账而己方尚未入账的数额。其计算公式如下：

企业银行存款日记账余额+银行已收企业未收款−银行已付企业未付款=
银行对账单存款余额+企业已收银行未收款−企业已付银行未付款

下面举例说明银行存款余额调节表的格式和编制方法。

【例9-1】2024年1月30日，肇庆华丽服装有限公司银行存款日记账余额820 000元，银行对账单存款余额821 000元，已逐笔核对，发现有下列未达账项，请编制银行存款余额调节表(表9-2)。

①1月29日,企业销售产品收到转账支票一张计22 000元,企业已登记入账,银行尚未入账。

②1月30日,企业支付货款开出转账支票一张计12 000元,企业已登记入账,银行尚未入账。

③1月30日,银行收到企业委托收款21 000元,银行已登记入账,企业尚未入账。

④1月31日,银行代企业支付水电费10 000元,银行已登记入账,企业尚未入账。

表9-2 银行存款余额调节表 2024年1月30日

项目	金额	项目	金额
银行存款日记账余额	820 000	银行对账单余额	821 000
加:银行已收企业未收款	21 000	加:企业已收银行未收款	22 000
减:银行已付企业未付款	10 000	减:企业已付银行未付款	12 000
调节后的存款余额	831 000	调节后的存款余额	831 000

经过调节后的存款余额才是企业可以动用的银行存款实有数额。如经调节后双方的余额不等,说明双方账面记录有差错,需进一步核对账目,查找原因,及时处理。由于未达账项不是错账、漏账,编制银行存款余额调节表的目的只是检查账簿记录的正确性,不能将之作为调整银行存款账面余额的原始凭证,应等到以后收到有关的原始凭证后,再作账务处理。

二、实物资产的清查

(一)财产物资的盘存制度

财产物资的盘存制度,即确定实物资产账面结存数的方法,主要有"永续盘存制"和"实地盘存制"两种。

1. 永续盘存制,又称账面盘存制,是指对财产物资的收入数和发出数,都应根据相关会计凭证,在账簿中逐笔进行登记,并随时在账上结出结存数的一种方法。计算公式为:

$$本期减少金额 = 发出财产物资数量 \times 单价$$

$$账面期末结存金额 = 账面期初结存金额 + 本期增加金额 - 本期减少金额$$

采用永续盘存制,财产物资的明细核算工作量较大,但财产物资的明细账可随时动态反映其增减变化情况,便于对财产物资进行监控和管理,加快资金周转。另外,财产物资的账存数可以对其实存数起监督和控制作用,通过实地盘点可以发现账实差异,更有利于财产物资的安全完整。因此,各单位的财产物资一般应采用永续盘存制。

2. 实地盘存制,是指平时根据会计凭证在账簿中只登记财产物资的增加数,不登记减少数,月末,根据实地盘点来确定财产物资的实际结存数量,作为期末账面结存数记入账簿,倒挤出本期减少数的一种方法。计算公式为:

$$期末结存金额 = 期末财产物资盘点数 \times 单价$$

本期减少数 = 账面期初结存数 + 本期增加数 - 期末实际结存数

采用实地盘存制，财产物资的明细账平时只登记购进成本，对减少及结存不作记录，明细核算工作较简单。但财产物资的明细账不能随时反映财产物资的增减变化情况，不利于及时提供核算资料。另外，由于根据实际结存来倒挤本期发出成本，凡未包含在期末实际结存中的减少都被视为销售或耗用，从而掩盖了贪污、盗窃、浪费等非正常损耗，削弱了账簿记录对实物的控制作用，不利于财产物资的安全有效管理。因此，实地盘存制一般只适用于价值低、易于损耗、进出频繁和计量确有困难的财产物资，特别是对易腐烂变质的鲜活商品等可以采用。

(二)实物资产的清查方法

实物资产主要包括原材料、在产品、库存商品等存货以及固定资产。实物资产的清查就是对财产物资的数量和质量进行的清查。

在对财产物资的数量进行清查时，由于各种实物资产的形态、体积、重量、堆放方式等不同，其清查方法也不同。常用的方法有实地盘点法和技术推算法。

(1)实地盘点法：通过点数、过磅、量尺等方法来确定实物资产的实有数量。实地盘点法适用范围较广，在多数财产物资清查中都可以采用。

(2)技术推算法：利用一定的技术方法对财产物资的实存数进行推算，故又称估推法。采用这种方法，对于财产物资不是逐一清点计数，而是通过量方、计尺等技术推算财产物资的结存数量。技术推算法只适用于成堆量大而价值不高，逐一清点的工作量和难度较大的财产物资的清查。例如，露天堆放的煤炭等。

对于财产物资的质量，应根据不同实物的性质或特征，采用物理或化学方法，来检查实物的质量。

在清查盘点时，为明确责任，也为方便咨询，财产保管人员应在清查现场参加盘点工作。对于清查结果，需及时登记“盘存单”(见表 9-3)，由盘点人员及保管员签字或盖章。

表 9-3　　盘存单

单位名称：　　盘点时间：

财产类别：　　存放地点：　　编号：

编号	名称	规格	计量单位	实存数量	单价	金额	备注

盘点人签章：　　实物保管人签章：

盘存单是记录实物盘点结果的书面文件，也是反映资产实有数量的原始凭证。为将账面数据与实有数据相对比，以确定账实是否一致，还需要依据盘存单和账面记录编制“账存实存对比表”(见表 9-4)。该表一般填列账实不符的财产物资，是调整账簿记录的依据，也是分析差异原因、查清事实的依据。因而,该表是一个非常重要的原始凭证。

表 9-4 账存实存对比表

单位名称: 年 月 日 编号:

编号	类别及名称	计量单位	单价	实存		账存		对比结果		备注
				数量	金额	数量	金额	盘盈	盘亏	

主管: 复核: 制表:

三、往来款项的清查

往来款项主要包括对各种应收款、应付款、预收款、预付款等款项的清查。往来款项的清查一般采用发函询证的方法进行核对。具体步骤为:

(1)将本单位的往来账款核对清楚,确认总分类账与明细分类账的余额相等、各明细分类账的余额相符。

(2)在保证往来账户记录完整正确的基础上,按每一个经济往来单位编制"往来款项对账单"一式两联,其中一联作为回单,对方单位核对后退回,另一联送交对方单位核对账目。

(3)对方单位经过核对相符后,在回单上加盖公章退回;如有数字不符,对方单位应在对账单中注明情况退回本单位。

(4)收到上述回单后,应据此编制"往来款项清查表(见表 9-5)",注明核对相符与不符的款项,对不符的款项按有争议、未达账项、无法收回等情况归类合并,针对具体情况及时采取措施予以解决。

表 9-5 往来款项清查表

总分类账户名称: 年 月 日

明细分类账户		清查结果		核对不符原因分析			备注
名称	账面金额	核对相符金额	核对不符金额	未达账项金额	有争议款项金额	其他	

第三节 财产清查结果的处理

一、财产清查结果处理的要求

对于财产清查中发现的问题,如财产物资的盘盈、盘亏、毁损或其他各种损失,应核实情况，调查分析产生的原因，按照国家有关法律法规的规定，进行相应的处理。财产清查结果处理的具体要求有：

(1)分析产生差异的原因和性质，提出处理建议；

(2)积极处理多余积压财产，清理往来款项；总结经验教训，建立和健全各项管理制度；

(3)及时调整账簿记录，保证账实相符。

二、财产清查结果处理的步骤

对于财产清查结果的处理通常可分为两步骤：

第一步：审批之前的处理。根据"清查结果报告表""盘点报告表"等已经查实的数据资料，填制记账凭证，记入有关账簿，使账簿记录与实际盘存数相符，同时根据权限，将处理建议报股东大会或董事会，或经理(厂长)会议或类似机构批准。

第二步：审批之后的处理。企业清查的各种财产的损溢，应于期末前查明原因，并根据企业的管理权限，经股东大会或董事会，或经理(厂长)会议或类似机构批准后，在期末结账前处理完毕。企业应严格按照有关部门对财产清查结果提出的处理意见进行账务处理，填制有关记账凭证，登记有关账簿，并追回由于责任者原因造成的财产损失。

企业清查的各种财产的损溢，如果在期末结账前尚未经批准，在对外提供财务报表时，先按上述规定进行处理，并在附注中作出说明；其后批准处理的金额与已处理金额不一致的，调整财务报表相关项目的年初数。

三、财产清查结果的账务处理

(一)设置"待处理财产损溢"账户

(1)性质：双重性质的资产类账户。

(2)核算内容：用以核算企业在财产清查过程中查明的各种财产物资的盘盈、盘亏、毁损及其处理情况。企业清查的各种财产的盘盈、盘亏和毁损应在期末结账前处理完毕，所以"待处理财产损溢"账户在期末结账后没有余额。

(3)明细账户：可按"待处理流动资产损溢"和"待处理非流动资产损溢"设置明细账户。

(4)账户结构：

借方　　待处理财产损溢	贷方
①待处理财产物资的盘亏数、毁损数	②待处理财产物资的盘盈数
③批准转销的财产物资盘盈数	④批准转销的财产物资盘亏及毁损数

(二)库存现金清查结果的账务处理

1. 库存现金盘盈的账务处理

库存现金盘盈时，应及时办理库存现金的入账手续，调整库存现金账簿记录，即按盘盈的金额借记"库存现金"科目，贷记"待处理财产损溢——待处理流动资产损溢"科目。

对于盘盈的库存现金，应及时查明原因，按管理权限报经批准后，按盘盈的金额借记"待处理财产损溢——待处理流动资产损溢”科目，按需要支付或退还他人的金额贷记“其他应付款”科目，按无法查明原因的金额贷记“营业外收入”科目。

【例 9-2】2023 年 12 月 10 日，华丽公司在现金清查中发现现金溢余 200 元，后查明其中的 100 元系应付给职工李明的报销款，100 元无法查明原因。

盘盈时，华丽公司应根据“库存现金盘点报告表”，编制会计分录如下：

借：库存现金 200

　　贷：待处理财产损溢——待处理流动资产损溢 200

批准后，根据批准处理意见，华丽公司应编制会计分录如下：

借：待处理财产损溢——待处理流动资产损溢 200

　　贷：其他应付款——李明 100

　　　　营业外收入 100

2. 库存现金盘亏的账务处理

库存现金盘亏时，应及时办理盘亏的确认手续，调整库存现金账簿记录，即按盘亏的金额借记“待处理财产损溢——待处理流动资产损溢”科目，贷记“库存现金”科目。

对于盘亏的库存现金，应及时查明原因，按管理权限报经批准后，按可收回的保险赔偿和过失人赔偿的金额借记“其他应收款”科目，按管理不善等原因造成净损失的金额或无法查明原因的金额借记“管理费用”科目，按原记入“待处理财产损溢——待处理流动资产损溢”科目借方的金额贷记本科目。

【例 9-3】2023 年 12 月 30 日，华丽公司在现金清查中发现现金短缺 100 元，后查明是由于管理不善原因造成的。

盘亏时，华丽公司应根据“库存现金盘点报告表”，编制会计分录如下：

借：待处理财产损溢——待处理流动资产损溢 100

　　贷：库存现金 100

批准后，根据批准处理意见，华丽公司应编制会计分录如下：

借：管理费用 100

　　贷：待处理财产损溢——待处理流动资产损溢 100

（三）存货清查结果的账务处理

1. 存货盘盈的账务处理

存货盘盈时，应及时办理存货入账手续，调整存货账簿的实存数。盘盈的存货应按其重置成本作为入账价值借记“原材料”“库存商品”等科目，贷记“待处理财产损溢——待处理流动资产损溢”科目。

对于盘盈的存货，应及时查明原因，按管理权限报经批准后，冲减管理费用，即按其入账价值，借记“待处理财产损溢——待处理流动资产损溢”科目，贷记“管理费用”科目。

【例 9-4】2023 年 12 月 31 日，华丽公司在财产清查中，盘盈单色纯棉面料 50 米，单价 12 元，价值为 600 元。后查明原因，系材料收发计理错误。

在报经批准前，华丽公司应根据“实存账存对比表”，确定的材料盘盈数，编制会计分录如下：

借：原材料——单色纯棉面料 600

　　贷：待处理财产损溢——待处理流动资产损溢 600

在批准后，应根据批准意见，转销材料盘盈，编制会计分录如下：

借：待处理财产损溢——待处理流动资产损溢　　600

　贷：管理费用　　600

2. 存货盘亏的账务处理

存货盘亏时，应按盘亏的金额借记“待处理财产损溢——待处理流动资产损溢”科目，贷记“原材料”“库存商品”等科目。材料、产成品、商品采用计划成本（或售价）核算的，还应同时结转成本差异（或商品进销差价）。涉及增值税的，还应进行相应处理。

对于盘亏的存货，应及时查明原因，按管理权限报经批准后，按可收回的保险赔偿和过失人赔偿的金额借记“其他应收款”科目，按管理不善等原因造成净损失的金额借记“管理费用”科目，按自然灾害等原因造成净损失的金额借记“营业外支出”科目，按原记入“待处理财产损溢——待处理流动资产损溢”科目借方的金额贷记本科目。

【例9-5】2023年12月31日，华丽公司在财产清查中发现盘亏条纹纯棉面料30米，单价15元，经查属于一般经营损失。假定不考虑税费。

在报经批准前，华丽公司应根据“实存账存对比表”确定的材料盘亏数，编制会计分录如下：

借：待处理财产损溢——待处理流动资产损溢　　450

　贷：原材料　　450

在批准后，应根据批准意见，转销材料盘亏，编制会计分录如下：

借：管理费用　　450

　贷：待处理财产损溢——待处理流动资产损溢　　450

【例9-6】2023年12月31日，华丽公司在财产清查中发现盘亏男T恤50件，单位42元。经查50件产品全部在一次火灾中烧毁，根据保险合同规定，保险公司赔偿1 260元，假定不考虑相关税费。

在报经批准前，华丽公司应根据“实存账存对比表”确定的产品盘亏数，编制会计分录如下：

借：待处理财产损溢——待处理流动资产损溢　　2 100

　贷：库存商品　　2 100

在批准后，应根据批准意见，编制会计分录如下：

借：其他应收款——保险公司　　1 260

　营业外支出　　840

　贷：待处理财产损溢——待处理流动资产损溢　　2 100

（四）固定资产清查结果的账务处理

1. 固定资产盘盈的账务处理

企业在财产清查过程中盘盈的固定资产，经查明确属企业所有，按管理权限报经批准后，应根据盘存凭证填制固定资产交接凭证，经有关人员签字后送交企业会计部门，填写固定资产卡片账，并作为前期差错处理，通过“以前年度损益调整”科目核算。盘盈的固定资产通常按其重置成本作为入账价值借记“固定资产”科目，贷记“以前年度损益调整”科目。涉及增值税、所得税和盈余公积的，还应按相关规定处理。将以前年度损益调整余额转入留存收益时，借记“以前年度损益调整”科目，贷记“盈余公积”“利润分配——未分配利润”科目。

【例 9-7】2023 年 12 月 31 日，华丽公司在财产清查中，盘盈服装样板切割机一台，同类设备的市场价格为 40 000 元，估计已损耗 18 000 元。经批准，该盘盈的设备作为前期差错计入"以前年度损益调整"账户。

盘盈时，根据"固定资产盘盈盘亏报告表"确定的固定资产盘盈数，编制会计分录如下：

借：固定资产　　22 000
　　贷：以前年度损益调整　　22 000

结转留存收益时，编制会计分录如下：

借：以前年度损益调整　　22 000
　　贷：盈余公积——法定盈余公积　　2 200
　　　　利润分配——未分配利润　　19 800

2. 固定资产盘亏的账务处理

固定资产盘亏时，应及时办理固定资产注销手续，按盘亏固定资产的账面价值，借记"待处理财产损溢——待处理非流动资产损溢"科目，按已提折旧额，借记"累计折旧"科目，按其原价，贷记"固定资产"科目。涉及增值税和递延所得税的，还应按相关规定处理。

对于盘亏的固定资产，应及时查明原因，按管理权限报经批准后，按过失人及保险公司应赔偿额，借记"其他应收款"科目，按盘亏固定资产的原价扣除累计折旧和过失人及保险公司赔偿后的差额，借记"营业外支出"科目，按盘亏固定资产的账面价值，贷记"待处理财产损溢——待处理非流动资产损溢"科目。

【例 9-8】2023 年 12 月 31 日，华丽公司在财产清查时发现短缺服装绘图仪一台，账面价值 5 000 元，已提折旧 500 元。

盘亏时，根据"固定资产盘盈盘亏报告表"确定的固定资产盘亏数，编制会计分录如下：

借：待处理财产损溢——待处理流动资产损溢　　4 500
　　累计折旧　　500
　　贷：固定资产　　5 000

在批准后，应根据批准意见，编制会计分录如下：

借：营业外支出　　4 500
　　贷：待处理财产损溢——待处理流动资产损溢　　4 500

章节实务题

实训任务：编制银行存款余额调节表

资料 1：南方公司 2024 年 6 月 30 日银行存款日记账余额为 238 000 元，银行对账单为 243 000 元。经逐笔核对，发现有以下几笔未达账项：

(1) 该公司开出转账支票，用以支付甲企业货款 15 000 元，已登记入账，因持票人未承兑，银行尚未登记入账；

(2) 该公司收到乙企业交来的用以支付购货款 25 000 元转账支票一张，公司已登记入账，但因未送存银行，银行尚未登记入账；

(3) 银行已从该公司账户划转电费 5 000 元，但该企业尚未收到付款通知单，尚未登记入账；

(4)银行已收到外地汇入该公司账户的货款20 000元,但该公司尚未收到收款通知单,尚未登记入账。

要求:编制银行存款余额调节表(表9-6)。

表9-6 银行存款余额调节表

年 月 日 单位:元

项目	金额	项目	金额
企业银行存款日记账余额		银行对账单余额	
加:银行已收企业未收的款项合计		加:企业已收银行未收的款项合计	
减:银行已付企业未付的款项合计		减:企业已付银行未付的款项合计	
调节后余额		调节后余额	

资料2:天华公司2024年5月的银行存款日记账和银行对账单资料如表9-7和表9-8所示。

表9-7 银行存款日记账

2024年		记账凭证		摘要	结算凭证		借方	贷方	余额
月	日	字	号		种类	号数			
5	24			余额					250 000
	25	银付	228	付购料款	转支	045		200 000	50 000
	26	银付	229	付运费	转支	046		1 000	49 000
	27	银收	108	收销货款	电汇		234 000		283 000
	30	银付	230	付购料款	电汇			90 000	193 000
	30	银付	231	付修理费	转支	047		2 500	190 500
	31	银收	109	收销货款	转支	127	150 000		340 500

表9-8 银行对账单

2024年		摘要	结算凭证		存入	支出	余额
月	日		种类	号数			
5	24						250 000
	26	宏江工厂	电汇		234 000		484 000
	28	二场	转支	046		1 000	483 000
	28	丰立公司	转支	045		200 000	283 000
	28	电费	信汇			23 000	260 000
	28	中天公司	汇票	148	3 200		263 200
	29	三环公司	信汇		60 000		323 200
	30	货款	电汇			90 000	233 200

要求：

(1)根据上述资料将银行存款日记账与银行对账单进行逐笔核对(用笔画“ √ ”表示对讫),确定未达款项。

(2)编制 5 月 31 日银行存款余额调节表(表 9-9),将调节后的银行存款余额进行检查核对。

表 9-9　　银行存款余额调节表

年　　月　　日　　　　单位：

项目	金额	项目	金额
企业银行存款日记账余额		银行对账单余额	
加:银行已收入账 企业尚未入账		加:企业已收入账 银行尚未入账	
减:银行已付入账 企业尚未入账		减:企业已付入账 银行尚未入账	
调节后余额		调节后余额	

第十章　财务会计报告

【学习目标】

▶ 知识目标 ◀

1. 了解财务会计报告的概念；
2. 熟悉财务会计报告的分类、特点；
3. 掌握资产负债表编制方法。

▶ 能力目标 ◀

1. 能够根据业务情景编制资产负债表；
2. 能够根据业务情景编制利润表。

▶ 素养目标 ◀

1. 培养学生良好的职业道德素养；
2. 引导学生树立正确的人生观和价值观。

第一节　财务会计报告概述

一、财务会计报告的概念

财务会计报告，是指企业对外提供的反映企业某一特定日期的财务状况和某一会计期间的经营成果、现金流量等会计信息的文件。

二、财务会计报告的目标

财务报告的目标，是向财务报告使用者提供与企业财务状况、经营成果和现金流量等有关的会计信息，反映企业管理层受托责任履行情况，有助于财务报告使用者做出经济决策。财务报告使用者通常包括投资者、债权人、政府及有关部门和社会公众等。

三、财务会计报告的构成

财务会计报告是企业会计信息的主要载体，应当包括财务报表和其他应当在财务报告中披露的相关信息和资料。其中财务报表是财务报告的核心部分，包括资产负债表、利润表、现金流量表和所有者权益（或股东权益）变动表及附注（俗称"4 表 1 注"）。

四、财务报表的定义、种类和编报基本要求

（一）财务报表的定义

财务报表是对企业财务状况、经营成果和现金流量的结构性表述。一套完整的财务报表至少应当包括资产负债表、利润表、现金流量表、所有者权益（或股东权益）变动表及附注（见表 10-1）。在本章，主要具体介绍资产负债表和利润表的编制。

表 10-1　　财务报表的构成

项目	概　念
资产负债表	反映企业在某一特定日期所拥有或控制的经济资源、所承担的现时义务和所有者对净资产的要求权
利润表	反映企业一定期间的经营成果即利润或亏损的情况，表明企业运用所拥有的资产的获利能力
现金流量表	反映企业在一定会计期间现金和现金等价物流入和流出的情况
所有者权益变动表	反映构成所有者权益的各组成部分当期的增减变动情况
附注	是财务报表不可或缺的组成部分，是对在资产负债表、利润表现金流量表和所有者权益变动表等报表中列示项目的文字描述或明细资料，以及对未能在这些报表中列示项目的说明等。可以帮助会计信息使用者正确阅读、准确理解财务报表所提供的信息，是提高财务报表信息相关性必不可少的辅助手段

（二）财务报表的种类

财务报表可以按照其编报时间、编制单位和服务对象进行分类。

1. 按编报时间不同分类

按编报时间不同，可分为年度会计报表和中期会计报表。

年度会计报表，是指年度终了对外提供的会计报表，是指以一个完整会计年度（自公历 1 月 1 日起至 12 月 31 日止）为基础编制的财务报表，至少包括资产负债表、利润表、现金流量表、会计报表附注、财务情况说明书及相关附表。其中，相关附表主要包括利润分配表、股东权益增减变动表等。

中期会计报表是指一年以内的报表，主要包括月度报表、季度报表和半年度报表，至少应当包括资产负债表、利润表、现金流量表、会计报表附注。年度报表要求揭示完整、反映全面；月度报表是按月编报的报表，要求简明扼要、及时编报；季度报表和半年度报表的详细程度介于年度报表与月度报表之间。

2. 编制单位不同分类

按编制单位的不同，可分为个别报表和合并报表。

个别报表是在自身会计核算基础上对账簿记录进行加工编制的会计报表，反映企业自身的财务状况、经营成果和现金流量情况。

合并报表，是以母公司和子公司组成的企业集团为会计主体，根据母、子公司的会计报

表，由母公司编制的综合反映企业集团财务状况、经营成果和现金流量情况的会计报表。

3. 按服务对象不同分类

按服务对象的不同，可分为对外报表和内部报表。

对外报表是指按照会计准则所规定的格式和编制要求编制的公开报告的会计报表。

内部报表是根据企业内部管理需要而编制的会计报表，一般不需要对外报告，没有统一的编制要求与格式。

（三）财务报表的编制基本要求

财务报表列报是指交易和事项在报表中的列示和在附注中的披露。根据《企业会计准则第30号——财务报表列报》的规定，企业财务报表的列报应遵循以下几方面的要求。

1. 依据各项会计准则确认和计量的结果编制财务报表

企业应当根据实际发生的交易和事项，遵循基本会计准则和各项具体会计准则及解释的规定进行确认和计量，在此基础上编制财务报表。

企业应当在附注中对遵循企业会计准则编制的财务报表作出声明，只有遵循了企业会计准则的所有规定时，财务报表才应被称为"遵循了企业会计准则"。

企业不应以在附注中披露代替对交易和事项的确认和计量，也就是说，企业采用的不恰当的会计政策，不得通过在附注中披露等其他形式予以更正，企业应当对交易和事项进行正确的确认和计量。

2. 企业应以持续经营为基础编制财务报表

持续经营是会计核算的基本前提，是会计确认、计量及编制财务报表的基础。企业会计准则规范的是持续经营条件下企业如何对所发生的交易和事项进行确认、计量、记录及报表列报；相反，如果企业经营出现了非持续经营，致使以持续经营为基础编制财务报表不再合理的，企业应当采用其他基础编制财务报表。

在编制财务报表的过程中，企业管理层应当对企业持续经营的能力进行评估，评估需要考虑的因素包括市场经营风险、企业目前或长期的盈利能力、偿债能力、财务弹性以及企业管理层改变经营政策的意向等。评估结果表明对企业持续经营的能力产生严重怀疑的，应当在附注中披露导致对持续经营能力产生重大怀疑的影响因素，以及企业拟采取的改善措施。

企业已经在当期进行清算或停止营业、已经正式决定或被迫在当期或将在下一个会计期进行清算或停止营业的，应当表明其处于非持续经营状态，并采用清算价值等其他基础编制财务报表，同时在附注中声明财务报表未以持续经营为基础列报，以及披露未以持续经营为基础的原因和财务报表的编制基础。

3. 权责发生制

除现金流量表按照收付实现制编制外，企业应当按照权责发生制编制其他财务报表。

4. 列报的一致性

可比性是会计信息质量的一项重要质量要求，其目的是使同一企业不同期间和同一期间不同企业的财务报表相互可比。为此，财务报表项目的列报应当在各会计期间保持一致，不得随意变更。这一要求不仅针对财务报表中的项目名称，还包括财务报表项目的分类、排列顺序等方面。

5. 重要性和项目列报

财务报表是通过对大量的交易或其他事项进行处理而生成的，这些交易或其他事项按其性质或功能汇总归类而形成财务报表中的项目。关于项目在财务报表中是单独列报还是合并列报,应当依据重要性原则来判断。总的原则是,如果某项目单个看不具有重要性,则可将其与其他项目合并列报;如具有重要性,则应当单独列报。

重要性是判断项目是否单独列报的重要标准。企业在进行重要性判断时,应当根据所处环境,从项目的性质和金额大小两方面予以判断。一方面,应当考虑该项目的性质是否属于企业日常活动,是否显著影响企业的财务状况、经营成果和现金流量等因素;另一方面,判断该项目金额大小的重要性,应当通过单项金额占资产总额、负债总额、所有者权益总额、营业收入总额、营业成本总额、净利润综合收益总额等直接相关项目金额的比重或所属报表单列项目金额的比重加以确定。

6. 财务报表金额间的相互抵消

财务报表项目应当以总额列报,资产和负债、收入和费用、直接计入当期利润的利得和损失金额不能相互抵消,即不得以净额列报,但企业会计准则另有规定的除外。

7. 比较信息的列报

企业在列报当期财务报表时,至少应当提供所有列报项目上一可比会计期间的比较数据,以及与理解当期财务报表相关的说明,其目的是向报表使用者提供对比数据,提高信息在会计期间的可比性,以反映企业财务状况、经营成果和现金流量的发展趋势,提高报表使用者的判断与决策能力。在财务报表项目的列报确需发生变更的情况下,企业应当对上期比较数据按照当期的列报要求进行调整,并在附注中披露调整的原因和性质,以及调整的各项目金额。但是,如果在某些情况下,对上期比较数据进行调整是不切实可行的,则应当在附注中披露不能调整的原因。

8. 财务报表表首的列报要求

财务报表一般分为表首、正表两部分,其中,在表首部分企业应当概括地说明下列基本信息:①编报企业的名称。如企业名称在所属当期发生了变更的,还应明确标明。②对资产负债表而言,需披露资产负表日;对利润表、现金流量表、所有者权益变动表而言,需披露报表涵盖的会计期间。③货币名称和单位。按照我国企业会计准则的规定,企业应当以人民币作为编报货币列报,并标明金额单位,如人民币元、人民币万元等。财务报表是合并财务报表的,应当予以标明。

9. 报告期间

企业至少应当编制年度财务报表。根据(会计法)的规定,会计年度自公历 1 月 1 日起至 12 月 31 日止。因此,在编制年度财务报表时,可能存在年度财务报表涵盖的期间短于 1 年的情况,如企业在年度中间(如 3 月 1 日)开始设立等,在这种情况下,企业应当披露年度财务报表的实际涵盖期间及其短于 1 年的原因,并应当说明由此引起的财务报表项目与比较数据不具可比性这一事实。

第二节　资产负债表

一、资产负债表的概念

资产负债表,是指反映企业在某一特定日期(如月末、季末、年末)财务状况的会计报表。该表根据“资产=负债+所有者权益”这一会计恒等式设计，依据一定的分类标准和顺序，将企业在一定日期的资产、负债和所有者权益各项目予以适当排列，并对日常核算中形成的大量数据进行整理汇总后编制而成，反映企业资产、负债、所有者权益的总体规模和结构，是静态报表。

二、资产负债表的格式

资产负债表由表头和表体组成。表头部分列示报表的名称、编制单位、编制日期和货币计量单位等内容。资产负债表的表体根据基本公式“资产=负债+所有者权益”，按照一定的标准和次序，把企业某一时日的资产、负债和所有者权益各要素按流动性（即周转、变现能力）进行项目分类。

资产负债表常见的格式主要有账户式与报告式两种格式。目前，我国企业的资产负债表通常采用账户式结构，分为左右两边。资产负债表的基本格式如表 10-2 所示。

表 10-2 资产负债表 **会企 01 表**

编制单位： 年 月 日 单位：元

资产	期末余额	上年年末余额	负债和所有者权益（或股东权益）	期末余额	上年年末余额
流动资产：			流动负债：		
货币资金			短期借款		
交易性金融资产			交易性金融负债		
衍生金融资产			衍生金融负债		
应收票据			应付票据		
应收账款			应付账款		
应收款项融资			预收款项		
预付款项			合同负债		
其他应收款			应付职工薪酬		
存货			应交税费		
合同资产			其他应付款		
持有待售资产			持有待售负债		
一年内到期的非流动资产			一年内到期的非流动负债		
其他流动资产			其他流动负债		
流动资产合计			流动负债合计		
非流动资产：			非流动负债：		
债权投资			长期借款		
其他债权投资			应付债券		
长期应收款			其中：优先股		
长期股权投资			永续债		
其他权益工具投资			租赁负债		

续表

资产	期末余额	上年年末余额	负债和所有者权益（或股东权益）	期末余额	上年年末余额
其他非流动金融资产			长期应付款		
投资性房地产			预计负债		
固定资产			递延收益		
在建工程			递延所得税负债		
生产性生物资产			其他非流动负债		
油气资产			非流动负债合计		
使用权资产			负债合计		
无形资产			所有者权益(或股东权益)：		
开发支出			实收资本(或股本)		
商誉			其他权益工具		
长期待摊费用			其中：优先股		
递延所得税资产			永续债		
其他非流动资产			资本公积		
非流动资产合计			减：库存股		
			其他综合收益		
			专项储备		
			盈余公积		
			未分配利润		
			所有者权益（或股东权益）合计		
资产总计			负债和所有者权益（或股东权益）总计		

三、资产负债表的结构

账户式资产负债表的结构可以概括为如下方面：

(1)资产负债表分为左右两方，左方为资产项目，右方为负债和所有者权益项目，左方的资产总计等于右方的负债和所有者权益总计。

(2)资产项目按照各项资产的流动性的大小或变现能力的强弱顺序排列。流动性大、变现能力强的项目排前面，流动性小、变现能力弱的项目排后面，依此，先是流动资产，后是非流动资产。

(3)负债与所有者权益项目按照权益顺序排列。由于负债是必须清偿的债务，属于第一顺序的权益，具有优先清偿的特征，而所有者权益则是剩余权益，在正常经营条件下不需要偿还，所以负债在先、所有者权益在后。

(4)负债内部项目按照偿还的先后顺序排列。按照到期日由近至远的顺序，偿还期近的负债项目排前面，偿还期较远的负债项目排后面，依此，先是流动负债，后是非流动负债。

(5)所有者权益内部项目按照稳定性程度或永久性程度高低顺序排列。稳定性程度或永久性程度高的项目排前面,稳定性程度或永久性程度较低的项目排后面,依此,先是实收资本(或股本),因为实收资本是企业经过法定程序登记注册的资本金,通常不会改变,所以稳定性最好,其次是资本公积、盈余公积和未分配利润项目。

四、资产负债表的编制方法

(一)"年初余额"栏的填列方法

本表的"年初余额"栏通常根据上年末有关项目的期末余额填列,且与上年末资产负债表"期末余额"栏一致。如果企业上年度资产负债表规定的项目名称和内容与本年度不一致,应当对上年末资产负债表相关项目的名称和数字按照本年度的规定进行调整,填入"年初余额"栏。

(二)"期末余额"栏的填列方法

资产负债表"期末余额"栏内各项数字,一般应根据资产、负债和所有者权益类科目的期末余额填列,具体方法如下:①根据各总账科目的余额填列;②根据明细账科目的余额计算填列;③根据总账科目和明细账科目的余额分析计算填列;④根据有关科目余额减去其备抵科目余额后的净额填列;⑤综合运用上述填列方法分析填列。

1. 根据各总账科目余额填列

(1)根据总账科目的期末余额直接填列。

如"实收资本(或股本)""资本公积""盈余公积""短期借款""应付票据"等项目,根据各总账科目的期末余额直接填列。

(2)根据几个总账科目的期末余额计算填列。

如"货币资金""未分配利润"项目。

货币资金项目:反映企业期末持有的库存现金、银行存款和其他货币资金等总额。本项目应根据"库存现金""银行存款""其他货币资金"科目的期末余额合计数填列。公式为:

"货币资金"项目金额="库存现金"账户期末余额+"银行存款"账户期末余额+"其他货币资金"账户期末余额

未分配利润项目:反映企业尚未分配的利润。应根据"本年利润"账户期末余额和"利润分配"账户的期末余额计算填列。未弥补的亏损,年终时,可根据"利润分配"账户的贷方余额直接填列。在本项目中以"-"数填列。公式为:

①1~11月份未分配利润项目:根据"本年利润"账户和"利润分配"账户的余额计算填列。

1 ~ 11月份未分配利润项目 = "利润分配" 账户期末余额(贷方加、借方减) + "本年利润" 账户期末余额(贷方加,借方减)

②12月,年终结转后:根据"利润分配——未分配利润"账户余额直接填列。

2. 根据明细账科目余额计算填列

如"应付账款""预付账款""应收账款""预收账款""开发支出"项目等。

(1) "应付账款""预付账款""应收账款""预收账款"项目。"应收账款"应根据"应收账款"和"预收账款"所属明细分类账户的期末借方余额合计数填列,上述两个账户所属明细分类账户的期末贷方余额合计数填列在"预收账款" 项目。"应付账款"应根据"应付账款"和"预付账款"所属明细分类账户的期末贷方余额合计数填列,上述两个账户所属明细分类账户的期末借方余额合计数填列在“预付账款” 项目。公式为：

应收账款项目金额(资产)=应收账款所属明细科目期末借方余额+预收账款所属明细科目期末借方余额-坏账准备账户期末余额

预付账款项目金额(资产)=预付账款所属明细科目借方期末余额+应付账款所属明细科目借方期末余额

应付账款项目金额(负债)=应付账款所属明细科目贷方期末余额+预付账款所属明细科目贷方期末余额

预收账款项目金额(负债)=预收账款所属明细科目贷方期末余额+应收账款所属明细科目贷方期末余额

【例 10-1】宏达公司 2023 年 12 月 31 日结账后，①“应收账款”账户总账借方余额为 450 000 元，其中“应收账款——A 公司”账户借方余额为 500 000 元，“应收账款——B 公司”账户贷方余额为 50 000 元，当年对应收账款计提的坏账准备为 60 000 元。②“预收账款”账户总账贷方余额为 300 000 元，其中“预收账款——C 公司”账户贷方余额为 320 000 元，“预收账款——D 公司”账户借方余额为 20 000 元。请求出应收账款项目的金额和预收账款项目的金额。

分析：

①应收账款项目的金额=(500 000+20 000)-60 000=460 000(元)

②预收账款项目的金额=(320 000+50 000)=370 000(元)

(2)“开发支出”项目，需要根据“研发支出”科目所属的“资本化支出”明细科目期末余额计算填列。

(3)“应付职工薪酬”项目，需要根据“应付职工薪酬”科目的明细科目期末余额计算填列。

(4)“一年内到期的非流动资产”“一年内到期的非流动负债”项目，需要根据相关非流动资产和非流动负债项目的明细科目余额计算填列。

3. 根据总账科目和明细账科目余额分析计算填列

例如“长期借款”项目、“其他非流动资产”项目等。

(1)“长期借款”项目，需要根据“长期借款”总账科目余额扣除“长期借款”科目所属的明细科目中将在一年内到期且企业不能自主地将清偿义务展期的长期借款后的金额计算填列。

(2)“其他非流动资产”项目，应根据有关科目的期末余额减去将于一年内(含一年)收回数后的金额计算填列。

(3)“其他非流动负债”项目，应根据有关科目的期末余额减去将于一年内(含一年)到期偿还数后的金额计算填列。

【例 10-2】宏达公司长期借款情况如表 10-3 所示。

表 10-3　　宏达公司长期借款情况表

借款起始日期	借款期限(年)	金额(元)
2022 年 1 月 1 日	3	1 000 000
2020 年 1 月 1 日	5	2 000 000
2019 年 6 月 1 日	4	1 500 000

要求：计算该企业 2022 年 12 月 31 日资产负债表中“长期借款”项目金额。

分析：“长期借款”项目金额为 1 000 000+2 000 000＝3 000 000(元)

一年内到期的长期借款 1 500 000 元(列入一年内到期的非流动负债项目)。

4. 根据有关科目余额减去其备抵科目余额后的净额填列

如“长期股权投资”项目,“固定资产”项目等。

(1)“长期股权投资”项目,应当根据“长期股权投资”期末余额减去“长期股权投资减值准备”备抵科目余额后的净额填列。

(2)“固定资产”项目,应根据“固定资产”科目的期末余额,减去“累计折旧”和“固定资产减值准备”科目的期末余额后的金额，以及“固定资产清理”科目的期末余额填列。

(3)“无形资产”项目,应根据“无形资产”科目的期末借方余额,减去“累计摊销”“无形资产减值准备”科目期末贷方余额后的金额填列。

(4)“在建工程”项目,根据“在建工程”“工程物资”科目的期末借方余额,减去“在建工程减值准备”“工程物资减值准备”科目期末贷方余额后的金额填列。

5. 综合运用上述填列方法分析填列

如资产负债表中的“存货”项目,需要根据“原材料”“库存商品”“委托加工物资”“周转材料”“材料采购”“在途物资”“发出商品”“材料成本差异”等总账科目期末余额的分析汇总数,再减去“存货跌价准备”科目余额后的净额填列。公式为：

“存货”项目金额＝“在途物资”账户期末余额＋“材料采购”账户期末余额＋“原材料”账户期末余额＋“生产成本”账户期末余额(借方余额表示月末在产品)＋“库存商品”账户期末余额＋“周转材料”账户期末余额＋“委托加工物资”账户期末余额＋“发出商品”账户期末余额±“材料成本差异”账户期末余额(借方加,贷方减)等－“存货跌价准备”账户期末余额

五、资产负债表的编制实例

【例 10-3】编制肇庆华丽服装有限公司 2024 年 4 月份的资产负债表。资料如下：

(1)收集肇庆华丽服装有限公司 2024 年 4 月所有记录完整的总分类账户和明细分类账户。总分类账户的期末余额见表 10-4。

表 10-4　　肇庆华丽服装有限公司总分类账户余额表

2024 年 4 月 30 日　　单位:元

账户名称	借或贷	期末数	账户名称	借或贷	期末数
库存现金	借	8 600	累计折旧	贷	105 040
银行存款	借	1 316 120	短期借款	贷	90 000
应收票据	借	299 740	应付账款	贷	—
应收账款	借	441 780	应交税费	贷	122 876
其他应收款	借	3 000	应付利息	贷	600
原材料	借	27 000	应付职工薪酬	贷	164 750
库存商品	借	224 000	实收资本	贷	1 100 000

续表

账户名称	借或贷	期末数	账户名称	借或贷	期末数
固定资产	借	808 000	盈余公积	贷	162 000
无形资产	借	200 000	本年利润	贷	502 974
			利润分配	贷	1 080 000
合计	借	3 328 240		贷	3 328 240

有关明细分类账户余额为：

应收账款有关明细账期末余额情况为：应收账款——广州佳佳连锁服装公司 277 980

——佛山友邦连锁服装公司 163 800

(2)编制资产负债表前应该做好的准备工作。

①编制“总分类账户试算平衡表”，将所有总分类账户的期初余额、本期发生额及期末余额过入试算平衡表的相关项目中，分别计算其借方与贷方合计金额，进行试算平衡。

②将所有总分类账户与其所属明细分类账户进行核对。

③对各登记正确、核对无误的账户进行期末结账。

财务部负责人刘新经过对账和结账后，得出如下结果：

a. 试算平衡表结果见表 10-5。

表 10-5　　肇庆华丽服装有限公司总分类账户试算平衡表

2024 年 4 月 30 日　　单位：元

会计科目	期初余额		本期发生额		期末余额	
	借方	贷方	借方	贷方	借方	贷方
库存现金	7 000		5 100	3 500	8 600	
银行存款	1 151 805		510 780	346 465	1 316 120	
应收票据	107 640		192 100		299 740	
应收账款	273 780		277 980	109 980	441 780	
其他应收款	3 000		2 000	2 000	3 000	
原材料	60 000		39 000	72 000	27 000	
库存商品	350 000		189 000	315 000	224 000	
固定资产	808 000				808 000	
无形资产	200 000				200 000	
累计折旧		96 960		8 080		105 040
短期借款		90 000				90 000
应付账款		40 365	51 365	11 000		—
应交税费		50 600	125 480	197 756		122 876
应付利息		300		300		600
应付职工薪酬		181 000	181 000	164 750		164 750

续表

会计科目	期初余额		本期发生额		期末余额	
	借方	贷方	借方	贷方	借方	贷方
实收资本		900 000		200 000		1 100 000
盈余公积		162 000				162 000
本年利润		360 000	453 026	596 000		502 974
利润分配		1 080 000				1 080 000
生产成本			189 000	189 000		
制造费用			19 650	19 650		—
主营业务收入			576 000	576 000		—
营业外收入			20 000	20 000		—
管理费用			46 030	46 030	—	
销售费用			27 200	27 200	—	
财务费用			300	300	—	
主营业务成本			315 000	315 000	—	
税金及附加			6 838	6 838	—	
营业外支出			10 000	10 000	—	
所得税费用			47 658	47 658	—	
合计	2 961 225	2 961 225	3 284 507	3 284 507	3 328 240	3 328 240

b. 各账户核对后账账相符。

c. 各账户均做完了结账工作。

(3)根据肇庆华丽服装有限公司 2024 年 4 月经过核对无误的资产、负债、所有者权益各总分类账和明细分类账的余额(见表 10-6 及附注内容),编制资产负债表。

表 10-6 **资产负债表** 会企 01 表

编制单位:肇庆华丽服装有限公司 2024 年 4 月 30 日 单位:元

资产	期末余额	上年年末余额	负债和所有者权益(或股东权益)	期末余额	上年年末余额
流动资产:			流动负债:		
货币资金	1 324 720	略	短期借款	90 000	
交易性金融资产			交易性金融负债		
衍生金融资产			衍生金融负债		
应收票据	299 740		应付票据		
应收账款	441 780		应付账款		
应收款项融资			预收款项		
预付款项			合同负债		

续表

资产	期末余额	上年年末余额	负债和所有者权益（或股东权益）	期末余额	上年年末余额
其他应收款	3 000		应付职工薪酬	164 750	
存货	251 000		应交税费	122 876	
合同资产			其他应付款	600	
持有待售资产			持有待售负债		
一年内到期的非流动资产			一年内到期的非流动负债		
其他流动资产			其他流动负债		
流动资产合计	2 320 240		流动负债合计	378 226	
非流动资产：			非流动负债：		
债权投资			长期借款		
其他债权投资			应付债券		
长期应收款			其中：优先股		
长期股权投资			永续债		
其他权益工具投资			租赁负债		
其他非流动金融资产			长期应付款		
投资性房地产			预计负债		
固定资产	702 960		递延收益		
在建工程			递延所得税负债		
生产性生物资产			其他非流动负债		
油气资产			非流动负债合计		
使用权资产			负债合计	378 226	
无形资产	200 000		所有者权益（或股东权益）：		
开发支出			实收资本（或股本）	1 100 000	
商誉			其他权益工具		
长期待摊费用			其中：优先股		
递延所得税资产			永续债		
其他非流动资产			资本公积		
非流动资产合计	902 960		减：库存股		
			其他综合收益		
			专项储备		
			盈余公积	162 000	
			未分配利润	1 582 974	
			所有者权益（或股东权益）合计	2 844 974	
资产总计	3 223 200		负债和所有者权益（或股东权益）总计	3 223 200	

表 10-6 中有关项目编制方法如下：

①货币资金项目金额=8 600+1 316 120=1 324 720(元)

②存货项目金额=27 000+224 000=251 000(元)

③固定资产项目金额=808 000-105 040=702 960(元)

④未分配利润项目金额=502 974+1 080 000=1 582 974(元)

第三节　利润表

一、利润表的概念

利润表又称损益表、收益表，是指反映企业在一定会计期间经营成果的报表。它是根据“收入-费用=利润”的会计等式设计的，属于动态报表。通过利润表，可以了解企业的经营成果以及盈亏形成情况、了解资本的保值增值情况，借以评价企业管理者的经营业绩；通过对不同时期报表数据的对比，进行企业获利能力分析，借以预测企业的未来收益能力及发展趋势。

二、利润表的格式

利润表包括单步式和多步式两种格式。单步式利润表，是将企业本期发生的全部收入和全部支出相抵计算企业损益；多步式利润表是通过对当期的收入、费用、支出项目按性质加以归类，按利润形成的主要环节列示一些中间性利润指标，分步计算当期净损益，以便财务报表使用者理解企业经营成果的不同来源。我国企业的利润表采用多步式利润表。

三、利润表的结构

利润表一般包括表首、正表两部分。其中，表首概括说明报表名称、编制单位、编制日期、报表编号、货币名称和计量单位。

在利润表中，收入按照重要性程度列示，主要包括营业收入、公允价值变动净收益、投资收益和营业外收入；费用按照性质列示，并与相关收入相配比，主要包括营业成本、税金及附加、销售费用、管理费用、财务费用、资产减值损失、营业外支出和所得税费用等；利润按照形成过程列示，依次是营业利润、利润总额、净利润、其他综合收益的税后净额、综合收益总额、每股收益。

我国利润表一般采用多步式，其具体步骤如下：

第一步，从营业收入出发，减去营业成本、税金及附加、销售费用、管理费用（不含研发费用）、研发费用、财务费用，加其他收益，加投资收益（减投资损失），加净敞口套期收益（减净敞口套期损失），加公允价值变动收益（减公允价值变动损失），加资产减值损失减信用减值损失加资产处置收益（减资产处置损失），确定营业利润。计算公式为：

“营业利润”项目=营业收入-营业成本-税金及附加-销售费用-管理费用-研发费用-财务费用+其他收益+投资收益（-投资损失）+净敞口套期收益（-净敞口套期损失）+公允价值变动收益（-公允价值变动损失）-资产减值损失-信用减值损失+资产处置收益（-资产处置损失）。

第二步,从营业利润开始,加上营业外收入,减去营业外支出,确定利润总额。计算公式为:

利润总额=营业利润+营业外收入-营业外支出

第三步,在利润总额的基础上,扣除所得税费用后,确定企业的净利润。计算公式为:

净利润=利润总额-所得税费用

第四步,其他综合收益的税后净额(包括不能重分类进损益的其他综合收益和将重分类进损益的其他综合收益等项目)。

第五步,计算综合收益总额,综合收益总额=净利润+其他综合收益的税后净额。

第六步,计算每股收益,包括基本每股收益和稀释每股收益两项。

多步式利润表的具体格式如表 10-7 所示。

表 10-7　　**利润表**　　会企 02 表

编制单位:　　年　月　　单位:元

项目	本期金额	上期金额
一、营业收入		
减:营业成本		
税金及附加		
销售费用		
管理费用		
研发费用		
财务费用		
其中:利息费用		
利息收入		
加:其他收益		
投资收益(损失以“-”号填列)		
其中:对联营企业和合营企业的投资收益		
以摊余成本计量的金融资产终止确认收益(损失以“-”号填列)		
净敞口套期收益(损失以“-”号填列)		
公允价值变动收益(损失以“-”号填列)		
信用减值损失(损失以“-”号填列)		
资产减值损失(损失以“-”号填列)		
资产处置收益(损失以“-”号填列)		
二、营业利润(亏损以“-”号填列)		
加:营业外收入		
减:营业外支出		
三、利润总额(亏损总额以“-”号填列)		
减:所得税费用		

续表

项目	本期金额	上期金额
四、净利润(净亏损以“-”号填列)		
(一)持续经营净利润(净亏损以“-”号填列)		
(二)终止经营净利润(净亏损以“-”号填列)		
五、其他综合收益的税后净额		
(一)不能重分类进损益的其他综合收益		
1. 重新计量设定受益计划变动额		
2. 权益法下不能转损益的其他综合收益		
……		
(二)将重分类进损益的其他综合收益		
1. 权益法下可转损益的其他综合收益		
2. 其他债权投资公允价值变动		
3. 金融资产重分类计入其他综合收益的金额		
……		
六、综合收益总额		
七、每股收益:		
(一)基本每股收益		
(二)稀释每股收益		

四、利润表的编制说明

(一)“上期金额”栏的填列方法

“上期金额”栏应根据上年该期利润表“本期金额”栏内所列数字填列。如果上年该期利润表规定的各个项目的名称和内容同本期不一致,应对上年该期利润表各项目的名称和数字按本期的规定进行调整,填入利润表“上期金额”栏内。

(二)“本期金额”栏的填列方法

“本期金额”栏根据“主营业务收入”“主营业务成本”“税金及附加”“销售费用”“管理费用”“财务费用”“资产减值损失”“公允价值变动损益”“投资收益”“营业外收入”“营业外支出”“所得税费用”等科目的发生额分析填列。其中,“营业利润”“利润总额”“净利润”等项目根据该表中相关项目计算填列。利润表“本期金额”各项目的内容及填列方法具体说明如下:

(1)营业收入项目:反映企业经营主要业务和其他业务所确认的收入总额,应根据“主营业务收入”科目和“其他业务收入”科目的发生额之和填列。

(2)营业成本项目:反映企业经营主要业务和其他业务发生的成本总额,应根据“主营业务成本”和“其他业务成本”科目的发生额之和填列。

(3)税金及附加项目:反映企业经营业务应负担的消费税、城市维护建设税、资源税、土地使用税和教育费附加等,应根据“税金及附加”科目的发生额填列。

(4)销售费用项目:反映企业在销售商品过程中发生的包装费、广告费等费用和为销售本企业产品而专设的销售机构的职工薪酬、业务费等经营费用,应根据“销售费用”科目的发生额填列。

(5)管理费用项目(不含研发费用):反映企业为组织和管理生产经营发生的管理费用。应根据“管理费用”科目的发生额分析填列。计算公式为:“管理费用”科目发生额-“管理费用”科目下的“研发费用”“无形资产摊销”(自行研发)明细科目发生额。

(6)研发费用项目:反映企业进行研究与开发过程中发生的费用化支出以及计入管理费用的自行开发无形资产的摊销。应根据“管理费用”科目下的“研发费用”明细科目发生额以及“管理费用”科目下“无形资产摊销(自行研发)明细科目发生额分析填列。计算公式为:

研发费用=“管理费用”科目下的“研发费用”明细科目发生额+“管理费用”科目下“无形资产摊销(自行研发)明细科目发生额

(7)财务费用项目:反映企业为筹集生产经营所需资金而发生的应予费用化的利息支持。应根据“财务费用”科目的发生额填列。

①“财务费用”项目下的“利息费用”项目:反映企业为筹集生产经营所需资金等而发生的应予费用化的利息支出。该项目应根据“财务费用”科目的相关明细科目的发生额分析填列。该项目作为“财务费用”项目的其中项,以正数填列。

②“财务费用”项目下的“利息收入”项目:反映企业按照相关会计准则确认的应冲减财务费用的利息收入。该项目应根据“财务费用”科目的相关明细科目的发生额分析填列。该项目作为“财务费用”项目的其中项,以正数填列。

(8)投资收益项目:反映企业以各种方式对外投资所取得的收益,应根据“投资收益”科目的发生额分析填列,如为投资损失,以“-”号填列。

(9)“公允价值变动收益”项目:反映企业应当计入当期损益的资产或负债公允价值变动收益。本项目应根据“公允价值变动损益”科目的发生额分析填列,如为净损失,本项目以“-”号填列。

(10)“信用减值损失”项目:反映企业按照《企业会计准则第22号——金融工具确认和计量》(2018)的要求计提的各项金融工具信用减值准备所确认的信用损失。本项目应根据“信用减值损失”科目的发生额分析填列。

(11)“资产减值损失”项目:反映企业有关资产发生的减值损失。本项目应根据资产减值损失”科目的发生额分析填列。

(12)“资产处置收益”项目:反映企业出售划分为持有待售的非流动资产(金融工具、长期股权投资和投资性房地产除外)或处置组(子公司和业务除外)时确认的处置利得或损失,以及处置未划分为持有待售的固定资产、在建工程、生产性生物资产及无形资产而产生的处置利得或损失。债务重组中因处置非流动资产(金融工具、长期股权投资和投资性房地产除外)产生的利得或损失和非货币性资产交换中换出非流动资产(金融工具长期股权投资和投资性房地产除外)产生的利得或损失也包括在本项目内。本项目应根据“资产处置损益”科目的发生额分析填列;如为处置损失,本科目以“-”号填列。

(13)“营业利润”项目,反映企业实现的营业利润。如为亏损,本科目以“-”号填列。

(14)“营业外收入”项目,反映企业发生的除营业利润以外的收益,主要包括与企业日常活动无关的政府补助、盘盈利得、捐赠利得(企业接受股东或股东的子公司直接或间接的捐赠,经济实质属于股东对企业的资本性投入的除外)等。本项目应根据“营业外收入”科目的发生额分析填列。

(15)“营业外支出”项目,反映企业发生的除营业利润以外的支出,主要包括公益性捐赠支出、非常损失、盘亏损失、非流动资产毁损报废损失等。本项目应根据“营业外支出”科目的发生额分析填列。

(16)“利润总额”项目,反映企业实现的利润。如为亏损,本项目以“-”号填列。

(17)“所得税费用”项目,反映企业应从当期利润总额中扣除的所得税费用。本项目应根据“所得税费用”科目的发生额分析填列。

五、利润表的编制实例

【例 10-4】编制肇庆华丽服装有限公司 2024 年 4 月份的利润表。资料如下:

肇庆华丽服装有限公司 2024 年 4 月核对无误的所有损益类账户的累计发生额见表 10-8。

表 10-8　　肇庆市华丽服装有限公司损益类科目累计发生额

2024 年 4 月　　单位:元

科目名称	借方发生额	贷方发生额
主营业务收入		576 000
营业外收入		20 000
主营业务成本	315 000	
税金及附加	6 838	
销售费用	27 200	
管理费用	46 030	
财务费用	300	
营业外支出	10 000	
所得税费用	47 658	

根据表 10-8 编制利润表,如表 10-9 所示。

相应的计算过程如下:

营业利润 = 576 000 - 315 000 - 6 838 - 27 200 - 46 030 - 300 = 180 632(元)

利润总额 = 180 632 + 20 000 - 10 000 = 190 632(元)

所得税费用 = 190 632 × 25% = 47 658(元)

净利润 = 190 632 - 47 658 = 142 974(元)

表 10-9　　利润表　　会企 02 表

编制单位:肇庆华丽服装有限公司　　2024 年 4 月　　单位:元

项　目	本期金额	上期金额
一、营业收入	576 000	

续表

项 目	本期金额	上期金额
减:营业成本	315 000	
税金及附加	6 838	
销售费用	27 200	
管理费用	46 030	
研发费用		
财务费用	300	
其中:利息费用		
利息收入		
加:其他收益		
投资收益(损失以"-"号填列)		
其中:对联营企业和合营企业的投资收益		
以摊余成本计量的金融资产终止确认收益(损失以"-"号填列)		
净敞口套期收益(损失以"-"号填列)		
公允价值变动收益(损失以"-"号填列)		
信用减值损失(损失以"-"号填列)		
资产减值损失(损失以"-"号填列)		
资产处置收益(损失以"-"号填列)		
二、营业利润(亏损以"-"号填列)	180 632	
加:营业外收入	20 000	
减:营业外支出	10 000	
三、利润总额(亏损总额以"-"号填列)	190 632	
减:所得税费用	47 658	
四、净利润(净亏损以"-"号填列)	142 974	
(一)持续经营净利润(净亏损以"-"号填列)		
(二)终止经营净利润(净亏损以"-"号填列)		
五、其他综合收益的税后净额		
(一)不能重分类进损益的其他综合收益		
1. 重新计量设定受益计划变动额		
2. 权益法下不能转损益的其他综合收益		
……		
(二)将重分类进损益的其他综合收益		
1. 权益法下可转损益的其他综合收益		
2. 其他债权投资公允价值变动		
3. 金融资产重分类计入其他综合收益的金额		

续表

项 目	本期金额	上期金额
……		
六、综合收益总额		
七、每股收益：		
（一）基本每股收益		
（二）稀释每股收益		

[案例分享]

会计诚信的重要性

诚信是社会和谐的基石和重要特征，也是市场经济健康运行的根本要求。会计工作是经济建设的一项基础工作，会计诚信是经济建设的重要基础。当前，我国进入新发展阶段，会计工作面临机遇和挑战，有必要进一步推进会计信用体系建设，弘扬诚信文化，营造行业诚信氛围、助力会计行业和经济社会高质量发展。

二十届三中全会《决定》指出，必须更好地发挥市场机制作用，创造更加公平、更有活力的市场环境，实现资源配置效率最优化和效益最大化。会计信息是经济发展的“晴雨表”，高质量的会计信息是引导资源有效配置的基本保障，也是宏观经济决策的重要依据。投资者、债权人、经营者以及社会公众和政府都需要真实、可靠的会计信息为其合理决策提供支持。作为通用商业语言，会计在整个经济运行和经济管理中的基础性作用，必然要求会计人员诚实守信、客观公正。然而，财务造假、会计信息失真等问题一直时有发生，不仅损害投资者、债权人等利益相关者的利益，有些甚至带来严重的经济后果。加强会计诚信建设，强化自律约束，有助于从源头上防范财务造假，将失信行为记入信用记录，增强警示震慑，有助于提高违法成本，优化行业生态，是维护投资者合法利益和正常市场经济秩序的现实要求。

“诚信者，天下之结也。”会计诚信建设关系到市场经济的平稳运行，是一项长期性、系统性的工程。

章节实务题

实训任务一：资产负债表的编制

资料1：华天公司2024年4月份的余额试算平衡表如表10-10所示。

表10-10 **余额试算平衡表**

2024年4月30日

会计科目	期末余额	
	借方	贷方
库存现金	380	
银行存款	65 000	

续表

会计科目	期末余额	
	借方	贷方
其他货币资金	1 220	
应收账款	36 400	
坏账准备		500
原材料	27 400	
库存商品	41 500	
材料成本差异		1 900
固定资产	324 500	
累计折旧		14 500
固定资产清理		5 000
长期待摊费用	39 300	
应付账款		31 400
预收账款		4 200
长期借款		118 000
实收资本		300 000
盈余公积		1 500
利润分配		8 700
本年利润		50 000
合计	535 700	535 700

补充资料：

(1)长期待摊费用中包含将于半年内摊销的金额 3 000 元。

(2)长期借款期末余额中将于一年到期归还的长期借款数为 50 000 元。

(3)应收账款有关明细账期末余额情况为：

应收账款——A 公司贷方余额 5 000 元；

应收账款——B 公司借方余额 41 400 元。

(4)应付账款有关明细账期末余额情况为：

应付账款——C 公司贷方余额 39 500 元；

应付账款——D 公司借方余额 8 100 元。

(5)预收账款有关明细账期末余额情况为：

预收账款——E 公司贷方余额 7 200 元；

预收账款——F 公司借方余额 3 000 元。

要求：

1. 请根据上述资料，计算华天公司 4 月 30 日资产负债表中下列报表项目的期末数。

(1)货币资金 =(　　　　)元　　　　(2)应收账款 =(　　　　)元

(3)预付账款=(　　　　)元　　　　(4)存货=(　　　　)元

(5)应付账款=(　　　　)元

2. 根据上述资料,填制资产负债表(表10-11)。

表10-11　　　　**资产负债表**　　　　会企01表

编制单位:　　　　______年______月______日　　　　单位:元

资产	期末余额	上年年末余额	负债和所有者权益(或股东权益)	期末余额	上年年末余额
流动资产:			流动负债:		
货币资金			短期借款		
交易性金融资产			交易性金融负债		
衍生金融资产			衍生金融负债		
应收票据			应付票据		
应收账款			应付账款		
应收款项融资			预收款项		
预付款项			合同负债		
其他应收款			应付职工薪酬		
存货			应交税费		
合同资产			其他应付款		
持有待售资产			持有待售负债		
一年内到期的非流动资产			一年内到期的非流动负债		
其他流动资产			其他流动负债		
流动资产合计			流动负债合计		
非流动资产:			非流动负债:		
债权投资			长期借款		
其他债权投资			应付债券		
长期应收款			其中:优先股		
长期股权投资			永续债		
其他权益工具投资			租赁负债		
其他非流动金融资产			长期应付款		
投资性房地产			预计负债		
固定资产			递延收益		
在建工程			递延所得税负债		
生产性生物资产			其他非流动负债		
油气资产			非流动负债合计		
使用权资产			负债合计		

续表

资产	期末余额	上年年末余额	负债和所有者权益（或股东权益）	期末余额	上年年末余额
无形资产			所有者权益（或股东权益:）		
开发支出			实收资本(或股本)		
商誉			其他权益工具		
长期待摊费用			其中:优先股		
递延所得税资产			永续债		
其他非流动资产			资本公积		
非流动资产合计			减:库存股		
			其他综合收益		
			专项储备		
			盈余公积		
			未分配利润		
			所有者权益（或股东权益）合计		
资产总计			负债和所有者权益（或股东权益）总计		

实训任务二:利润表的编制

资料 2:长河工厂 2023 年度利润表科目本年累计发生额资料如表 10-12 所示。

表 10-12　　2023 年利润表科目本年累计发生额

科目名称	借方发生额	贷方发生额
主营业务收入		2 062 500
主营业务成本	1 575 000	
税金及附加	3 045	
其他业务收入		30 000
其他业务成本	7 500	
销售费用	112 500	
管理费用	195 000	
财务费用	67 500	
投资收益		151 500
营业外收入		11 250
营业外支出	45 000	
所得税费用	74 850	

要求：根据上述会计资料，编制该工厂2023年度的利润表（表10-13）。

表10-13　　　　　　　　　　　　　　利润表

编制单位：　　　　　　　　　　　＿＿＿年＿＿＿月　　　　　　　　　　　　单位：元

项目	本期金额	上期金额
一、营业收入		
减：营业成本		
税金及附加		
销售费用		
管理费用		
研发费用		
财务费用		
其中：利息费用		
利息收入		
加：其他收益		
投资收益（损失以"-"号填列）		
其中：对联营企业和合营企业的投资收益		
以摊余成本计量的金融资产终止确认收益（损失以"-"号填列）		
净敞口套期收益（损失以"-"号填列）		
公允价值变动收益（损失以"-"号填列）		
信用减值损失（损失以"-"号填列）		
资产减值损失（损失以"-"号填列）		
资产处置收益（损失以"-"号填列）		
二、营业利润（亏损以"-"号填列）		
加：营业外收入		
减：营业外支出		
三、利润总额（亏损总额以"-"号填列）		
减：所得税费用		
四、净利润（净亏损以"-"号填列）		
（一）持续经营净利润（净亏损以"-"号填列）		
（二）终止经营净利润（净亏损以"-"号填列）		
五、其他综合收益的税后净额		
（一）不能重分类进损益的其他综合收益		
1. 重新计量设定受益计划变动额		
2. 权益法下不能转损益的其他综合收益		
……		

续表

项目	本期金额	上期金额
（二）将重分类进损益的其他综合收益		
1. 权益法下可转损益的其他综合收益		
2. 其他债权投资公允价值变动		
3. 金融资产重分类计入其他综合收益的金额		
……		
六、综合收益总额		
七、每股收益：		
（一）基本每股收益		
（二）稀释每股收益		

章节习题

第一章章节习题

一、单选题

1. 会计的基本职能是(　　)。

A. 核算与监督　　B. 反映与分析　　C. 反映与预测　　D. 控制与监督

2. 会计核算和监督的内容是特定主体的(　　)。

A. 经济资源　　B. 资金运动　　C. 实物运动　　D. 经济活动

3. 界定从事会计工作和提供会计信息的空间范围的会计基本假设是(　　)。

A. 会计对象　　B. 会计主体　　C. 会计分期　　D. 持续经营

4. (　　)假设明确了会计核算的时间范围和内容,是会计分期假设建立的基础。

A. 会计主体　　B. 会计分期　　C. 持续经营　　D. 货币计量

5. 现代会计的主要特征之一是(　　)。

A. 以货币为主要计量单位　　B. 不需要统一的计量单位

C. 货币、实物、劳动三种计量尺度并重　　D. 以价值作为主要计量单位

6. 我国会计分期采用公历日期,会计年度是指(　　)。

A. 自公历 1 月 1 日起至 12 月 31 日　　B. 自公历 4 月 1 日起至来年 3 月 31 日

C. 自公历 10 月 1 日起至来年 9 月 30 日　　D. 自公历 6 月 1 日起至来年 5 月 31 日

7. 某企业 2024 年 8 月份购入一台不需安装的设备,因暂时不需用,截至当年年底该企业会计人员尚未将其入账,这违背了会计信息质量要求的(　　)。

A. 相关性　　B. 客观性　　C. 及时性　　D. 明晰性

8. 企业将 1 200 元报刊订阅费直接计入当期费用而没有分月摊销,这体现了会计信息质量要求的(　　)。

A. 相关性　　B. 明晰性　　C. 重要性　　D. 可比性

9. 会计核算应以实际发生的交易或事项为依据,如实反映企业财务状况,这体现了会计信息质量要求的(　　)。

A. 实质重于形式　　B. 可靠性　　C. 相关性　　D. 谨慎性

10. 企业采用的会计处理方法和程序前后各期应当一致,不得随意变更,这体现了会计信息质量要求的(　　)。

A. 相关性　　B. 谨慎性　　C. 重要性　　D. 可比性

11. 按照租赁合同规定在租赁期内,承租人可以控制和使用该资产,并控制该资产在未来所创造的经济利益。现行会计实务中,承租方可将租入的固定资产确认为一项资产(使用权资产),这体现了会计信息质量要求的(　　)。

A. 可比性　　B. 谨慎性　　C. 实质重于形式　　D. 相关性

12. 某企业 2024 年 12 月份发生下列支出:

(1)年初支付本年度保险费2 400元,本月摊销200元;(2)支付下年第一季度房屋租金3 000元;(3)支付本月办公开支800元,按照权责发生制要求,本月费用为(　　)元。

A. 1 000　　B. 800　　C. 3 200　　D. 3 000

13. 下列会计处理方法中,符合权责发生制基础的是(　　)。

A. 销售产品的收入只有在收到款项时才予以确认

B. 产品已销售,货款未收到也应确认收入

C. 厂房租金只有在支付时计入当期费用

D. 职工薪酬只能在支付给职工时计入当期费用

14. 企业会计的确认、计量和报告应当以(　　)为基础。

A. 历史成本　　B. 权责发生制　　C. 复式记账　　D. 收付实现制

15. 企业提供的会计信息应当与财务报告使用者的经济决策需要相关,这体现了会计信息质量要求的(　　)。

A. 可靠性　　B. 实质重于形式　　C. 可理解性　　D. 相关性

二、多选题

1. 下列关于会计特征的表述中,正确的有(　　)。

A. 会计是一种经济管理活动

B. 会计具有会计核算和监督的基本职能

C. 会计采用一系列专门的方法

D. 会计以货币作为主要计量单位

2. 下列各项中,属于会计核算与会计监督职能关系的有(　　)。

A. 会计监督是会计核算的质量保障

B. 会计核算是会计监督的基础

C. 会计核算和会计监督是相辅相成、辩证统一的关系

D. 会计监督是会计核算的基础

3. 我国企业会计准则所规定的会计基本假设是(　　)。

A. 会计主体　　B. 持续经营　　C. 会计分期　　D. 货币计量

4. 下列各项中,可以确认为会计主体的有(　　)。

A. 子公司　　B. 销售部门　　C. 集团公司　　D. 母公司

5. 下列属于会计信息使用者的是(　　)。

A. 股东　　B. 债权人　　C. 政府　　D. 社会公众

6. 会计信息质量要求包括(　　)等。

A. 完整性　　B. 相关性　　C. 重要性　　D. 可靠性

7. 谨慎性原则要求企业(　　)。

A. 不高估资产和收益　　B. 不低估负债和费用

C. 高估资产和收益、低估资产和收益　　D. 设置秘密准备金

8. 我国企业会计准则体系包括(　　)。

A. 基本准则　　B. 具体准则　　C. 应用指南　　D. 解释公告

9. 属于会计中期的会计期间有(　　)。

A. 年度　　B. 半年度　　C. 季度　　D. 月度

10. 会计核算方法包括(　　)。

A. 设置账户和复式记账　　B. 填制和审核凭证

C. 登记账簿和编制报表　　D. 成本计算和财产清查

三、判断题

1. 我国企业会计采用的计量单位只有一种,即货币计量。(　　)

2. 会计核算和监督的内容就是指企业发生的所有的经济活动。(　　)

3. 会计是以货币为主要计量单位,运用一系列专门方法,核算和监督任意单位经济活动的一种管理工作。(　　)

4. 法人可以作为会计主体,但会计主体不一定是法人。(　　)

5. 由于有了持续经营这个会计核算的基本假设,才产生了当期与其他期间的区别,从而出现了权责发生制与收付实现制的区别。(　　)

6. 实质重于形式要求企业应当按照交易或事项的经济实质进行会计确认、计量、记录和报告,而不应仅以交易或事项的法律形式为依据。(　　)

7. 相关性要求企业应当以实际发生的交易或者事项为依据进行确认、计量和报告,如实反映符合确认和计量要求的各项会计要素及其他相关信息,保证会计信息真实可靠、内容完整。(　　)

8. 权责发生制核算手续复杂,反映不同会计期间的收入和费用比较合理,所以适用于所有性质的单位。(　　)

9. 收付实现制核算手续简单,缺乏不同会计期间的可比性,一般适用于不进行利润核算的行政、事业单位。(　　)

10. 根据权责发生制,凡是不属于当期的收入和费用,即使款项在当期收付,也不作为当期的收入和费用。(　　)

四、实务练习题

2024 年 5 月,黄河公司发生如下经济业务。

(1)销售产品 100 000 元,存入银行。

(2)销售产品 20 000 元,货款尚未收到。

(3)预付明年房租 48 000 元。

(4)收到上月应收的销货款 30 000 元。

(5)本月应付水电费 5 000 元,下月支付。

要求:根据权责发生制和收付实现制分别确认该公司 5 月份的收入和费用,填写下列表格。

业务号	收付实现制		权责发生制	
	收入	费用	收入	费用
(1)	(　　)	—	(　　)	—
(2)	(　　)	—	(　　)	—
(3)	—	(　　)	—	(　　)
(4)	(　　)	—	(　　)	—
(5)	—	(　　)	—	(　　)

第二章章节习题

一、单选题

1. 下列各项中,属于企业资产的是(　　)。

A. 应付账款　　B. 购入的设备　　C. 预收账款　　D. 即将购入的原材料

2. 下列项目不属于流动资产的是(　　)。

A. 货币资金　　B. 应收账款　　C. 存货　　D. 固定资产

3. 负债是指过去的交易或事项形成的、预期会导致经济利益流出企业的(　　)。

A. 现时义务　　B. 推定义务　　C. 法定义务　　D. 潜在义务

4. 企业的原材料属于会计要素中的(　　)。

A. 资产　　B. 负债　　C. 所有者权益　　D. 费用

5. 企业所有者权益等于(　　)。

A. 企业流动负债减去长期负债后的差额

B. 企业流动资产减去流动负债后的差额

C. 企业全部资产减去全部负债后的差额

D. 企业长期负债减去流动负债后的差额

6. 下列不属于企业的日常活动的是(　　)。

A. 工业企业的产品生产和销售活动　　B. 安装公司提供安装服务

C. 商业流通企业的商品购销活动　　D. 工业企业出售闲置固定资产

7. 下列项目中,不属于企业所有者权益的是(　　)。

A. 股本　　B. 资本公积　　C. 预收账款　　D. 盈余公积

8. 2024 年 12 月 31 日,新华公司的资产总计为 3 600 万元,流动负债合计为 900 万元,所有者权益合计为 1 200 万元,则新华公司的非流动负债应当为(　　)万元。

A. 2 700　　B. 2 400　　C. 2 100　　D. 1 500

9. 一项资产增加,不可能同时引起(　　)。

A. 另一项资产减少　　B. 一项负债增加

C. 一项所有者权益增加　　D. 一项负债减少

10. 下列经济业务会引起资产和所有者权益同时增加的是(　　)。

A. 赊购原材料　　B. 接受投资者投入的现金资产

C. 向银行借入长期借款　　D. 用银行存款归还企业的银行短期借款

11. 下列经济业务中,影响会计等式两边总额发生变化的是(　　)。

A. 以银行存款 2 000 元购买原材料

B. 以银行存款 50 000 元购买设备

C. 购买机器设备 500 000 元,款项尚未支付

D. 收回客户前欠货款 80 000 元

12. 下列经济业务中会使企业月末资产总额发生变化的是(　　)。

A. 以银行存款购买固定资产　　B. 以银行存款预付货款

C. 购买原材料,货款已付　　D. 购买原材料,货款未付

13. 资产按照购置时支付的现金或者现金等价物的金额或者按照购置资产时所付出对价的公允价值计量的计量属性是(　　)。

A. 历史成本　　B. 重置成本　　C. 可变现净值　　D. 公允价值

14. (　　)又称现行成本,是指按照当前市场条件,重新取得同样一项资产所需要支付的现金或者现金等价物金额。资产按照现在购买相同或者相似资产所需支付的现金或者现金等价物的金额计量。

A. 历史成本　　B. 重置成本　　C. 公允价值　　D. 现值

15. 以下有关"资产=负债+所有者权益"等式表述不正确的有(　　)。

A. 是编制资产负债表的理论基础

B. 表明了企业一定时期的财务状况

C. 反映了资产、负债、所有者权益三要素之间的内在联系和数量关系

D. 上述等式也称为静态会计恒等式

二、多选题

1. 下列属于动态要素的是(　　)。

A. 收入　　B. 费用　　C. 负债　　D. 利润

2. 以下各项中,属于资产特征的有(　　)。

A. 是企业拥有或控制的　　B. 预期能给企业带来经济利益

C. 由过去的交易或事项形成　　D. 具有实物形态

3. 下列各项中,属于流动负债的有(　　)。

A. 预付账款　　B. 短期借款　　C. 预收账款　　D. 应付职工薪酬

4. 下列关于负债的表述中,正确的有(　　)。

A. 负债的清偿预期会导致经济利益流出企业

B. 负债是企业承担的过去的义务

C. 负债是企业过去的交易或事项形成的

D. 企业将在未来发生的承诺不形成负债

5. 下列表述中,错误的有(　　)。

A. 费用会导致资产的增加或负债的减少

B. 费用是企业在非日常活动中产生的

C. 费用最终会导致所有者权益的减少

D. 企业向投资者分配利润发生的现金流出应确认为企业的费用

6. 下列关于收入的表述中,正确的有(　　)。

A. 收入是在企业的日常活动中发生的

B. 收入只包括本企业经济利益的流入

C. 收入与企业投资者投入的资本有关

D. 收入发生有可能导致资产增加或负债减少

7. 下列各项中,属于反映企业财务状况的要素有(　　)。

A. 收入　　B. 所有者权益　　C. 负债　　D. 资产

8. 下列属于所有者权益的项目有(　　)。

A. 从净利润中提取的法定盈余公积　　B. 投资者投入资本

C. 从银行取得贷款　　　　　　　　D. 其他综合收益

9. 下列各项中,属于留存收益的有(　　)。

A. 盈余公积　　B. 未分配利润　　C. 资本公积　　D. 实收资本

10. 下列会计等式中属于正确的会计等式有(　　)。

A. 资产=权益

B. 资产=负债+所有者权益

C. 收入-费用=利润

D. 资产=负债+所有者权益+(收入-费用)

三、判断题

1. 预收账款、应收账款都是资产。(　　)
2. 汽车制造厂生产的汽车属于该企业的固定资产。(　　)
3. 费用往往表现为货币资金的流出,但并非所有货币资金的流出都是费用。(　　)
4. 所有经济业务的发生,都会引起会计等式两边发生变化。(　　)
5. 流动负债就是指在1年内偿还的债务。(　　)
6. 应付账款和预付账款均属于负债。(　　)
7. 资产和权益在金额上一定是相等的。(　　)
8. 利润包括收入减去费用、直接计入当期损益的利得减去损失后的净额。利润有营业利润、利润总额、净利润。(　　)

四、实务练习题

某工业企业有关项目的内容如下:

序号	项目	资产	负债	所有者权益	收入	费用	利润
1	存在银行的存款						
2	仓储产成品						
3	生产用原材料						
4	出纳处的现金						
5	生产产品的机器设备						
6	应收回的销售货款						
7	应付采购材料货款						
8	投资者投入的资本						
9	尚未缴纳的税金						
10	提取的盈余公积						
11	厂部发生的办公费						
12	销售材料的收入						
13	来自工商银行的借款						
14	销售产品的收入						

要求:根据以上资料分别确认每项业务应当归属的会计要素项目。

第三章章节习题

一、单选题

1.(　　)是对会计要素的具体内容进行分类核算的项目。

A. 会计对象　B. 会计科目　C. 会计账户　D. 明细分类账

2. 所设置的会计科目应符合单位自身特点,满足单位实际需要,这一点符合(　　)原则。

A. 实用性　B. 合法性　C. 谨慎性　D. 相关性

3.“原材料”科目按反映的经济内容分类,属于(　　)类科目。

A. 负债　B. 所有者权益　C. 资产　D. 成本

4.“长期借款”科目按反映的经济内容分类,属于(　　)类科目。

A. 资产　B. 负债　C. 所有者权益　D. 成本

5. 下列选项中,与“制造费用”属于同一类科目的是(　　)。

A. 固定资产　B. 销售费用　C. 生产成本　D. 主营业务成本

6.“本年利润”科目按反映的经济内容分类,属于(　　)类科目。

A. 损益　B. 收入　C. 所有者权益　D. 资产

7.“其他业务成本”科目按反映的经济内容分类,属于(　　)类科目。

A. 成本　B. 资产　C. 损益　D. 所有者权益

8. 下列各项不属于会计科目设置原则的是(　　)。

A. 合法性　B. 合理性　C. 相关性　D. 实用性

9.(　　)是用来抵减被调整账户的余额,以确定被调整账户实有数额而设置的独立账户。

A. 备抵账户　B. 所有者权益账户　C. 资产账户　D. 负债账户

10. 总分类账户与明细分类账户的主要区别在于(　　)。

A. 记账的依据不同　B. 记录经济业务的详细程度不同

C. 记账的期间不同　D. 记账的方向不同

11. 会计科目和会计账户之间的主要区别在于(　　)。

A. 记录资产和权益的增减变动情况不同

B. 记录资产和负债的结果不同

C. 反映的经济内容不同

D. 账户有结构而会计科目无结构

12. 账户余额的计算公式是(　　)。

A. 期末余额=上期期初余额+本期增加发生额-本期减少发生额

B. 期末余额=期初余额+本期增加发生额-本期减少发生额

C. 期末余额=上期期初余额+本期减少发生额-本期增加发生额

D. 期末余额=期初余额+本期减少发生额-本期增加发生额

13. 账户结构一般分为(　　)。

A. 左右两方　B. 上下两部分

C. 发生额、期末余额两部分　　D. 前后两部分

14. 总分类会计科目一般按(　　)进行设置。

A. 企业管理的需要　　B. 统一会计制度的规定

C. 会计核算的需要　　D. 经济业务的种类不同

15. “预收账款”科目按反映的经济内容分类,属于(　　)类科目。

A. 资产　　B. 成本　　C. 负债　　D. 所有者权益

二、多选题

1. 下列各项中,关于会计账户和会计科目说法正确的有(　　)。

A. 两者反映的具体经济内容是相同的

B. 两者的性质相同

C. 账户是会计科目的名称

D. 会计科目和账户都有一定的格式和结构

2. 根据核算的经济内容分类,账户分为(　　)等。

A. 资产类账户　　B. 负债类账户

C. 共同类账户　　D. 所有者权益类账户

3. 下列属于损益类科目的有(　　)。

A. 主营业务成本　　B. 生产成本

C. 销售费用　　D. 主营业务收入

4. 下列属于成本类科目的有(　　)。

A. 生产成本　　B. 主营业务成本　　C. 制造费用　　D. 管理费用

5. 关于总分类会计科目与明细分类会计科目表述正确的有(　　)。

A. 明细分类会计科目概括地反映会计对象的具体内容

B. 总分类会计科目详细地反映会计对象的具体内容

C. 总分类会计科目对明细分类科目具有控制作用

D. 明细分类会计科目是对总分类会计科目的补充和说明

6. 下列关于会计账户和会计科目的说法中正确的有(　　)。

A. 会计科目是开设账户的依据,账户的名称就是会计科目

B. 二者都是对会计对象具体内容的科学分类,口径一致,性质相同

C. 没有账户,会计科目就无法发挥作用

D. 会计科目不存在结构,账户则具有一定的格式和结构

7. 以下有关明细分类科目的表述中,正确的有(　　)。

A. 能提供更加详细更加具体会计信息的科目

B. 除国家统一会计制度规定设置的以外,各单位可以根据实际需要自行设置

C. 也称一级会计科目

D. 是对总分类科目做进一步分类的科目

8. 按账户的经济内容分类,下列账户中属于费用(损益)类账户的有(　　)。

A. 主营业务成本　　B. 其他业务成本　　C. 管理费用　　D. 制造费用

三、判断题

1. 企业只能使用国家统一的会计制度规定的会计科目,不可以自行制定会计科

目。( )

2. 账户是根据会计要素设置的,具有一定的格式和结构。( )

3. 如果某一账户的期初余额为 20 000 元,本期增加发生额为 10 000 元,本期减少发生额为 4 000 元,则期末余额为 26 000 元。( )

4. 预付账款属于负债类会计科目。( )

5. 会计账户按照核算的经济内容进行分类,可分为资产类、负债类、所有者权益类、收入类、费用类、利润类六类账户。( )

6. 所有的总分类科目都应该设置明细科目。( )

7. 会计科目是账户的名称,账户是会计科目的载体和具体运用。( )

8. 在总分类账户中,只使用货币计量单位,它可以提供总括的核算资料和指标。( )

四、实务练习题

根据以下项目,说明所属的会计科目,从会计要素的角度分析各会计科目的类别:

(1)存放材料的仓库　(2)生产产品用的机器设备　(3)运输货物的汽车

(4)未完工产品　(5)库存生产用材料　(6)存放在银行的款项

(7)出纳保管的现金　(8)应收某公司货款　(9)从银行借入 3 年期的借款

(10)应付某单位材料款　(11)应交的所得税　(12)投资者投入的资本

(13)向银行借入的 3 个月的借款　(14)工业企业销售产品收入

第四章章节习题

一、单选题

1. "负债类"账户的本期减少数和期末余额分别反映在( )。

A. 借方　B. 贷方　C. 借方和贷方　D. 贷方和借方

2. 某企业月初的短期借款账户为贷方余额 60 万元,本月向银行借入期限为 6 个月的借款 20 万元,归还以前的短期借款 30 万元,则本月末短期借款账户的余额为( )万元。

A. 贷方 80　B. 贷方 50　C. 借方 50　D. 贷方 30

3. 一般情况下,"实收资本"科目的期末余额应该在( )。

A. 在借方　B. 在贷方　C. 在借方或贷方　D. 无余额

4. 收入类账户期末一般( )。

A. 余额在借方　B. 余额在贷方　C. 无余额　D. 余额在借方或贷方

5. 在借贷记账法下,费用类账户的借方登记增加额,贷方登记减少额。本期费用净额在期末转入( )账户,用以计算当期损益,结转后无余额。

A. 利润分配　B. 未分配利润　C. 本年利润　D. 税金及附加

6. 下列账户中,期末结转后无余额的账户是( )。

A. 实收资本　B. 应付账款　C. 固定资产　D. 管理费用

7. 账户的对应关系是指采用借贷记账法对每笔交易或事项进行记录时,相关账户之间形成的( )的相互关系。

A. 应借、应贷　B. 应增、应减　C. 应加、应减　D. 应收、应付

8. 下列关于试算平衡法的表述中,不正确的是( )。

A. 包括发生额试算平衡法和余额试算平衡法
B. 试算不平衡,表明账户记录肯定有错误
C. 试算平衡,说明账户记录一定正确
D. 发生额试算平衡法的理论依据是“有借必有贷、借贷必相等”
9. 下列错误能够通过试算平衡发现的是(　　)。
A. 漏记某个会计科目　　B. 漏记某项经济业务
C. 同时多记借方和贷方发生额　　D. 借贷方向颠倒
10. 在借贷记账法下,“借”与“贷”表示增加还是减少,取决于(　　)。
A. 会计科目的层次　　B. 经济业务的数量
C. 在账户的左方还是右方　　D. 账户的性质和结构
11. 下列会计分录形式中,属于简单会计分录的是(　　)。
A. 一借一贷　　B. 一借多贷　　C. 一贷多借　　D. 多借多贷
12. “资本公积”账户的期末余额等于(　　)。
A. 期初余额+本期借方发生额-本期贷方发生额
B. 期初余额-本期借方发生额-本期贷方发生额
C. 期初余额+本期借方发生额+本期贷方发生额
D. 期初余额-本期借方发生额+本期贷方发生额
13. 下列各项中,账户结构与“生产成本”账户相同的是(　　)。
A. 主营业务成本　　B. 固定资产　　C. 主营业务收入　　D. 资本公积
14. 我国《企业会计准则》规定企业应当采用(　　)记账。
A. 借贷记账法　　B. 收付记账法　　C. 增减记账法　　D. 单式记账法
15. 借贷记账法下的发生额试算平衡公式为(　　)。
A. 全部账户的借方发生额合计=部分账户的贷方发生额合计
B. 全部账户的借方发生额合计=全部账户的贷方发生额合计
C. 部分账户的借方发生额合计=全部账户的贷方发生额合计
D. 某一账户的借方发生额合计=某一账户的贷方发生额合计

二、多选题

1. 期末结账后没有余额的账户有(　　)。
A. 应收账款　　B. 主营业务收入　　C. 管理费用　　D. 其他业务成本
2. 与单式记账法相比,复式记账法的优点是(　　)。
A. 有一套完整的账户体系
B. 可以清楚地反映经济业务的来龙去脉
C. 可以对记录的结果进行试算平衡,以检查账户记录是否正确
D. 记账手续简单
3. 借贷记账法下账户的借方用以反映(　　)。
A. 资产增加　　B. 负债增加　　C. 所有者权益减少　　D. 收入增加
4. 下列账户中,用借方登记增加额的有(　　)。
A. 原材料　　B. 应付账款　　C. 固定资产　　D. 管理费用
5. 下列账户中,用贷方登记增加额的有(　　)。

A. 应收票据　　　　B. 资本公积　　　　C. 长期借款　　　　D. 实收资本

6. 下列账户中,用借方登记减少额的有(　　)。

A. 预收账款　　　　B. 短期借款　　　　C. 资本公积　　　　D. 制造费用

7. 下列账户中,用贷方登记减少额的有(　　)。

A. 盈余公积　　　　B. 财务费用　　　　C. 库存现金　　　　D. 销售费用

8. 以下错误不能通过试算平衡发现的有(　　)。

A. 某项经济业务借贷方金额登记了两遍　　B. 漏记了一项经济业务

C. 借方金额记错,贷方金额正确　　D. 借贷方向颠倒

三、判断题

1. 运用单式记账法记录经济业务,可以反映每项经济业务的来龙去脉,可以检查每笔业务是否合理、合法。(　　)

2. 借贷记账法的记账规则为:有借必有贷,借贷必相等。(　　)

3. 借贷记账法下,借方表示增加,贷方表示减少。(　　)

4. 对应账户是指存在对应关系的账户。(　　)

5. 发生额试算平衡是根据资产与权益的恒等关系,去检验本期发生额记录是否正确的方法。(　　)

6. 一般情况下,各类账户的期末余额与记录增加额的一方属同一方向。(　　)

7. "应付账款"账户的期末余额 = 期初余额 + 本期贷方发生额 - 本期借方发生额。(　　)

8. 试算平衡了,说明账户记录是绝对正确的。(　　)

四、实务练习题

黄河公司2024年6月有关账户资料如下表所示:

编制单位:黄河公司　　　　2024年6月　　　　单位:元

账户名称	月初余额	本期借方发生额	本期贷方发生额	月末余额
库存现金	5 000	120 000	115 000	(①)
银行存款	300 000	(②)	405 000	350 000
应收账款	10 000	20 000	(③)	5 000
固定资产	400 000	200 000	500 000	(④)
预收账款	6 000	(⑤)	20 000	25 000
应付票据	(⑥)	30 000	40 000	60 000
短期借款	20 000	5 000	(⑦)	30 000
盈余公积	200 000	50 000	10 000	(⑧)
实收资本	40 000	(⑨)	20 000	50 000
生产成本	45 000	50 000	(⑩)	35 000

要求:根据以上账户期初余额、本期发生额和期末余额的关系,填写下列表格空格。

①__________;②__________;③__________;④__________;

⑤__________;⑥__________;⑦__________;⑧__________;

⑨__________;⑩__________。

第五章章节习题

一、单选题

1. 企业收到远东公司投入全新的设备一台,价值 150 000 元。双方协商占利达公司注册资本 120 000 元,下列会计处理正确的是(　　)。

A. 借:固定资产 120 000　　B. 借:固定资产 150 000

C. 贷:资本公积 120 000　　D. 贷:实收资本 150 000

2. 某企业为增值税一般纳税人,购买一台不需要安装的机器设备,含税买价为 113 000 元,增值税税率为 13%,运费 5 000 元(不考虑增值税因素),款项以银行存款支付。下列账务处理不正确的是(　　)。

A. 借:固定资产 105 000

B. 借:应交税费——应交增值税(进项税额)　13 000

C. 借:固定资产 118 000

D. 贷:银行存款 118 000

3. 某企业为增值税一般纳税人,2024 年 8 月购入一批原材料,增值税专用发票上注明的价款为 50 万元,增值税税额为 6.5 万元。款项已经支付。另以银行存款支付装卸费 0.3 万元,入库前发生挑选整理费 0.2 万元,运输途中发生合理损耗 0.1 万元。该批原材料的入账成本为(　)万元。

A. 50.6　　B. 57.5　　C. 50.1　　D. 50.5

4. "生产成本"账户的贷方登记(　　)。

A. 为生产产品发生的各项费用

B. 完工入库产品的生产成本

C. 已销产品的生产成本

D. 期末转入本年利润的产品成本

5. 某企业 2024 年 1 月 31 日从银行取得期限为 3 个月,金额 30000 元的短期借款,年利率为 4%。该借款用于购买生产用原材料,则 2 月末计提借款利息时,账务处理为(　　)。

A. 借:制造费用 100
　　贷:应付利息 100

B. 借:生产成本 100
　　贷:应付利息 100

C. 借:财务费用 100
　　贷:短期借款 100

D. 借:财务费用 100
　　贷:应付利息 100

6. 下列"利润分配"账户所属的各明细账户中,在期末结转后可能仍有余额的是(　　)账户。

A. 提取法定盈余公积　　B. 未分配利润

C. 提取任意盈余公积　　D. 应付现金股利或利润

7. 下列通过制造费用核算的是(　　)。

A. 生产车间消耗的直接材料　　B. 生产车间工人的工资

C. 管理部门的办公费　　D. 生产车间消耗的水电费

8. 某企业为增值税一般纳税人,销售一批原材料,共 100 千克,每千克 100 元,增值税税率为 13%,款已经收到存入银行,账务处理正确的是(　　)。

A. 借:银行存款 11 300

　　贷:其他业务收入 10 000

　　　　应交税费——应交增值税(销项税额) 1 300

B. 借:银行存款 11 300

　　贷:主营业务收入 10 000

　　　　应交税费——应交增值税(销项税额) 1 300

C. 借:银行存款 11 300

　　贷:主营业务收入 11 300

D. 借:银行存款 11 300

　　贷:其他业务收入 11 300

9. 企业年初未分配利润为 200 万元,本年实现净利润 50 万元,按 10%提取盈余公积,同时宣告发放现金股利 10 万元,则当期计提的盈余公积为(　　)万元

A. 25　　B. 20　　C. 5　　D. 4

10. 某企业 2024 年年初所有者权益总额为 1 000 万元,该企业本年度实现净利润 50 万元,提取盈余公积 5 万元。不考虑其他因素,2024 年 12 月 31 日,该企业所有者权益总额为(　　)万元。

A. 1 000　　B. 1 055　　C. 1 050　　D. 1 045

11. 某企业税前会计利润为 2 000 万元,假设不存在纳税调整事项,所得税税率 25%,则应交所得税为(　　)万元

A. 500　　B. 520　　C. 480　　D. 510

12. 企业的营业利润加营业外收入减去营业外支出以后的余额为(　　)。

A. 利润总额　　B. 计税利润　　C. 净利润　　D. 营业利润

13. 下列费用中,不构成产品成本,而应直接计入当期损益的是(　　)。

A. 直接材料费　　B. 期间费用　　C. 直接人工费　　D. 制造费用

14. 企业发生因债权人撤销而无法支付的应付账款时,应将其计入(　　)。

A. 资本公积　　B. 其他应付款　　C. 营业外收入　　D. 营业外支出

15. 利润分配账户的年末借方余额表示(　　)。

A. 本期实现的净利润　　B. 本期发生的净亏损

C. 累计尚未分配的利润　　D. 累计尚未弥补的亏损

二、多选题

1. 工业企业实现的(　　),应通过"其他业务收入"核算。

A. 出租包装物收入　　B. 原材料销售收入

C. 无形资产使用费收入　　D. 固定资产的出租收入

2. 下列关于短期借款的表述中,正确的有(　　)。

A. 短期借款利息如果是按月支付的,可以不采用预提方式
B. 企业生产经营期间取得短期借款所支付的利息费用计入财务费用
C. 短期借款可以按借款种类、债权人和币种进行设置明细账户
D. 短期借款是向银行等金融机构借入的期限在1年以下(不含1年)的各种款项
3. 下列各项中,关于工业企业固定资产折旧会计处理表述正确的是(　　)。
A. 基本生产车间使用的固定资产,其计提的折旧应计入制造费用
B. 经营租出的固定资产,其计提的折旧应计入其他业务成本
C. 销售部门使用的固定资产,其计提的折旧应计入销售费用
D. 行政管理部门使用的固定资产,其计提的折旧应计入管理费用
4. 下列各项中,属于材料采购成本的有(　　)。
A. 材料采购运输途中发生的合理损耗
B. 材料入库前的挑选整理费用
C. 购买材料的价款
D. 购入材料的运杂费
5. 下列各项中,不通过管理费用核算的是(　　)。
A. 筹建期间开办费　　B. 管理部门职工差旅费
C. 广告费　　D. 销售人员职工薪酬
6. 下列科目属于期间费用的有(　　)。
A. 管理费用　　B. 销售费用　　C. 制造费用　　D. 财务费用
7. 企业发生的下列税费中,应计入"税金及附加"的账户的有(　　)。
A. 消费税　　B. 增值税　　C. 教育费附加　　D. 所得税
8. 结转完工产品,下列说法正确的是(　　)。
A. 借:库存商品　　B. 贷:生产成本
C. 借:生产成本　　D. 贷:库存商品
9. 下列项目中,属于营业外支出的有(　　)。
A. 非常损失　　B. 罚款支出
C. 公益救济性捐赠　　D. 管理部门办公费
10. 某项经济业务发生后引起银行存款减少5 000元,则相应的有可能引起(　　)。
A. 应付职工薪酬增加5 000元　　B. 固定资产增加5 000元
C. 短期借款减少5 000元　　D. 短期借款增加5 000元

三、判断题

1. 会计期末,收入类账户的增加额一般都要通过贷方转出,用以计算经营成果,因此收入类账户期末通常没有余额。(　　)

2. 应付商业承兑汇票到期,企业无力支付票款的,应将应付票据按账面余额转入应付账款。(　　)

3. 财务部门人员的职工福利费应计入财务费用。(　　)

4. "本年利润"科目借方余额表示盈利,贷方余额表示亏损。(　　)

5. 企业购进设备时支付的增值税都应该计入固定资产的成本中。(　　)

6. "在途物资"账户期末如有余额,应为借方余额,表示在途材料的实际成本。(　　)

7. 行政部门发生的管理人员的工资,应计入"管理费用"账户的借方。( )

8. 年终结转以后,"本年利润"账户和"利润分配"账户均无余额。( )

9. 借贷记账法下,收入、费用类账户期末一般无余额。( )

10. 车间领用一般性耗用的材料,在会计处理上应增加制造费用。( )

四、实务练习题

黄河公司是一家制造类企业,为增值税一般纳税人,适用的增值税税率为13%,采用实际成本法进行材料日常核算。2024年黄河公司发生以下经济业务,请编制下列经济业务的会计分录。

(一)资金筹集业务的账务处理

1. 黄河公司2024年1月10日接受B公司投资80 000元,其中50 000元作为实收资本,公司收到投资后存入银行,其他手续已办妥。

2. 黄河公司2024年1月20日收到乙公司投入的机器设备一台,双方协商作价300 000元。

3. 黄河公司于2024年4月1日向银行借入一笔生产经营用借款,共计800 000元,期限为3个月,年利率为6%。根据与银行签署的借款协议,该项借款本金到期后一次归还;利息分月预提,按季支付。

(1)4月1日,借入借款。

(2)4月30日,计提本月利息。

(3)5月31日,计提本月利息。

(4)6月30日,偿还本金及支付利息。

4. 黄河公司于2024年1月1日从银行借入资金2 000 000元,借款期限为3年,年利率为8.4%。(到期一次还本付息,不计复利),所借款项已存入银行。请写出取得借款时的分录。

(二)供应过程业务的账务处理

1. 黄河公司为增值税一般纳税人,采用实际成本法进行材料日常核算。于2024年1月7日购入F材料一批,取得的增值税专用发票,注明的价款为20 000元,增值税税额2 600元,款项用银行存款支付。材料尚未到达。

2. 黄河公司为增值税一般纳税人,2024年2月1日从乙公司购入下列材料:A材料2 000千克,单价25元;B材料7 000千克,单价15元,材料增值税税率13%。发生运输费900元,适用税率为9%,按照材料的重量比例进行分配,款项未付,材料未入库。

3. 2024年2月22日,黄河公司用银行存款预付给胜利工厂订丙材料货款180 000元。

4. 2024年4月20日,黄河公司从红星工厂购进丙材料7 200千克,发票注明价款216 000元,进项税额28 080元,卖方垫付运杂费4 000元(不考虑增值税因素)。发票账单已到,但价款、税金和代垫运费尚未支付,材料已入库。

(三)生产过程业务的账务处理

1. 黄河公司2024年5月份共领用材料50 000元,其中:生产车间生产产品领用材料30 000元,车间管理部门领用材料10 000元,销售部门领用材料3 000元,行政管理部门领用材料7 000元。

2. 2024年5月31日,经核算,黄河公司生产产品工人工资400 000元(生产A产品

1 000 工时,生产 B 产品 3 000 工时),车间管理人员工资为 90 000 元,行政管理人员工资为 110 000 元。

3. 2024 年 6 月 30 日,本月黄河公司共发生制造费用 150 000 元,A 产品耗用生产工时 10 000 工时,B 产品耗用生产工时 5 000 工时,月末分配并结转制造费用。

4. 2024 年 7 月 31 日,黄河公司按生产工人工资比例分配本月制造费用。本月制造费用合计 38 400 元,生产 A 产品工人工资为 74 100 元,生产 B 产品工人工资 53 900 元。

5. 2024 年 7 月 31 日,黄河公司计算并结转完工产品成本。其中 A 产品 3 875 件,单位成本 40 元;B 产品 3 480 件,单位成本 38 元。月初 A、B 产品没有期初在产品,月末 A、B 产品全部完工并验收入库。

6. 2024 年 8 月 5 日黄河公司用现金 50 000 元,发放上月工资。

(四)销售过程业务的账务处理

1. 2024 年 4 月 20 日,黄河公司销售给天明公司产品一批,增值税专用发票上注明:A 产品 200 件,每件售价 400 元,计 80 000 元;B 产品 300 件,每件售价 600 元,计 180 000 元,增值税税额 33 800 元,产品已经发出,款项已收到并存入银行。

2. 2024 年 5 月 11 日,黄河公司以银行存款支付广告费 2 000 元。

3. 2024 年 8 月 17 日黄河公司向华美公司销售 A 产品 300 件,每件 500 元,计 150 000 元,销项税额 19 500 元,收到一张面值为 169 500 元的银行承兑汇票。

4. 2024 年 9 月 11 日黄河公司销售一批原材料,价款 50 000 元,增值税税额 6 500 元,款项收到并存入银行。

5. 2024 年 9 月 19 日黄河公司出租一批包装物,含税租金收入为 9 040 元,增值税税率为 13%,款项已存入银行。

6. 2024 年 9 月末,黄河公司结转本月已销售的 A、B 产品的销售成本,其中 A 产品的单位成本为 400 元,已销 600 件;B 产品的单位成本为 150 元,已销 300 件。

7. 2024 年 9 月末,黄河公司结转本月销售材料的成本 40 000 元。

8. 2024 年 9 月末,经计算,黄河公司本月销售产品需要缴纳城市维护建设税 8 500 元,教育费附加 3 000 元,尚未支付。

9. 2024 年 10 月 11 日黄河公司以银行存款 11 500 元支付应缴纳的城市维护建设税 8 500 元,教育费附加 3 000 元。

(五)利润形成及分配业务的账务处理

1. 2024 年 12 月 3 日黄河公司用银行存款支付诉讼费 10 000 元。

2. 2024 年 12 月 17 日黄河公司收到捐赠款 30 000 元,存入银行。

3. 2024 年 12 月 27 日黄河公司用银行存款 50 000 元支付罚款支出。

4. 2024 年 12 月 31 日黄河公司结转本月实现的各项收入,其中产品销售收入 150 000 元,其他业务收入 50 000 元,营业外收入 30 000 元。

5. 黄河公司结转本月发生的各项费用,其中产品销售成本 60 000 元,其他业务成本 30 000 元,产品销售费用 5 000 元,税金及附加 2 000 元,管理费用 20 000 元,公益性捐赠支出 13 000 元。

6. 黄河公司 12 月份的利润总额为 100 000 元,企业的所得税率为 25%,计算并计提企业所得税。

7. 2024 年 12 月 31 日黄河公司期末结转所得税费用 25 000 元。

8. 2024 年 12 月 31 日黄河公司期末结转本期实现的净利润 85 000 元。

9. 黄河公司 2024 年实现净利润 100 000 元，黄河公司董事会决议，按净利润的 10%提取法定盈余公积，按净利润的 5%提取任意盈余公积。

10. 黄河公司 2024 年实现净利润 300 000 元，黄河公司董事会决议，将利润的 40%分配给投资人。

第六章章节习题

一、单选题

1、根据(　　)不同，会计凭证分为原始凭证和记账凭证。

A. 适用的经济业务　　B. 填制程序和用途

C. 填制人员　　D. 填制手续

2. 下列各项中，不属于原始凭证的基本内容的是(　　)。

A. 接受凭证单位名称　　B. 交易或事项的内容、数量、单价和金额

C. 经办人员签名或盖章　　D. 应记会计科目名称和记账方向

3. 记账凭证按凭证用途可分为(　　)。

A. 收款凭证、付款凭证和转账凭证　　B. 一次凭证、累计凭证和汇总凭证

C. 复式记账凭证和单式记账凭证　　D. 通用记账凭证和专用记账凭证

4. 在每项经济业务发生或完成时取得或填制的，用以记录或证明经济业务的发生或完成情况的会计凭证是(　　)

A. 付款凭证　　B. 转账凭证　　C. 原始凭证　　D. 收款凭证

5. (　　)是用来记录现金和银行存款收款业务的记账凭证。

A. 收款凭证　　B. 付款凭证　　C. 转账凭证　　D. 复式记账

6. 某公司出纳将公司现金交存开户银行，应编制(　　)。

A. 现金收款凭证　　B. 现金付款凭证

C. 银行存款收款凭证　　D. 银行存款付款凭证

7. 接收外单位投资的汽车一辆，应填制(　　)。

A. 收款凭证　　B. 付款凭证　　C. 转账凭证　　D. 汇总凭证

8. 发现金额有错误的原始凭证，正确的做法是(　　)。

A. 由出具单位在原始凭证上更正

B. 由出具单位在原始凭证上更正，并加盖出具单位印章

C. 由出具单位重开

D. 本单位代替出具单位进行更正

9. 会计凭证的传递，是指(　　)在有关部门和人员之间的传递程序。

A. 会计凭证的取得或填制时起至归档保管全过程

B. 会计凭证的填制到登记账簿止

C. 会计凭证审核后到归档止

D. 会计凭证的填制或取得到汇总登记账簿止

10. 关于会计凭证的保管，下列说法不正确的是（　　）。

A. 会计凭证应定期装订成册，防止散失

B. 会计主管人员和保管人员应在封面上签章

C. 原始凭证不得外借，其他单位如有特殊原因确实需要使用时，经本单位会计机构负责人（会计主管人员）批准，可以复制

D. 经单位领导批准，会计凭证在保管期满前可以销毁

11. 下列各项中，属于企业自制原始凭证的是（　　）。

A. 员工出差报销的火车票

B. 因购买原材料取得的增值税专用发票

C. 已验收合格原材料的入库单

D. 收到的由银行出具的收款通知单

12. 外来的原始凭证都是（　　）。

A. 一次凭证　　B. 汇总原始凭证

C. 累计凭证　　D. 自制原始凭证

13. 下列业务中，应该填制现金收款凭证的是（　　）。

A. 出售产品一批，款未收　　B. 从银行提取现金

C. 出售产品一批，收到一张转账支票　　D. 出售多余材料，收到现金

14. 记账凭证应根据审核无误的（　　）编制。

A. 收款凭证　　B. 付款凭证　　C. 转账凭证　　D. 原始凭证

15. 原始凭证和记账凭证的保管期限为（　　）。

A. 5 年　　B. 15 年　　C. 30 年　　D. 25 年

二、多选题

1. 下列原始凭证中，属于自制原始凭证的有（　　）。

A. 产品入库单　　B. 发出材料汇总表

C. 购货发票　　D. 领料单

2. 下列各项中，属于外来原始凭证的有（　　）。

A. 购买材料取得的增值税专用发票　　B. 职工出差预借现金填制的借款单

C. 发出产品填制的产品出库单　　D. 职工出差报销的高铁票

3. 下列属于记账凭证基本内容的有（　　）。

A. 经济业务事项所涉及的会计科目　　B. 记账凭证日期、编号

C. 经济业务事项的摘要和金额　　D. 所附原始凭证的张数

4. 原始凭证的审核内容包括：审核原始凭证（　　）等方面。

A. 真实性　　B. 合法性、合理性

C. 准确性、及时性　　D. 完整性

5. 收款凭证左上方的“借方科目”中可以填写的会计科目有（　　）。

A. 库存现金　　B. 主营业务收入

C. 原材料　　D. 银行存款

6. 下列关于限额领料单的说法中，正确的有（　　）。

A. 限额领料单是多次使用的累计领发料凭证

B. 限额领料单属于一次凭证

C. 可以简化核算手续

D. 属于原始凭证

7. 下列各项中,属于会计凭证的归档保管注意事项的有(　　)。

A. 单位的档案部门可以出借原始凭证

B. 原始凭证较多时,可单独装订,但应在凭证封面注明所属记账凭证的日期、编号和种类

C. 每年装订成册的会计凭证,在年度终了时可暂由单位会计机构保管一年,期满后应当移交本单位档案机构统一保管

D. 出纳人员可以兼管会计档案

8. 购货发票为(　　)。

A. 记账凭证　　B. 一次凭证　　C. 原始凭证　　D. 外来原始凭证

9. 付款凭证左上方的"贷方科目"中可以填写的会计科目有(　　)。

A. 库存现金　　B. 主营业务收入　　C. 原材料　　D. 银行存款

10. 记账凭证审核的主要内容有(　　)。

A. 是否附有原始凭证,所记内容与原始凭证是否一致

B. 应借、应贷会计科目与金额是否正确

C. 是否有经手人签名盖章

D. 摘要、项目、日期是否填列齐全、清楚

三、判断题

1. 记账凭证中必须列明会计科目名称、记账金额、填制凭证的日期等内容。(　　)

2. 原始凭证记载内容有错误的,应当由出具单位重开或更正,不需要盖任何的印章。(　　)

3. 转账凭证通常是根据有关转账业务的原始凭证编制的,转账业务就是指库存现金和银行存款之间相互划转业务。(　　)

4. 若一笔经济业务涉及的会计科目较多,需填制多张记账凭证的,可采用"分数编号法"。(　　)

5. 其他单位如有特殊原因确实需要使用原始凭证时,经本单位会计机构负责人(会计主管人员)批准,可以向外单位提供原始凭证复印件。(　　)

6. 会计凭证保管期满,会计人员可以自行销毁。(　　)

7. 外来原始凭证都是一次凭证。(　　)

8. 对不真实、不合法的原始凭证,会计人员有权不予接受。(　　)

9. 所有的记账凭证都附有原始凭证。(　　)

10. 会计凭证一律由会计人员填制。(　　)

第七章章节习题

一、单选题

1. 账簿按(　　)不同,可分为订本账、活页账、卡片账。

A. 作用　　B. 账页格式　　C. 外形特征　　D. 用途

2. 按用途分类,银行存款日记账属于(　　)。

A. 序时账　　B. 明细账　　C. 总分类账　　D. 备查账

3. 下列账簿中,可以采用卡片账的是(　　)。

A. 原材料总分类账　　B. 现金日记账

C. 固定资产明细分类账　　D. 固定资产总分类账

4. 下列各账簿中,必须逐日逐笔登记的是(　　)。

A. 库存现金总账　　B. 银行存款日记账

C. 库存商品明细账　　D. 原材料明细账

5. 库存商品明细账一般都采用(　　)。

A. 订本账簿　　B. 数量金额式账簿　　C. 三栏式账簿　　D. 分类账簿

6. 下列账簿中,必须采用订本式账簿的是(　　)。

A. 原材料明细账　　B. 库存商品明细账

C. 库存现金日记账　　D. 固定资产明细账

7. 下列关于会计账簿的登记要求,不正确的是(　　)。

A. 为了使账簿记录清晰,防止涂改,记账时可以采用蓝色或者黑色的圆珠笔

B. 凡需结出余额的账户,若没有余额应该在"借或贷"栏目内写"平"字,并在"余额"栏用"0"表示

C. 在不设借贷等栏的多栏式账页中,登记减少数可以用红字表示

D. 账簿中书写的文字和数字一般应占格距的二分之一

8. 下列各种方法中,(　　)适用于记账后发现账簿错误是由于记账凭证中会计科目运用错误引起的情况。

A. 划线更正法　　B. 红字更正法

C. 补充登记法　　D. 平行登记法

9. 收回客户前欠货款 1 500 元存入银行,填制记账凭证时,会计科目无误,金额误填为 15 000 元,并已入账。正确的更正方法是(　　)。

A. 采用划线更正法

B. 用蓝字借记"应收账款",贷记"银行存款"

C. 用蓝字借记"银行存款",贷记"应收账款"

D. 用红字借记"银行存款",贷记"应收账款"

10. 银行存款日记账与银行存款对账单之间的核对属于(　　)。

A. 账证核对　　B. 账账核对　　C. 账实核对　　D. 余额核对

11. 生产成本明细账应采用(　　)。

A. 三栏式　　B. 多栏式　　C. 数量金额式　　D. 横线登记式

12. 下列各种情形中,适用补充登记法更正的错账是(　　)。
A. 在记账凭证上将科目用错
B. 在记账凭证上金额写多
C. 在记账凭证上金额写少
D. 记账凭证正确但登记账簿发生笔误
13. 更正错账时,划线更正法的适用范围是(　　)。
A. 记账凭证上会计科目或记账方向错误,导致账簿记录错误
B. 记账凭证上正确,在登记账簿时发生文字错误,导致账簿记录错误
C. 记账凭证上会计科目或记账方向正确,所记金额小于应记金额,导致账簿记录错误
D. 记账凭证上会计科目或记账方向正确,所记金额大于应记金额,导致账簿记录错误
14. "应付账款"明细账应采用的账页格式是(　　)。
A. 三栏式　　B. 横线登记式　　C. 数量金额式　　D. 多栏式
15. 银行存款日记账与银行存款总账之间的核对属于(　　)。
A. 账证核对　　B. 账账核对　　C. 账实核对　　D. 余额核对

二、多选题

1. 下列账簿中,属于按照账页格式的不同分类的有(　　)。
A. 横线登记式账簿　　B. 三栏式账簿
C. 数量金额式账簿　　D. 多栏式账簿
2. 下列各项中,错账更正方法包括(　　)。
A. 划线更正法　　B. 红字更正法　　C. 补充登记法　　D. 平行登记法
3. 对账的主要内容包括(　　)。
A. 账证核对　　B. 账账核对　　C. 账实核对　　D. 证表核对
4. 以下情况采用红字更正法的是(　　)。
A. 记账凭证正确,登记账簿时发生错误
B. 记账凭证金额多记
C. 记账凭证科目错误
D. 记账凭证金额少记
5. 下列各项中,属于账账核对内容的有(　　)。
A. 各总分类账户的期末余额与其所属明细分类账户期末余额合计的核对
B. 债权债务明细账账面余额与对方单位债权债务账面记录的核对
C. 所有总分类账户的借方发生额合计与贷方发生额合计的核对
D. 总分类账户余额与序时账户余额的核对
6. 下列关于会计账簿的更换与保管正确的有(　　)。
A. 总账、日记账和多数明细账每年更换一次
B. 变动较少的明细账可以连续使用,不必每年更换
C. 备查账不可以连续使用
D. 会计账簿由本单位财务会计部门保管半年后,交由本单位档案管理部门保管
7. 下列明细账中,一般采用多栏式明细分类账的有(　　)。
A. 应收账款明细账　　B. 库存商品明细账

C. 生产成本明细账　　　　　　D. 本年利润明细账

8. 对于划线更正,下列说法中,正确的有(　　)。

A. 画红线注销时必须使原字迹仍可辨认

B. 对于错误的数字,应当全部画红线更正,不得只更正其中的错误数字

C. 对于文字错误,可只划去错误的部分

D. 对于错误的数字,可以只更正其中的错误数字

9. 下列各项中,属于企业期末结账内容的有(　　)。

A. 日结　　B. 月结　　C. 季结　　D. 年结

10. 下列各项中,属于订本式账簿的优点的有(　　)。

A. 可以避免账页的散失　　　　B. 防止账页被人为抽换

C. 便于记账人员的分工记账　　D. 保证账簿的安全完整

三、判断题

1. 库存现金日记账和银行存款日记账,既可使用订本式,也可使用活页式。(　　)

2. 总分类账和明细分类账平行登记要求做到方向相同、期间一致、金额相等。(　　)

3. 在登记各种账簿时,可以根据需要隔页、跳行。(　　)

4. 启用会计账簿时,应当在账簿封面上写明单位名称和账簿名称,在账簿扉页上附启用表。(　　)

5. 如果在结账前发现账簿记录有文字或数字错误,而记账凭证没有错误,则可采用划线更正法。(　　)

6. 账簿记录发生错误时,会计人员应用刮擦、挖补的方式更改错误记录。(　　)

7. 无论是红字更正法还是补充登记法,更正凭证的编号与原错误凭证相同。(　　)

8. 对需要按月进行月结的账簿,结账时,应在"本月合计"字样下面通栏划单红线,而不是划双红线。(　　)

第八章章节习题

一、单选题

1. 各种账务处理程序的主要不同点是(　　)。

A. 登记明细账的依据不同　　　B. 登记日记账的依据不同

C. 登记总分类账的依据不同　　D. 编制会计报表的依据不同

2. 科目汇总表账务处理程序和汇总记账凭证账务处理程序的主要相同点是(　　)。

A. 登记总账的依据相同

B. 汇总记账凭证与科目汇总表的格式相同

C. 都能反映账户之间的对应关系

D. 可以减轻登记总账的工作量

3. (　　)是最基本的一种账务处理程序。

A. 日记总账账务处理程序　　B. 汇总记账凭证账务处理程序

C. 科目汇总表账务处理程序　　D. 记账凭证账务处理程序

4. 规模较小、业务量较少的单位适用(　　)。

A. 记账凭证账务处理程序　　B. 汇总记账凭证账务处理程序

C. 多栏式日记账账务处理程序　　D. 科目汇总表账务处理程序

5. 下列属于记账凭证账务处理程序主要缺点的是(　　)。

A. 不能体现账户的对应关系　　B. 不便于会计合理分工

C. 方法不易掌握　　D. 登记总账的工作量较大

6. 采用科目汇总表账务处理程序,(　　)是其登记总分类账的直接依据。

A. 汇总记账凭证　B. 科目汇总表　C. 记账凭证　D. 原始凭证

7. 科目汇总表是依据(　　)编制的。

A. 记账凭证　　B. 原始凭证

C. 原始凭证汇总表　　D. 各种明细账

8. 汇总记账凭证账务处理程序的特点是根据(　　)登记总分类账。

A. 记账凭证　B. 汇总记账凭证　C. 科目汇总表　D. 原始凭证账

9. 下列各项中,(　　)不属于汇总记账凭证账务处理程序步骤。

A. 根据原始凭证编制汇总原始凭证

B. 根据各种记账凭证编制有关汇总记账凭证

C. 根据各种汇总记账凭证登记总分类账

D. 根据各种记账凭证编制科目汇总表

10. 科目汇总表定期汇总的是(　　)。

A. 每一个账户的本期借方发生额

B. 每一个账户的本期贷方发生额

C. 每一个账户的本期借方、贷方发生额

D. 每一个账户的本期借方、贷方余额

11. 关于汇总记账凭证账务处理程序,下列说法中错误的是(　　)。

A. 根据原始凭证或汇总原始凭证编制记账凭证

B. 根据明细分类账登记总分类账

C. 根据汇总记账凭证登记总分类账

D. 根据记账凭证编制汇总记账凭证

12. 为了便于编制汇总付款凭证,编制记账凭证应避免编制(　　)。

A. 一借多贷　B. 一贷多借　C. 一借一贷　D. 复式记账凭证

二、多选题

1. 科目汇总表账务处理程序的优点是(　　)。

A. 大大减轻登记总账的工作量

B. 总账能反映账户之间的对应关系

C. 总账能详细记录经济业务的发生情况

D. 可以对发生额试算平衡,及时发现错误

2. 以下属于记账凭证账务处理程序优点的有(　　)。

A. 简单明了、易于理解

B. 总分类账可较详细地记录经济业务发生情况

C. 便于进行会计科目的试算平衡

D. 减轻了登记总分类账的工作量

3. 下列各项中,属于汇总记账凭证账务处理程序缺点的有(　　)。

A. 总分类账中无法清晰地反映科目之间的对应关系

B. 登记总分类账的工作量较大

C. 编制汇总记账凭证的程序比较繁琐

D. 当转账凭证较多时,编制汇总转账凭证的工作量较大

4. 在各种账务处理程序中,相同的账务处理步骤有(　　)。

A. 设置库存现金日记账　　B. 编制记账凭证

C. 编制汇总记账凭证　　D. 设置总账

5. 在不同的账务处理程序下,登记总分类账的依据可以有(　　)。

A. 记账凭证　　B. 汇总记账凭证　　C. 科目汇总表　　D. 汇总原始凭证

6. 科目汇总表账务处理程序的特点有(　　)。

A. 能够反映账户之间的对应关系

B. 不能反映账户间的对应关系

C. 能反映各账户一定时期内的借方发生额和贷方发生额,进行试算平衡

D. 只适用于小规模、业务少的企业

7. 不同账务处理程序所具有的相同之处有(　　)。

A. 填制记账凭证的直接依据相同

B. 编制财务报表的直接依据相同

C. 登记明细分类账簿的直接依据相同

D. 登记总分类账簿的直接依据相同

8. 采用汇总记账凭证核算程序,转账凭证的会计分录最好为(　　)。

A. 一借多贷　　B. 多借多贷　　C. 一借一贷　　D. 一贷多借

三、判断题

1. 不同的账务处理程序下,登记总账的依据相同,会计报表编制的依据不同。(　　)

2. 任何账务处理程序的第一步都是将所有的原始凭证进行汇总,编制汇总原始凭证。(　　)

3. 科目汇总表账务处理程序只适用于经济业务不太复杂的中小型单位。(　　)

4. 采用科目汇总表账务处理程序,记账凭证必须使用收、付、转三种格式。(　　)

5. 记账凭证账务处理程序的主要特点就是直接根据各种记账凭证登记总分类账。(　　)

6. 在记账凭证账务处理程序下,其记账凭证必须采用收款凭证、付款凭证和转账凭证三种格式。(　　)

7. 汇总记账凭证账务处理程序既能保持账户的对应关系,又能减轻登记总分类账的工作量。(　　)

8. 采用汇总记账凭证账务处理程序时,单位应定期分别编制汇总收款凭证、汇总付款凭证和汇总转账凭证。(　　)

第九章章节习题

一、单选题

1. 下列情况下，(　　)企业不需对其财产进行全面清查。

A. 年终决算前　　B. 企业进行股份制改制前

C. 更换仓库保管员　　D. 企业破产

2. 对实物资产进行清查盘点时，(　)必须在场。

A. 记账人员　　B. 会计主管　　C. 实物保管员　　D. 单位领导

3. 库存现金的清查是通过(　　)进行的。

A. 实地盘点法　　B. 账账核对法　　C. 技术分析法　　D. 函证核对

4. 企业开出支票一张，银行尚未入账，属于(　　)情况的未达账项。

A. 银行已收，企业未收　　B. 银行已付，企业未付

C. 企业已收，银行未付　　D. 企业已付，银行未付

5. 某企业在遭受洪灾后，对其受损的财产物资进行的清查，属于(　　)。

A. 局部清查和不定期清查　　B. 全面清查和不定期清查

C. 全面清查和定期清查　　D. 局部清查和定期清查

6. 无法查明原因的现金盘盈应该记入(　　)科目。

A. 管理费用　　B. 营业外收入　　C. 销售费用　　D. 其他业务收入

7. 在企业与银行双方记账无误的情况下，银行存款日记账与银行对账单余额不一致是由于(　　)的存在。

A. 库存现金　　B. 应付账款　　C. 未达账项　　D. 应收账款

8. 在实际工作中，一般以(　　)作为财产物资的盘存制度。

A. 权责发生制　　B. 收付实现制　　C. 永续盘存制　　D. 实地盘存制

9. 对财产清查结果进行正确账务处理的主要目的是保证(　　)。

A. 账实相符　　B. 账账相符　　C. 账证相符　　D. 账表相符

10. 散装的、大量成堆堆放的化肥、饲料等物资，适合采用的财产清查方法是(　　)。

A. 实地盘点法　　B. 技术推算法　　C. 对账单法　　D. 发函询证法

11. 按清查时间划分，单位发生贪污盗窃、营私舞弊等事件时所进行的清查属于(　　)。

A. 全面清查　　B. 局部清查　　C. 定期清查　　D. 不定期清查

12. 银行存款常用的清查方法是(　　)。

A. 实地盘点法　　B. 对账单法　　C. 技术推算法　　D. 发函询证法

13. 固定资产盘盈可通过(　　)科目核算。

A. "投资收益"　　B. "以前年度损益调整"

C. "营业外收入"　　D. "固定资产清理"

14. 某企业月末银行存款日记账的余额为 420 万元，银行对账单的余额为 600 万元。经逐笔核对，发现当期存在以下未达账项：企业签发转账支票 80 万元，对方尚未送存银行；银行代企业收取销售货款 100 万元并登记入账，但企业未收到收款通知。月末该企业编制的银行存款余额调节表中调节后的存款余额为(　　)万元。

A. 520　　B. 500　　C. 420　　D. 680

15. 下列各项中,导致银行存款日记账余额大于银行对账单余额的未达账项是(　　)。

A. 银行根据协议支付当月电话费并已入账,企业尚未收到付款通知

B. 银行已代收货款并入账,企业尚未收到收款通知

C. 企业签发现金支票并入账,收款方尚未提现

D. 企业签发转账支票并入账,收款方尚未办理转账

二、多选题

1. 财产清查按清查范围分类,可分为(　　)。

A. 全面清查　　B. 定期清查　　C. 不定期清查　　D. 局部清查

2. 下列属于不定期清查的有(　　)。

A. 更换出纳人员　　B. 自然灾害清查

C. 企业改制清查　　D. 企业合并

3. 下列宜使用发函询证法进行清查的有(　　)。

A. 应收账款　　B. 应付账款　　C. 库存商品　　D. 预付账款

4. 库存现金盘亏的账务处理中可能涉及的科目有(　　)。

A. 库存现金　　B. 管理费用　　C. 其他应收款　　D. 营业外支出

5. 下列各项应在"待处理财产损溢"科目贷方登记的是(　　)。

A. 财产物资盘亏、毁损的金额　　B. 财产物资盘盈的金额

C. 财产物资盘盈的转销额　　D. 财产物资盘亏的转销额

6. 下列事项,需要进行局部清查的有(　　)。

A. 发生自然灾害　　B. 单位主要领导调离工作

C. 财产物资保管人员发生变动　　D. 单位撤销

7. 财产清查的意义包括(　　)。

A. 有利于提高会计核算资料的准确性

B. 有利于挖掘财产物资的潜力,加速资金周转

C. 有利于保障财产物资的安全完整

D. 有利于合理安排生产经营活动

8. 出纳人员每天工作结束前都要将现金日记账结清并与库存现金实存数核对,这属于(　　)。

A. 定期清查　　B. 不定期清查　　C. 全面清查　　D. 局部清查

9. 由于仓库保管员变动对其保管的全部存货进行盘点属于(　　)。

A. 定期清查　　B. 不定期清查　　C. 全面清查　　D. 局部清查

10. 常用的实物资产清查方法有(　　)。

A. 实地盘点法　　B. 对账单法

C. 技术推算法　　D. 发函询证法

三、判断题

1. "待处理财产损溢"账户期末处理结转后应无余额。(　　)

2. 对企业仓库中所有的存货进行的盘点属于全面清查。(　　)

3. 财产不定期清查可以是全面清查也可以是局部清查。(　　)

4. 从财产清查的对象和范围看,全面清查只有在年终进行。(　　)

5. 局部清查是只对部分财产物资进行的清查,一般适用于对流动性较弱的财产,如固定资产、无形资产等。(　　)

6. 银行存款余额调节表可以作为调整账户记录的原始凭证。(　　)

7. 盘点实物时,发现账面数大于实存数,即为盘盈。(　　)

8. 银行存款日记账的账面余额,应同开户银行寄送企业的银行对账单相核对,一般至少一年核对一次。(　　)

9. 财产清查不但要查清财产物资的数量,还要查清其质量。(　　)

10. 定期清查可以是全面清查也可以是局部清查。(　　)

四、实务练习题

长江公司 2024 年 6 月末,银行存款日记账余额为 758 210 元,银行对账单的余额为 945 125 元,经双方核对查明,是由于下列未达账项所致:

(1)企业于 6 月 2 日从其他单位收到转账支票一张计 210 000 元,企业已作为存款的增加,银行尚未入账。

(2)企业于 6 月 5 日开出转账支票支付原材料款 78 440 元,企业已作为存款的减少,收款单位尚未到银行办理转账。

(3)银行于 6 月 16 日收到某公司汇给企业的销货款 680 000 元,银行已作为企业存款的增加,企业尚未收到转账通知。

(4)银行于 6 月 30 日代扣一项货款 361 525 元,企业尚未收到付款通知,未入账。

要求:编制该企业 2022 年 12 月份的银行存款余额调节表。

银行存款余额调节表

2024 年 6 月 30 日　　　　单位:元

项目	金额	项目	金额
企业银行存款日记账余额	758 210	银行对账单余额	945 125
加:银行已收、企业未收	①	加:企业已收、银行未收	④
减:银行已付、企业未付	②	减:企业已付、银行未付	⑤
调节后存款余额	③	调节后存款余额	⑥

要求:编制银行存款余额调节表,将答案填在下面对应序号的横线上。

①__________;②__________;③__________;

④__________;⑤__________;⑥__________。

第十章章节习题

一、单选题

1. 下列各项中,(　　)不会影响营业利润金额增减。

A. 资产减值损失　　B. 财务费用　　C. 投资收益　　D. 营业外收入

2. 下列各项中,不会引起利润总额增减变化的是(　　)。

A. 销售费用　　B. 管理费用　　C. 所得税费用　　D. 营业外支出

3. 为了具体反映利润的形成情况,我国现行的利润表的结构一般采用(　　)报告结构。

A. 单步式　　B. 多步式　　C. 账户式　　D. 报告式

4. 某企业期末"应付账款"账户为贷方余额 26 万元,其所属明细账户的贷方余额合计为 33 万元,所属明细账户的借方余额合计为 7 万元;"预付账款"账户为借方余额 15 万元,其所属明细账户的借方余额合计为 20 万元,所属明细账户的贷方余额合计为 5 万元。则该企业资产负债表中"应付账款"和"预付账款"两个项目的期末数分别应为(　　)万元。

A. 38 和 27　　B. 33 和 20　　C. 53 和 12　　D. 26 和 15

5. 编制资产负债表时,根据明细账户的余额计算填列的项目是(　　)。

A. 货币资金　　B. 应付账款　　C. 存货　　D. 应付票据

6. "预付账款"科目所属明细科目如有贷方余额,应在资产负债表(　　)项目中反映。

A. 预付款项　　B. 预收账款　　C. 应收账款　　D. 应付账款

7. 在资产负债表中所有者权益类项目一般按(　　)顺序排列。

A. 流动性大小　　B. 偿还期长短　　C. 稳定性　　D. 占资产总额的比例

8. 下列资产项目中,属于非流动资产项目的是(　　)。

A. 应收票据　　B. 交易性金融资产　　C. 固定资产　　D. 存货

9. 年内(1~11 月)资产负债表"未分配利润"项目应根据(　　)的余额计算填列。

A. "本年利润"账户和"利润分配"账户　　B. "本年利润"账户

C. 各损益类账户　　D. "利润分配"账户

10. 下列不属于资产负债表中"流动资产"项目的是(　　)。

A. 长期股权投资　　B. 交易性金融资产

C. 一年内到期的非流动资产　　D. 预付款项

11. 资产负债表中的资产项目应按其(　　)大小顺序排列。

A. 流动性　　B. 重要性　　C. 变动性　　D. 盈利性

12. 利润表主要是根据(　　)编制的。

A. 资产、负债及所有者权益各账户的本期发生额

B. 资产、负债及所有者权益各账户的期末余额

C. 损益类各账户的本期发生额

D. 损益类各账户的期末余额

13. 资产负债表中"固定资产"项目填列应采用的方法是(　　)。

A. 根据有关总账账户期末借方或贷方余额直接填列

B. 根据若干有关总账账户期末余额加计汇总填列

C. 根据有关账户余额减去其备抵账户余额后的净额填列

D. 根据有关总账账户及其所属明细账户期末余额分析计算填列

14. 下列资产负债表项目中,不能直接根据总账账户期末余额填列的是(　　)

A. 长期借款　　B. 资本公积　　C. 短期借款　　D. 盈余公积

15. 下列计算公式中,属于利润总额计算公式的是(　　)

A. 利润总额=营业利润-销售费用+营业外收入-营业外支出

B. 利润总额=营业利润-管理费用-销售费用-财务费用

C. 利润总额=营业利润+营业外收入-营业外支出-所得税费用

D. 利润总额=营业利润+营业外收入-营业外支出

二、多选题

1. 下列各项中,(　　)应在年末将余额转入“本年利润”账户。

A. 主营业务收入　B. 制造费用　C. 管理费用　D. 营业外收入

2. 下列各项中,影响营业利润的账户有(　　)。

A. 主营业务收入　B. 其他业务成本　C. 营业外支出　D. 税金及附加

3. 下列属于利润表基本要素项目的有(　　)。

A. 资产　B. 收入　C. 费用　D. 负债

4. 下列关于资产负债表的表述中,正确的有(　　)。

A. 是静态报表　B. 是反映财务状况的报表

C. 是动态报表　D. 是反映经营成果的报表

5. 下列会计报表中,属于中期会计报表的有(　　)。

A. 月度会计报表　B. 季度会计报表　C. 半年度会计报表　D. 年度会计报表

6. 资产负债表中的“货币资金”项目,应根据(　　)科目期末余额的合计数填列。

A. 应收账款　B. 库存现金　C. 银行存款　D. 其他货币资金

7. 利润表中的“营业收入”项目填列的依据有(　　)。

A.“主营业务收入”发生额　B.“营业外收入”发生额

C.“其他业务收入”发生额　D.“投资收益”发生额

8. 利润表中的“营业成本”项目填列的依据有(　　)。

A.“营业外支出”发生额　B.“主营业务成本”发生额

C.“其他业务成本”发生额　D.“税金及附加”发生额

9. 资产负债表中的“应付账款”项目,应根据(　　)之和填列。

A.“预付账款"明细账的借方余额　B.“预付账款”明细账的贷方余额

C.“应付账款"明细账的借方余额　D.“应付账款”明细账的贷方余额

10. 资产负债表中应根据明细账户期末余额填列的项目有(　　)。

A. 预收账款　B. 应收账款　C. 固定资产　D. 应付账款

三、判断题

1. 利润表是反映企业一定会计期间经营成果的会计报表。(　　)

2. 按照我国企业会计准则的规定,我国企业的利润表采用单步式。(　　)

3.“应收账款”科目所属明细科目期末有贷方余额,应在资产负债表“预付款项”项目内填列。(　　)

4. 资产负债表中的资产各项目的合计数等于负债和所有者权益各项目的合计数之和。(　　)

5. 资产负债表中“固定资产”项目应根据“固定资产”账户余额直接填列。(　　)

6. 将应计入“营业外支出”项目的金额误计入“管理费用”项目,既不影响企业营业利润计算的正确性,也不影响企业利润总额。(　　)

7. 按编报主体不同,财务报表可分为个别财务报表和合并财务报表。(　　)

8. 所谓中期财务报表,是指每半年度终了时编制的财务报表。(　　)

四、实务练习题

1. 金地公司 2024 年度有关损益类账户累计发生额如下表。

金地公司 2024 年损益类账户发生额 单位:元

账户名称	本年累计发生额	账户名称	本年累计发生额
主营业务收入	20 622 000(贷)	管理费用	224 000(借)
其他业务收入	390 000(贷)	财务费用	83 400(借)
主营业务成本	10 506 000(借)	投资收益	30 000(贷)
其他业务成本	250 000(借)	营业外收入	46 400(贷)
税金及附加	204 600(借)	营业外支出	42 200(借)
销售费用	386 200(借)		

注:表中的“贷”表示贷方累计发生额,“借”表示借方累计发生额。

该公司没有纳税调整项目,适用的企业所得税税率为 25%;

要求:根据上述资料计算下列项目的金额,写出计算过程,计算结果单位:元。

(1)营业收入=

(2)营业成本=

(3)营业利润=

(4)利润总额=

(5)所得税费用=

(6)净利润 =

2. 甲公司 2024 年 12 月 31 日部分总分类账户及明细账户的期末余额如下(单位:元):

补充资料:长期借款中将于一年内到期归还的长期借款为 60 000 元,坏账准备为应收账款计提的坏账准备。

账户名称	方向	余额	账户名称	方向	余额
库存现金	借	1 895	固定资产	借	358 700
银行存款	借	129 800	累计折旧	贷	24 700
其他货币资金	借	10 000	固定资产减值准备	贷	20 000
应收账款	借	4 000	短期借款	贷	27 500
——甲公司	借	5 500	应付账款	贷	23 000
——乙公司	贷	1 500	——C 公司	贷	23 000
坏账准备	贷	200	预收账款	贷	8 500
预付账款	借	5 000	——丁公司	贷	10 000
——A 公司	借	6 200	——丙公司	借	1 500
——B 公司	贷	1 200	长期借款	贷	200 000

要求：根据上述资料，计算甲公司 2024 年 12 月 31 日资产负债表的下列项目金额，并写出计算过程。计算结果单位:元。

（1）货币资金的列报金额=

（2）应收账款的列报金额=

（3）应付账款的列报金额=

（4）预收款项的列报金额=

（5）固定资产的列报金额=

（6）长期借款的列报金额=

模拟测试题

一、单选题(每小题 2 分,共 26 分)

1. (　　)明确了会计确认、计量和报告的空间范围。

A. 会计主体　　B. 持续经营　　C. 货币计量　　D. 会计分期

2. 下列各项中,会导致资产总额增加的是(　　)。

A. 以银行存款购买固定资产　　B. 从银行提取现金

C. 从银行借入短期借款　　D. 以银行存款归还前欠货款

3. 甲公司 2024 年 12 月的办公楼的租金费用 200 万元,用银行存款支付 180 万元,20 万元未付。按照权责发生制和收付实现制分别确认费用(　　)万元。

A. 180、20　　B. 20、180　　C. 200、180　　D. 180、200

4. 根据会计账户核算的经济内容不同,计入损益类账户的是(　　)。

A. 主营业务成本　　B. 制造费用　　C. 本年利润　　D. 生产成本

5. 流动资产账户反映企业将在(　　)变现或耗用的资产。

A. 1 年以内　　B. 1 年内或超过 1 年的一个营业周期内

C. 一个营业周期内　　D. 超过 1 年的一个营业周期以上

6. 下列关于原始凭证的表述正确的是(　　)。

A. 原始凭证按来源不同分为一次凭证、累计凭证和汇总凭证

B. 原始凭证是记录或证明经济业务的发生或完成情况的原始依据

C. 原始凭证的作用主要是确定会计分录,是登记账簿的直接依据

D. 原始凭证按照填制程序和用途分为自制原始凭证和外来原始凭证

7. 下列各项中,属于企业自制原始凭证的是(　　)。

A. 员工出差报销的火车票

B. 因购买原材料取得的增值税专用发票

C. 已验收合格原材料的入库单

D. 收到的由银行出具的收款通知单

8. 以银行存款归还短期借款的会计交易,应编制的专用记账凭证是(　　)。

A. 转账支票　　B. 收款凭证　　C. 转账凭证　　D. 付款凭证

9. 下列各项中,一般采用数量金额式账页的账簿是(　　)。

A. 制造费用明细账　　B. 库存现金日记账

C. 应收账款明细账　　D. 库存商品明细账

10. 记账人员在结账前发现总账账簿记录将 5 000 元误记为 500 元,而记账凭证正确无误。下列各项中,应采用的正确错账更正方法是(　　)。

A. 划线更正法　　B. 蓝字更正法

C. 红字更正法　　D. 补充登记法

11. 下列账簿中,必须采用订本式账簿的是(　　)。

A. 固定资产明细账　　B. 库存商品明细账

C. 银行存款日记账　　D. 原材料明细账

12. “本年利润”账户是用来核算企业本期(　　)

A. 实现的利润总额　　B. 实现的净利润或发生的净亏损

C. 实现的营业利润　　D. 实现的主营业务利润

13. 利润表计算营业利润不包括的项目为(　　)。

A. 营业收入　　B. 营业成本

C. 税金及附加　　D. 营业外收入

二、多选题(每题 2 分,共 10 分)

14. 下列各项中,属于会计基本职能的有(　　)。

A. 预测经济前景　　B. 进行会计核算

C. 实施会计监督　　D. 参与经济决策

15. 下列关于负债的表述中,正确的有(　　)。

A. 负债的清偿预期会导致经济利益流出企业

B. 负债是企业承担的过去的义务

C. 负债是企业过去的交易或事项形成的

D. 企业将在未来发生的承诺不形成负债

16. 下列各项中,属于成本类账户的有(　　)。

A. 其他业务成本　　B. 制造费用

C. 生产成本　　D. 主营业务成本

17. 下列账簿中,属于按照账页格式的不同分类的有(　　)。

A. 横线登记式账簿　　B. 三栏式账簿

C. 数量金额式账簿　　D. 多栏式账簿

18. 科目汇总表账务处理程序的优点是(　　)。

A. 大大减轻登记总账的工作量

B. 总账能反映账户之间的对应关系

C. 总账能详细记录经济业务的发生情况

D. 可以对发生额试算平衡,及时发现错误

三、判断题(每题 1 分,共 8 分)

19. 实质重于形式要求企业应当按照交易或者事项的经济实质进行会计确认、计量和报告,而不仅仅以交易或者事项的法律形式为依据。(　　)

20. 所有者权益与负债都是企业资产的来源。(　　)

21. 会计科目按经济内容分类可以分为总分类科目和明细分类科目。(　　)

22. 会计科目是账户的名称,账户是会计科目的载体与具体运用。(　　)

23. 科目汇总表账务处理程序只适用于经济业务不太复杂、经济业务较少的中小型单位。(　　)

24. 限额领料单是一次凭证。(　　)

25. 无论是红字更正法还是补充登记法,更正凭证的编号与原错误凭证相同。(　　)

26. 三栏式现金日记账,可以使用活页账。(　　)

四、计算题(2题,共22分)

27. M公司2024年8月有关账户资料如下表所示:(每空2分,共10分)

编制单位:M公司　　2024年8月　　单位:元

账户名称	月初余额	本期借方发生额	本期贷方发生额	月末余额
固定资产	35 000	(1)	21 000	50 000
应付账款	20 000	25 000	(2)	10 000
实收资本	10 000	(3)	50 000	20 000
预收账款	38 000	16 000	(4)	40 000
盈余公积	(5)	1 000	3 300	6 000

要求:根据以上账户期初余额、本期发生额和期末余额的关系,填写上述表格空格,将答案填在下面对应序号的横线上。

(1)____________;(2)____________;(3)____________;
(4)____________;(5)____________。

28. 根据下列资料,编制银行存款余额调节表。(每空2分,共12分)

长江公司2024年9月末,银行存款日记账余额41 400元,对账单余额为48 100元,经核对发现以下未达账项:

(1)企业收到支票一张,面值1 500元,没有将支票送存银行。
(2)企业开出转账支票7 200元付材料款,支票尚未送到银行办理转账。
(3)银行收到异地汇款3 000元,并未通知企业。
(4)银行代企业支付电费2 000元,企业未接到付款通知单。

银行存款余额调节表

2024年9月30日　　单位:元

项目	金额	项目	金额
银行存款日记账余额	41 400	银行对账单余额	48 100
加:银行已收,企业未收	①	加:企业已收,银行未收	④
减:银行已付,企业未付	②	减:企业已付,银行未付	⑤
调节后余额	③	调节后余额	⑥

要求:编制银行存款余额调节表,将答案填在下面对应序号的横线上。

①____________;②____________;③____________;
④____________;⑤____________;⑥____________。

五、分录题(共12小题,共34分)

长江公司是一家制造类公司,为增值税一般纳税人,适用的增值税税率为13%,采用实际成本法进行材料日常核算。2024年长江公司发生以下经济业务,请编制下列经济业务的会计分录。(金额:元)

29. 长江公司2024年1月20日收到乙公司投入的机器设备一台,双方协商作价300 000元。(3分)

30. 长江公司于2024年5月1日向银行借入一笔生产经营用期限为3个月的借款,共计500 000元,存入银行。(2分)

31. 长江公司于2024年6月3日购入材料一批,取得的增值税专用发票,注明的价款为20 000元,增值税税额2 600元,款项用银行存款支付,材料尚未到达。(3分)

32. 长江公司计算2024年6月份生产A产品工人工资20 000元,车间管理人员工资1 600元,厂部管理人员工资2 400元。(4分)

33. 2024年7月31日,长江公司用银行存款支付本月水电费1 380元,其中属于生产车间使用的水电费1 020元,属于行政管理部门使用的水电费360元。(3分)

34. 2024年8月10日,长江公司开出转账支票50 000元,发放工资。(2分)

35. 2024 年 8 月 31 日，长江公司结转完工产品生产成本。A 产品 100 件全部完工，单件成本 2 800 元；A 产品月初没有在产品，月末全部完工验收入库。(3 分)

36. 9 月 10 日，长江公司销售给天明公司产品一批，增值税专用发票上注明：A 产品 200 件，每件售价 1300 元，计 260 000 元，增值税税额 33 800 元，产品已经发出，款项已收到并存入银行。(3 分)

37. 9 月 15 日，长江公司向立源公司销售一批原材料 200 千克，每千克 150 元，计 30 000 元，销项税额 3 900 元，款项已收到，送存银行。(3 分)

38. 长江公司用银行存款 20 000 元支付诉讼费。(2 分)

39. 长江公司结转本月发生的各项费用，其中主营业务成本 50 000 元，其他业务成本 8 000 元，销售费用 5 000 元，税金及附加 2 000 元，管理费用 6 000 元，营业外支出 1 600 元。(4 分)

40. 12 月 31 日，长江公司期末结转本期实现的净利润 50 000 元。(2 分)

参考文献

[1]中华人民共和国财政部．企业会计准则[M]．上海:立信会计出版社,2015.

[2]财政部会计财务评价中心．初级会计实务[M]．北京:经济科学出版社,2023.

[3]卢新国,宋永春．基础会计学[M].2 版．北京:高等教育出版社,2020.

[4]朱小平,周华,秦玉熙．初级会计学[M].9 版．北京:中国人民大学出版社,2019.

[5]王艳茹,刘泉军．基础会计[M].5 版．北京:中国人民大学出版社,2022.

[7] 李占国．基础会计学[M].3 版．北京:高等教育出版社,2017.

[8]中华人民共和国财政部．全国人民代表大会常务委员会关于修改《中华人民共和国会计法》的决定．中华人民共和国财政部(http://www.mof.gov.cn/zhengwuxinxi)

[9]中华人民共和国财政部．企业会计准则第 9 号——职工薪酬[M]．北京:中国财政经济出版社,2014.

[10] 中华人民共和国财政部．关于修订印发《企业会计准则第 14 号——收入》的通知(财会〔2017〕22 号．http://kjs.mof.gov.cn/zhengcefabu/201707/t20170719_2653110.htm